Garten Ideen

Grundlagen einer erfolgreichen Gartengestaltung

zur Umsetzung für
unseren lieben Ulf zum
Geburtstag 2023.

Deine Mama und Papa

Künast
Rost

Garten Ideen

Grundlagen einer erfolgreichen Gartengestaltung

LUDWIG

Vorwort

Viele Menschen beschäftigen sich intensiv mit der Neu- und Umgestaltung ihrer Wohnräume, damit sie sich darin wohl fühlen, doch nur wenige wagen sich aus Mangel an Kenntnissen an die Gestaltung ihres Gartens. Dabei handelt es sich bei einem Garten um nichts anderes als um einen weiteren Wohnraum, der Ihre Wohnung um viele Quadratmeter erweitert – Ihr privates Paradies im Freien!

Eine Blumenwiese verwöhnt das Auge.

Gartengestaltung ist leider häufig ein ungeliebtes Stiefkind, wie es sich auch an den vielen Gärten ablesen lässt, die meist nur mit etwas Rasen und einer einfachen Thujenhecke »drumherum« ausgestattet sind. Dabei genügen bereits wenige einfache Veränderungen, um einen schmucklosen Garten in einen anheimelnden Platz zu verwandeln, in dem sich seine Bewohner ebenso wohl fühlen wie in ihren Wohnräumen im Haus.
Auch die Argumente »keine Zeit« oder »kein Geld« sollten Sie nicht davon abhalten, Ihren Garten nach Ihren ganz eigenen individuellen Bedürfnissen schön zu gestalten.
Nach einigen Vorüberlegungen und einer realistischen Planung werden Sie sehen, dass für eine ansprechende Gartenanlage nicht nur der zeitliche Aufwand, sondern auch die damit verbundenen Kosten weniger hoch sind, als Sie vielleicht annehmen. Oft sind die schönsten und passendsten Materialien und Pflanzen noch nicht einmal die teuersten, und es gibt zum »Englischen Rasen« oder zu Prachtstaudenrabatten fast immer pflegeleichte und ansprechende Alternativen, die wesentlich weniger Aufmerksamkeit verlangen. Auf die richtige Auswahl kommt es also an! Und so kann Ihr Garten schon mit wenigen Veränderungen zu einer Oase im Alltag werden, wo Sie sich wohl fühlen und entspannen können, wo Spielen und Feiern im Freien möglich ist und wo Sie Ihr eigenes Obst und Gemüse ziehen oder Ihre Blumen pflegen können – ganz nach Ihren individuellen Wünschen und Vorstellungen.
Den »Gartenideen« liegt die langjährige Erfahrung einer Gartengestalterin und eines Gartenbauingenieurs zugrunde, die Ihnen die Grundlagen für eine individuelle Gartengestaltung vermitteln: Das erste Kapitel beschäftigt sich mit der Erforschung Ihrer Wünsche und bildet den Leitfaden für eine realistische Gartenplanung, denn hier werden alle Grundlagen gesammelt, die für eine gute Planung wichtig sind. Ein idealer Lesestoff für lange Winterabende oder kaltes Vorfrühlingswetter, wenn im Garten noch nichts zu tun ist und die Zeit für die gedankliche Vorbereitung genutzt werden kann!
Ein weiteres Kapitel, das »Kleine Einmaleins der Gartengestaltung« erläutert kurz und anschaulich

Alle Informationen auf einen Blick

Damit Sie angesichts der zahlreichen Informationen nicht lange suchen müssen, haben wir viele Hinweise und Tipps bei den einzelnen Pflanzen und Pflanzengruppen optisch hervorgehoben und mit unterschiedlichen Symbolen versehen:

Einkaufstipp: Hier finden Sie Hinweise, wann und wo Sie die gesuchten Pflanzen bekommen, und auf welche Qualitätsmerkmale Sie beim Einkauf achten sollten.

Unter diesem Symbol bekommen Sie wichtige **Tipps zum richtigen Pflanzen**. Dazu gehört beispielsweise der beste Pflanzzeitpunkt oder welche »Sonderwünsche« Sie bei manchen Pflanzen berücksichtigen müssen.

Bei diesem Zeichen stehen wichtige Hinweise zur weiteren **Pflege** Ihrer Pflanzen wie Gießen, Düngen oder Winterschutz.

Hier finden Sie **allgemeinere Hinweise**, etwa welche Arbeiten sinnvollerweise von einem Fachmann ausgeführt werden.

Unter diesem Zeichen bekommen Sie Informationen, mit welchen **Kosten** Sie bei bestimmten Pflanzen oder bei Arbeiten vom Fachmann rechnen müssen.

Dieses Symbol findet sich überall dort, wo es um die **Planung** der Gestaltung ihres Gartens geht, wo also Papier, Stift und Messband Ihre »Werkzeuge« sind.

anhand vieler Fotos, Skizzen und Beispiele das grundlegende Know-how des Gartengestalters. Mithilfe dieser gestalterischen Mittel geben Sie Ihrem Garten erst sein unverwechselbares Gesicht und seine ganz spezielle Ausstrahlung. Sie lernen geometrisch-architektonische oder natürlich-freie Gestaltungsformen kennen und erfahren z. B. Wichtiges über die richtigen Proportionen oder die Wirkung von Farben im Garten.

KINDERTIPP

Weil Kinder meist gerne im Garten mithelfen, finden Sie in diesem Ratgeber immer wieder Anregungen, wie Sie die Freude am Gärtnern bei Ihrem Kind wecken können, und welche Pflanzen am besten geeignet sind, damit es seine ersten selbstständigen Schritte als »Gärtner« machen kann.

In den folgenden Kapiteln geht es um die konkreten Gartenelemente. Dazu gehören beispielsweise Bäume, Sträucher, Stauden, Sommerblumen und Rasen, aber auch Nutzpflanzen, Wege und Treppen, Terrassen, Einfriedungen und Mauern, Teiche und Wasserläufe oder schmückende Accessoires – stets verbunden mit vielen Tipps und Tricks aus langjähriger Praxis und leicht verständlichen Erläuterungen, die Ihnen alles notwendige Wissen vermitteln, damit Sie Ihre Wünsche in die Tat umsetzen können. Auch ganz typische Probleme, die bei der praktischen Gartengestaltung auftreten können, werden in den einzelnen Kapiteln angesprochen, und einfache Lösungsmöglichkeiten werden vorgestellt. Bei sämtlichen Gestaltungsvorschlägen spielt es keine Rolle, ob Sie bei der Gestaltung Ihres Gartens selbst Hand anlegen wollen oder die Arbeiten lieber von einem Fachmann ausführen lassen.

Ein ganzes Kapitel ist außerdem den Ansprüchen und Wünschen der Kinder an den Garten gewidmet. Es birgt viele Ideen für eine kindgerechte Gartengestaltung, die leicht zu verwirklichen sind und die nicht nur für Kinder, sondern auch für Erwachsene Gewinn bringen.

Im letzten Kapitel stellen wir typische Elemente von themenbezogenen Gartengestaltungen vor, beispielsweise einen Bauern- oder naurturnahen Garten, einen modernen Garten oder einen Garten im asiatischen oder mediterranen Stil. Auch an die Gestaltung Ihrer Dachterrasse, Ihres Vorgartens oder Innenhofs können Sie sich nach der Lektüre dieses Buches wagen – lassen Sie sich einfach inspirieren!

Last not least nennen wir Ihnen im Anhang des Buches nützliche Adressen sowie Bücher, Zeitschriften und andere Medien, die Ihnen bei Ihrer Planung und deren Umsetzung behilflich sein können.

Dieses Buch gibt Ihnen also viele Ideen und zahlreiche praktische Tipps, wie Sie Ihrem Garten sein eigenes »Gesicht« geben können, und es möchte Sie dazu anregen, mit eigener Phantasie und Kreativität die vielen Möglichkeiten zu nutzen, die sich in jedem Garten »verstecken«.

Bei der praktischen Umsetzung Ihrer Vorstellungen kann Ihnen auch unser Buch »Gartenliebe« (Ludwig Verlag) behilflich sein, in der konkret alle Handgriffe beschrieben werden, die für die Gestaltung und Pflege eines Gartens erforderlich sind.

Wir wünschen Ihnen jetzt aber erst einmal viel Spaß bei der Lektüre!

Dipl.-Ing. Brigitte Rost
Dipl.-Ing. Wilhelm Künast

Harmonie der Farben und Formen für Haus und Garten.

Die Gartenplanung

Ihr Traumgarten muss kein Traum bleiben!
Mit guten Ideen, etwas Phantasie und der richtigen
Planung lassen sich Gartenträume verwirklichen.

Ihr Traumgarten

Naturnah und mit viel Wasser gestaltet, bildet dieser Innenhofgarten eine Oase zum Sitzen, Beobachten und Träumen.

Sicher haben Sie schon oft über Ihren Garten nachgedacht und sind darüber ins Träumen geraten. Sehr wahrscheinlich haben Sie dabei festgestellt, dass er in Ihren Träumen etwas anders aussieht als in Wirklichkeit. Oder ist es so, dass Sie »nagelneuer« Gartenbesitzer sind und noch gar nicht so recht wissen, wie Sie Ihre Vorstellungen realisieren können? In den folgenden Kapiteln werden Sie ein Fülle von ungeahnten Lösungsvorschlägen für Ihre Gartenideen finden, die leicht und zudem kostengünstig umzusetzen sind, damit Ihr Garten tatsächlich so wird, wie Sie ihn sich wünschen.

Träumen Sie sich Ihren Garten!
Damit Ihr »Gartenprojekt« ein Erfolg wird, sollten Sie sich zunächst ausreichend Zeit für Ihren Garten nehmen. Lassen Sie Ihre Gedanken schweifen, bevor es mit Schaufel und Spaten richtig losgeht! Wichtig ist, dass Sie positiv an die Um- oder Neugestaltung Ihres Gartens herangehen und sich zunächst keine Beschränkungen wie »viel zu teuer«, »viel zu aufwändig« oder »keine Zeit« auferlegen. Denken Sie in aller Ruhe nach und schreiben Sie alles auf, was Ihnen in den Sinn kommt. So sollten es auch die anderen Haus- und Gartenbewohner machen.

Tipp Planung

Kinderwünsche

Vergessen Sie nicht, auch Ihre Kinder nach ihren Gartenwünschen zu fragen, und nehmen Sie deren Antworten ernst, selbst wenn vielleicht so ausgefallene Ideen wie ein Ufolandeplatz dabei sein sollten. Wahrscheinlich werden gerade Ihre Kinder später viel mehr Zeit im Garten verbringen als Sie selbst – ihre Meinung sollten Sie auf jeden Fall berücksichtigen. Mehr dazu, wie sich die Gartenwünsche von Kindern realisieren lassen, finden Sie in Kapitel 2 (Seite 26).

Die Gartenwunschliste

Jeder (künftige) Gartennutzer sollte also zunächst seinen eigenen Wunschzettel schreiben. Dann sollten sich alle zusammen setzen und versuchen, die jeweiligen Wünsche abzuwägen, in Einklang zu bringen und Unrealistisches zu streichen.

Sommerspaß im Garten.

Viele Gartenwünsche lassen sich mit etwas Überlegung sehr gut nebeneinander verwirklichen. Manchmal sind sich gegenseitig ausschließende Nutzungen allein schon durch die unterschiedlichen Tageszeiten, zu denen sie stattfinden, getrennt und dadurch leicht realisierbar: Eine Rasenfläche kann beispielsweise vormittags zum Wäschetrocknen genutzt werden; wenn dann die Kinder aus der Schule kommen, wird der Rasen zur Spielwiese. Ein anderes Beispiel: Ein gemütlicher Sitzplatz am Wasser zum Lesen und Träumen kann zur Mittagszeit ein Sommeressplatz für die ganze Familie werden. Genauso kann es natürlich sein, dass Sie in anderen Fällen Kompromisse schließen müssen. Am Ende Ihrer Überlegungen sollte eine Liste aller zu berücksichtigenden Gartenelemente stehen, mit der jedes Familienmitglied oder jeder Hausbewohner zufrieden ist. Auf diese Weise kommt am Ende jeder Gartenbenutzer zu seinem eigenen kleinen »Stück vom Paradies«.

Realistisch planen

Lassen Sie sich bei Ihren Planungen nicht zu sehr von »leuchtenden Vorbildern« aus Zeitschriften und Bildbänden beeindrucken! Profifotografen schießen ihre Bilder nur zur günstigsten Jahres- und Tageszeit. Verlassen Sie sich darauf: auch wahre Gartenkunstwerke haben Schattenseiten, die auf diesen Bildern natürlich geschickt versteckt werden.

Zudem steckt hinter vielen prächtigen Gartenanlagen die tägliche Vollzeitbeschäftigung von Gärtnern über Jahre – ein Aufwand, den sich ein Hobbygärtner im Normalfall nicht leisten kann, außer er oder sie ist bereits in Pension und hat den ganzen Tag Zeit für den Garten. Finden Sie also eine Gestaltungsidee, die sowohl Ihren Vorstellungen und Möglichkeiten als auch den Möglichkeiten Ihres Gartens entspricht. Und verzweifeln Sie nicht, wenn später – bei der praktischen Umsetzung Ihrer Ideen – etwas nicht auf Anhieb gelingen sollte bzw. wenn es nicht sofort so aussieht, wie sie es sich vorgestellt haben. Alles braucht seine Zeit. Dieser Satz gilt auch für Gärten. Zudem sollten Sie bei Ihren Planungen berücksichtigen, dass ein Garten mit der Zeit immer wieder sein Gesicht verändert: Bäume und

Originell: Topfpflanzen, interessantes Bodenmuster und gemalte Perspektive.

Ihr Gartenwunsch-Check

Als Gedankenstütze für Ihre Wunschliste hilft Ihnen dieser Fragenkatalog:

- ❑ Möchten Sie Ihren Garten gemütlich sitzend und beobachtend genießen? Soll der Sitzplatz in der Sonne oder im Schatten sein? Wollen Sie ein zweites Esszimmer im Freien?
- ❑ Soll in Ihrem Garten gefeiert werden? Mit wie vielen Personen (Seite 188)?
- ❑ Welche Spielplätze oder Einrichtungen möchten Sie für Ihre Kinder in Ihrem Garten haben (Seite 136)?
- ❑ Soll der Garten eher schlicht mit viel Grün gestaltet werden, oder lieben Sie eine satte Blütenpracht?
- ❑ Macht Ihnen Gartenarbeit in der Freizeit Spaß? Wie viel Zeit können Sie für die Pflege Ihres Gartens pro Woche etwa einplanen (ehrliche Antwort!)? Oder möchten Sie einen sehr pflegeleichten Garten haben (Seite 217)?
- ❑ Möchten Sie gerne Obst und Gemüse ernten oder einen Kräutergarten haben (Seite 102)? Für wie viele Personen soll der Ertrag reichen? Oder möchten Sie nur ein wenig naschen?
- ❑ Brauchen Sie Sichtschutz, Windschutz oder Lärmschutz? Nach welchen Seiten (Seite 15)?
- ❑ Hätten Sie gerne einen naturnahen Garten, in dem Sie viele Wildpflanzen und -tiere beobachten können (Seite 218)? Oder ist Ihnen eher eine »geordnete Wildnis« lieber (Seite 213)?
- ❑ Möchten Sie einen Gartenteich haben, ein Wasserbecken oder einen kleinen Bachlauf? Wo im Garten hätten Sie gerne einen Wasseranschluss (Seite 190)?
- ❑ Benötigen Sie einen Fahrradplatz, Abstell- und Lagerflächen, einen Wäscheplatz oder andere Wirtschaftsflächen?
- ❑ Möchten Sie einen eher formal oder frei gestalteten Garten (Seite 30)? Soll Ihr Garten nach einem speziellen thematischen Vorbild gestaltet werden, zum Beispiel »Bauerngarten«?
- ❑ Denken Sie bei Ihrer Planung auf jeden Fall auch an Ihre Haustiere und vermerken Sie deren Ansprüche auf dem Wunschzettel.

Ausgefallene Ideen sind willkommen: Warum nicht mal ein Tischsteingarten?

Sträucher werden größer, und auch bei noch so gründlicher Vorüberlegung müssen vielleicht einige Pflanzen hin und wieder umgesetzt werden. Gestehen Sie sich und den Pflanzen »Fehler« und Unzulänglichkeiten zu und halten Sie sich immer an die Devise »Learning by doing«. Bleiben Sie flexibel und lassen Sie sich ruhig mal überraschen. Es wäre doch ziemlich langweilig, wenn sich Ihre Gartenanlage bereits bis ins kleinste Detail vorausplanen ließe. Flexibilität ist neben Phantasie und Kreativität eine der wichtigsten Voraussetzungen für die Gartengestaltung. Durch Ausprobieren und unvorhergesehene Zufälle sind schon die schönsten und individuellsten Gartenbilder entstanden.

Standortverhältnisse

Die Sammlung aller Wünsche und Bedürfnisse reicht aber noch lange nicht aus, um einen Garten angemessen zu planen. Sie ist erst der Anfang. An zweiter Stelle steht die gründliche Recherche aller Standortgegebenheiten: Beschaffenheit des Bodens, klimatische Verhältnisse sowie vorhandene Gehölze und Bauwerke auf dem Grundstück und in der näheren Umgebung müssen Berücksichtigung finden.

Die Beschaffenheit des Bodens

Welchen Boden Sie in Ihrem Garten haben, ist von ganz entscheidender Bedeutung für die spätere Pflanzenauswahl, denn jede Pflanze ist an einen bestimmen Boden angepasst und findet nur dort ihre idealen Wachstumsvoraussetzungen. Wenn Sie dies berücksichtigen, werden Sie sich später viele enttäuschende Erfahrungen mit kränkelnden, womöglich immer wieder eingehenden Pflanzen ersparen. Sollten Sie nicht wissen, welche Eigenschaften Ihr Boden hat, kann Ihnen ein erfahrener Gärtner weiterhelfen. Einen kleinen Überblick über die verschiedenen Bodenarten gibt die untenstehende Tabelle.

Ober- und Unterboden

Beim Boden wird unterschieden zwischen Ober- und Unterboden:

► Der Oberboden ist je nach Region unterschiedlich »stark« und bezeichnet die obere, humushaltige, von Bodenlebewesen durchsetzte Bodenschicht. Je dunkler der Oberboden ist, desto mehr Humus enthält er und desto günstigere Voraussetzungen bietet er für das Pflanzenwachstum. Hoher Humusgehalt sorgt für die ideale krümelige Struktur des Bodens.

► Der optimale Unterboden für die meisten Pflanzen liegt zwischen leichtem Sandboden und mittelschwerem Schluffboden, denn er speichert das Wasser gut und lässt es nicht zu schnell versickern wie ein reiner Sandboden. Gleichzeitig ist ein solcher Boden gut durchlüftet, während ein Lehm- oder Tonboden sehr dicht gelagert ist und deshalb zu stauender Nässe neigt.

Aufwertung des Bodens

Ist Ihr Boden besonders humus- und/oder nährstoffarm oder zu leicht bzw. zu schwer und verdichtet, dann sind auf den Flächen im Garten, die für Pflanzen und Rasen vorgesehen sind, erst einmal großflächige Verbesserungsmaßnahmen sinnvoll. Günstig für eine Aufwertung ist auch eine Gründüngung im Jahr vor der Pflanzung (Seite 20).

Tipp

Den pH-Wert des Bodens und seinen Nährstoffgehalt können Sie selbst mit Hilfe von Testsets (aus dem Fachhandel) ermitteln. Oder Sie lassen eine Bodenprobe bei einem regionalen Bodenforschungsinstitut analysieren (Adressen finden Sie auf Seite 234).

Bodenarten

Bodenart	Kennzeichen des Unterbodens	vorwiegende Farbe des Unterbodens	Zusammensetzung	Durchlässigkeit/ Durchlüftung	Speichervermögen Wasser/Nährstoffe
leichter Sandboden	Sandkörnchen fühlbar und sichtbar, Boden bindet sich nicht und ist nicht formbar	Gelb	vorwiegend Sand und Schluff	gut	schlechtes Speichervermögen, erfordert häufiges Gießen und Düngen
mittelschwerer Schluffboden	deutlich weniger Sandkörnchen spürbar, Boden schmiert zwischen den Fingern und bleibt in den Fingerrillen kleben	Ocker	ausgeglichenes Verhältnis zwischen Sand, Schluff und Ton	begrenzt durchlässig, neigt zu Staunässe/ schwache Durchlüftung	gutes Speichervermögen
schwerer Lehm- oder Tonboden	kaum Sandkörnchen ertastbar, Boden lässt sich zu Kügelchen formen und leicht aus Fingerrillen entfernen	Dunkelocker bis Bräunlich	viel Lehm und Ton, geringer Sandanteil	gering, Staunässegefahr	hohes Speichervermögen, jedoch oft nicht in pflanzenverfügbarer Form

Pflanztipp
Hecken

Natürlicher Windschutz
Hinter Mauern im direkten Nahbereich kommt es meist zu starken Luftverwirbelungen, die viele Pflanzen nicht mögen. Durch eine Heckenpflanzung lässt sich der Wind wirksam abbremsen, sodass kaum Verwirbelungen entstehen.

Die klimatischen Verhältnisse

Auf keinen Fall dürfen Sie bei Ihrer Planung das Überprüfen der klimatischen Verhältnisse Ihres Gartens vergessen. Diese werden von einer Reihe Faktoren bestimmt: von Sonnenlauf und Schattenfall, Niederschlag und Luftfeuchtigkeit, Wind und Windschutz, Frostgefahr und Frostschutz. Diese Faktoren sind maßgeblich für die Auswahl und Platzierung der Pflanzen sowie für die Entscheidung über die Notwendigkeit von Schutzmaßnahmen.

Sonne und Schatten

Beobachten Sie, zu welchen Tageszeiten schattige, halbschattige und sonnige Zonen durch den Sonnenlauf in Ihrem Garten entstehen. Dies ist besonders wichtig für die Auswahl Ihrer künftigen Pflanzen, vor allem der Stauden (Seite 74) und Sommerblumen (Seite 89).
Denken Sie dabei aber auch an Ihre Sitzplätze im Garten. Möchten Sie beim Frühstück in der Sonne sitzen oder wäre ein Platz in der Abendsonne schön? Oder wünschen Sie einen schattigen Sitzplatz während der heißen Mittagszeit?

Groß- und Kleinklima

Großklima wird die Wetterlage genannt, die in Ihrer Region bzw. in Ihrem Wohngebiet grundsätzlich vorherrscht. Zum Großklima gehören unter anderem die jährlichen Niederschläge, die Hauptwindrichtung und die durchschnittlichen Maximal- und Minimaltemperaturen. Das bedeutet im Einzelnen:

- Regnet es bei Ihnen viel oder eher wenig?
- Aus welcher Richtung weht meistens der Wind?
- Beginnt das Frühjahr bei Ihnen zeitig oder eher spät? Wie heiß wird es normalerweise im Sommer? Wann ist durchschnittlich mit dem ersten Frost zu rechnen? Wie kalt wird es in der Regel im Winter?

Kleinklima bezieht sich auf die klimatischen Verhältnisse »im Kleinen«, d. h. in Ihrem Garten:

- Gibt es windgeschützte Ecken? Zieht es in anderen Ecken ganz besonders?
- Wo befinden sich in Ihrem Garten warme Zonen, die für empfindlichere Pflanzen geeignet sind? Wo friert es weniger stark (Hausnähe, Nischen)?
- Wo stehen bereits eingewachsene Bäume und Sträucher, die somit für höhere Luftfeuchtigkeit und Schatten im Garten sorgen?

Sonnenlauf und Schattenfall

Vormittags: *Die Sonne geht im Osten auf, Gebäude und Pflanzen werfen in diesem Zeitraum lange Schatten in Richtung Westen.*

Mittags: *Je nach Jahreszeit steht die Sonne zur Mittagszeit unterschiedlich hoch. Im Sommer sind die Schatten am kürzesten.*

Nachmittags: *Die Sonne steht im Westen. Bis zu ihrem Untergang werden die Schatten immer länger Richtung Osten.*

Luftwirbel vermeiden

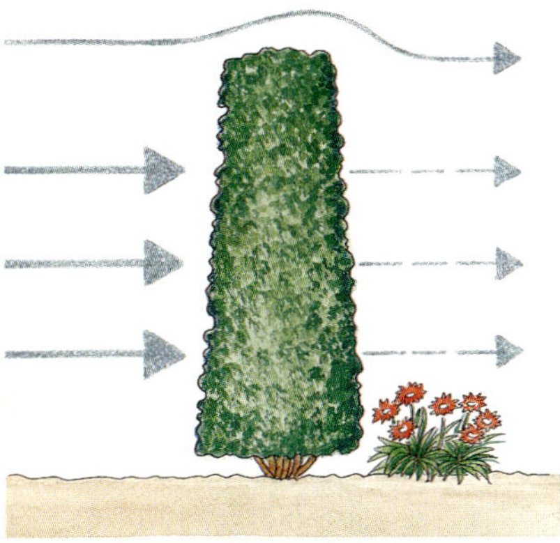

Eine Hecke dämpft den Wind und verhindert Verwirbelungen. Der ideale Windschutz sind Pflanzen.

Vor und hinter Bauwerken entstehen Luftverwirbelungen, die viele Pflanzen nicht vertragen.

Lärmschutz

Natürlich wünscht sich jeder einen besonders ruhigen Garten. Leider ist das aufgrund der örtlichen Gegebenheiten nicht in jedem Fall möglich. Wenn Ihr Grundstück an einer viel befahrenen Straße liegen sollte, dann können Sie durch einige Lärmschutzmaßnahmen zumindest etwas Abhilfe schaffen:

- ► Planen Sie im Garten wenn möglich eine breite Abpflanzung zur Straße hin (mindestens 5 m).
- ► Errichten Sie Lärmschutzwände.
- ► Überlagern Sie den Lärm durch beruhigende Wassergeräusche, etwa durch einen Springbrunnen einen Wasserfall (Seite 206).

Erhaltenswerte Gehölze und Gebäude

Zur genauen Ermittlung der Standortverhältnisse gehört auch die Entscheidung, ob schon vorhandene Gehölze oder Pflanzungen bzw. Bauwerke auf dem Gartengrundstück erhaltenswert sind. Es gibt eine ganze Reihe von Argumenten für den Erhalt von Gehölzen, beispielsweise ihre Schutzwürdigkeit (Seite 25), ihren Nutzen, wie etwa die Verwendung als Sicht- oder Windschutz, sowie ihr Alter und natürlich auch ihre Schönheit. Überlegen Sie sich gut, welche Gehölze Sie auf ihrem Gartengrundstück erhalten wollen und übernehmen Sie deren Standort in Ihr Gartenkonzept (Seite 50). Genauso sollten Sie sich darüber klar werden, ob Sie schon vorhandene Bauwerke, etwa ein Gartenhäuschen oder eine Pergola, in Ihre Planung übernehmen wollen – eventuell neu platziert oder leicht umgestaltet.

Tipp Planung

Wegbeläge und Einfassungen

Denken Sie bei vorhandenen Wegbelägen oder Steineinfassungen nicht gleich ans Wegwerfen! Viele moosbewachsene Steine mit »Patina« fügen sich bei neuer Platzierung besonders natürlich in den Garten ein. Manchmal findet sich ein »gebrauchtes« Natursteinpflaster sogar über ein Zeitungsinserat. Das Wiederverwerten alter Materialien ist eine preisgünstige und zugleich umweltfreundliche Möglichkeit, Ihrem Garten mehr »Charakter« zu verleihen.

Ein Wasserfall lenkt von störenden Geräuschen ab und beruhigt.

Die Umgebung

Schauen Sie sich im Zuge Ihrer Planung auch die nähere Umgebung Ihres Gartens, also die Nachbargrundstücke an. Durch bewusstes Einbeziehen der Umgebung kann Ihr Garten wesentlich größer wirken, als er eigentlich ist. Und fast immer lassen sich zunächst als nachteilig empfundene Gegebenheiten des Umfelds durch geschickte Planung in Vorteile verwandeln oder zumindest kaschieren: Vielleicht lässt sich beispielsweise ein Nachbarsbaum nutzen, um dort einen angenehm schattigen Sitzplatz für heiße Sommertage einzurichten?

Nachteil in Vorteil verwandeln

Mit ein bisschen Planung wird eine langweilige Ecke zu einem lauschigen Plätzchen durch Wandbegrünung, Pergola und Bepflanzung.

Vorhandene Bestände nutzen

Bei der Überprüfung Ihrer Umgebung sollten Sie vor allem folgende Elemente berücksichtigen:

- Bäume und auch große Sträucher im Nachbargarten, die Schatten auf Ihr Grundstück werfen oder die durch ihre weit reichenden Wurzeln die das Wachstum der Pflanzen in Ihrem Garten unter Umständen stark beeinflussen können.
- An der Grundstücksgrenze stehende Mauern und Bauwerke, die sich beranken lassen oder die auf andere Weise elegant verdeckt werden können.
- Andere Randzonen, die Sie gerne abschirmen möchten.
- Sichtschutzhecken, die im Garten der Nachbarn bereits bestehen und die Sie auch für Ihren Sichtschutz nutzen können.
- Besonders schöne Pflanzen, auf die Sie unter allen Umständen einen freien Blick haben möchten.
- Schöne Ausblicke vom Garten in die umgebende Landschaft, die Sie auf jeden Fall freihalten oder sogar betonen möchten.
- Randzonen, die Sie gerne offen gestalten möchten, weil Sie und Ihre Familie einen guten nachbarlichen Kontakt pflegen. In diesem Fall sind beispielsweise Unterbrechungen in der Hecke oder vielleicht sogar ein Türchen im Zaun denkbar.

Dieser Garten gewinnt zusätzlich durch den schönen Ausblick in die Landschaft.

Größe und Form des Gartens

Wissen Sie eigentlich, wie groß Ihr Gartengrundstück wirklich ist? Wenn Sie bereits eine Zeichnung Ihres Gartens besitzen, können Sie sie gleich für Ihr konkretes Gestaltungskonzept verwenden (Seite 50). Andernfalls ist es sinnvoll, den Garten grob zu vermessen, um eine Skizze davon herstellen zu können. Mit einem Bandmaß ist das schnell geschehen; allerdings müssen Sie dafür zu zweit sein. Ein Zollstock eignet sich nur für kleinere Flächen. Bei größeren Grundstücken ist das Abschreiten am einfachsten.

► **Tipp:** Genauigkeit ist gut, im Garten können Sie aber ruhig ein bisschen großzügiger vorgehen. Beim Messen von Längen im Außenbereich kommt es nicht auf Zentimeter an!

Das Abschreiten

Die einfachste Möglichkeit des Vermessens ist das Abschreiten. Dazu müssen Sie nur Ihre Schrittlänge messen. Wiederholen Sie die Messung so lange, bis Sie eine Schrittlänge gefunden haben, die Sie in etwa gleichmäßig über eine längere Strecke beibehalten können. Zählen Sie die Schritte, die Sie für eine Strecke brauchen, und multiplizieren Sie die Anzahl der Schritte mit Ihrer Schrittlänge – fertig! Welche Strecken Sie für eine Skizze Ihres Gartens messen müssen, zeigt die beispielhafte Bestandsaufnahme auf Seite 50.

Durch das Abschreiten lernen Sie die Fläche Ihres Gartens realistisch einschätzen. Probieren Sie auch im Freien per Schrittmaß aus, ob z. B. die Parkbank an die gewünschte Stelle passt, wenn Sie auch noch eine üppige Pflanzung wollen. Vor allem bei kleinen Gärten ist es wichtig, sie nicht zu überfrachten. Handeln Sie nach der Devise »weniger ist mehr«. Lassen Sie ruhig eine Fläche scheinbar leer, bzw. verzichten Sie auf zu viele Gartenelemente. Ihr Garten braucht »Luft zum Atmen«.

Originelle Lösungen

Ist Ihr Garten klein, heißt das keineswegs, dass Sie daraus nichts machen können. Lösen Sie sich vom Vorbild großzügiger Landschaftsgärten.

Tipp
Vermessung

Mehrmals testen!

Beim Planen eines Gartens ist ein Gefühl für die Größe und Form des Grundstücks wichtig. Schreiten Sie es ruhig mehrmals ab, auch wenn Sie eine brauchbare Zeichnung davon haben. Verblüffend ist meist folgender »Test«: Schätzen Sie bei einem Spaziergang den Kronendurchmesser eines Parkbaumes und schreiten Sie die Projektion der Krone am Boden nachher genau ab. Sie werden erstaunt sein!

Wie gut ein Garten wirkt und wie angenehm ein Aufenthalt dort ist, hängt nicht von der Größe ab, sondern von der Gestaltung. Auch für kleine oder ungünstig geschnittene Gärten gibt es originelle Lösungen.

Grünes Treppenhaus: Ein origineller Garten auf kleinstem Raum.

Gestaltungs-typen

Eine wichtige Vorüberlegung liegt in der Entscheidung, ob Ihr Garten formal-architektonisch oder frei in natürlichen Formen gestaltet werden soll. Eine ausführliche Beschreibung der beiden Gestaltungstypen finden Sie in Kapitel 2. Grundsätzlich eignet sich für kleine Gartengrundstücke der formale Gestaltungstyp besser, denn geradlinige und rechtwinklige Anordnungen sparen Platz. Auf großen Flächen wirken geschwungene organische Formen gut, die »Verschwendung« von Raum fällt weniger ins Gewicht.

Der Grundstückszuschnitt

Auch der Grundstückszuschnitt beeinflusst den Gestaltungstyp sehr stark. Bei ungünstig geschnittenen

Großzügiger, frei gestalteter Garten.

Ein Landhaus harmoniert gut mit einem Bauerngarten.

Dreieck-Grundstücken etwa kann man mit fließenden Formen vieles kaschieren. In diesem Fall lässt sich der Platz beispielsweise durch Rundungen etwas besser nutzen. Läuft um ein frei stehendes Haus nur ein wenige Meter breiter Streifen, sind geradlinige, hausparallele Weg- und Beetformen am besten geeignet.

Der Haustyp

Die Ausstrahlung eines Hauses und dessen Umgebung sind ebenfalls wichtig bei der Wahl des Gestaltungstyps. Oft drängt sich durch den Stil des Hauses ein Gestaltungstyp regelrecht auf. So passt zu einem alten Bauern- oder Landhaus sehr gut der formal-architektonische Typ mit üppiger Blütenfülle.
Modern gestaltete Neubauten hingegen harmonieren mit einem schlichten formalen Garten grundsätzlich besser, wobei allerdings auch eine Kontrastierung moderner Hausformen mit natürlichen Gartenformen sehr wirkungsvoll sein kann.

Die Umgebung

Je kleiner das Grundstück ausfällt, desto wichtiger ist die optische Einbeziehung der Nachbargärten. Fehl am Platz wäre z. B.ein japanischer Garten auf einem kleinen Reihenhausgrundstück, an das von drei - Seiten andere Gärten anschließen. Grenzt Ihr Garten an freie Landschaft, oder ist ein Landschaftsausblick gegeben, sollten Sie deren Formen in die Gestaltung aufnehmen. Freier in der Gestaltung Ihres Gartens sind Sie, wenn er gegen die Umgebung abgegrenzt ist, z. B. als Innenhof- oder Atriumgarten angelegt ist.

Tipp Gestaltungstyp

Größenverhältnisse ermitteln

Nicht nur der persönliche Geschmack, sondern auch die Beschaffenheit des Gartengrundstücks spielt bei der Wahl des Gestaltungstyps eine Rolle. Hinweise dazu, wie Sie die Grundstücksgröße ermitteln, finden Sie auf Seite 17.

Neuanlage und Umgestaltung

Wenn Ihr Garten neu angelegt wird und wenn dort, wo er entstehen soll, vorher die Baustelle Ihres Hauses war, so wird dies als Neuanlage bezeichnet. Um eine Umgestaltung handelt es sich dann, wenn Ihr Garten bereits besteht und Sie nur einige Änderungen vornehmen wollen. Es kommt natürlich auf das Ausmaß Ihrer Änderungswünsche an. Eine radikale Umgestaltung kann einer Neuanlage augenscheinlich gleichkommen. Der wesentliche Unterschied zwischen Neuanlage und Umgestaltung besteht allerdings darin, dass Sie es bei einem bereits vorhandenen Garten im Normalfall schon mit einem funktionierenden Bodensystem zu tun haben. Die unterschiedliche Vorgehensweise bei Neuanlage und Umgestaltung bezieht sich nur auf die ersten Jahre, also auf den Zeitraum, bis sich auch bei der Neuanlage ein stabiles, natürliches Bodengefüge eingestellt hat. Wenn Sie dabei einige Grundregeln beachten, schaden Sie Ihrem Boden nicht unnötig, und Ihre Pflanzen bekommen gute Saatbedingungen.

Die Neuanlage

Vorteilhaft bei einer Neuanlage ist, dass Sie Baumaßnahmen, für die Sie schwere Maschinen brauchen, bereits im Vorfeld erledigen können. Die Zuwege sind noch weitgehend frei zugänglich, und es ist noch kein Boden aufgeschüttet, der durch Befahren Schaden nehmen könnte. Ist der Boden dann aufgeschüttet, sind einige Dinge vor Beginn der Bepflanzung zu berücksichtigen:

- Möglicherweise entspricht der transportierte Boden nicht dem der Umgebung. Es kann also sein, dass auf Ihrem Grundstück nicht dieselben Pflanzen gedeihen werden wie bei Ihrem Nachbarn.
- Möglich ist weiterhin, dass kein Oberboden, sondern nur Unterboden aufgeschüttet wurde, was Sie an der gleichmäßig helleren Färbung und dem fehlenden Farbwechsel nach ca. 20 bis 40 cm erkennen. In diesem Fall müssen Sie den Boden vor der Bepflanzung großzügig mit Kompost versorgen (ungefähr 2 m^3 pro 10 m^2). So entsteht in ein bis zwei Jahren mithilfe der importierten Bodenlebewesen eine brauchbare belebte Oberbodenschicht.
- Beobachten Sie Ihr Grundstück nach starken Regenfällen eine Saison lang: Gibt es Stellen im Garten, an denen das Wasser nicht abläuft?

Die Landschaft einbeziehen.

Kleiner, formal gestalteter Garten, der Platz sparende Quadratformen nutzt.

Hier wurde der Boden wahrscheinlich durch unsachgemäßen Einsatz von Baumaschinen verdichtet. Die Konsequenz: Pflanzflächen müssen

Wurzelunkraut Giersch.

tiefgründig aufgerissen werden, wobei eine Fräse nicht genügt, da sie nur maximal 30 cm tief reicht. Rasenflächen bekommen eine Drainage. Warten Sie also mit der Gartenanlage lieber eine Weile, denn es ist

Wurzelunkraut Ackerwinde.

nicht nur ärgerlich, sondern auch teuer, einen Rasen noch einmal komplett neu anlegen zu müssen.

► Durch Beobachtung über eine Vegetationsperiode hinweg können Sie außerdem feststellen, ob Ihr Boden die äußerst lästigen Wurzelunkräuter Quecke, Giersch und Ackerwinde enthält. Das Problem bei diesen Wurzelunkräutern: Sie können sie auch durch mehrfaches Hacken nicht dauerhaft entfernen, da sie unterirdisch oft meterlange und tiefe Ausläufer bilden.

► Der Boden kann sich im Nachhinein an manchen Stellen noch erheblich setzen, sodass Sie ihn im ersten Winter ruhen lassen sollten.

► Ein schöneres grünes Gartenbild erhalten Sie, wenn Sie vor der Bepflanzung eine Gründüngung ausbringen. So pflegen Sie das Bodenleben und versorgen den Boden auf natürliche Weise mit Nährstoffen.

Gründüngung

Die Gründüngung dient der Bodenverbesserung und ist eine empfehlenswerte Bodenpflege: Da die angesäten Pflanzen den Boden vollständig bedecken, sorgen sie für eine Beschattung der Bodenoberfläche. Außerdem verdrängen sie andere Wildkräuter, lockern den Boden durch das Wurzelwachstum und führen ihm organische Substanzen zu, bei bestimmten Arten sorgen sie sogar für zusätzlichen Stickstoff (»Leguminosen«).

► Säen Sie die Gründüngung nach Vorschrift im Frühjahr, Spätsommer oder Herbst aus. Empfehlenswerte Kräutersaaten erhalten Sie im Pflanzenfachhandel. Besonders günstige Zeitpunkte sind eine Aussaat im Herbst und ein Unterfräsen im darauf folgenden Frühjahr.

Pflegetipp
Bodenpflege

Was tun bei Wurzelunkräutern?

► Den Boden mit schwarzer Folie abdecken (ca. drei Monate lang).

► Das Unkraut von Hand durch regelmäßiges tiefes Umgraben und Entfernen aller noch so kleinen Wurzelstückchen eindämmen.

► Den Boden unter Umständen mit einem Herbizid durch einen erfahrenen Fachmann behandeln lassen.

► Fräsen Sie die krautigen Pflanzen unter, bevor sie verholzen (günstig ist eine Höhe von 15 bis 20 cm). Sind die Pflanzen bereits höher gewachsen, können Sie diese zuerst mähen, dann lassen Sie das Mähgut eine Woche liegen und anschließend fräsen Sie es unter.

Die Umgestaltung

Beim so genannten gewachsenen Boden haben die Pflanzen durch die bereits vorhandene Bodenstruktur einen deutlichen Wachstumsvorteil. Nachteilig sind Umgestaltungen im bereits vorhandenen Garten nur

Gründüngung Klee.

Gründüngung Kräutermischung.

dann, wenn es sich um größere Baumaßnahmen handelt, bei denen ein Zugang für Baumaschinen geschaffen werden muss. Diese können den Gartenboden durch ihr Gewicht schädigen.

Den Boden schonen

Die Zerstörung des Bodengefüges durch schwere Maschinen stellt einen wesentlich größeren Schaden dar als das Um- oder Neupflanzen einiger Gehölze! Auch wenn es sehr schmerzlich ist, wenn ein Baum eingeht – er ist im Normalfall ersetzbar. Ein verdichteter Boden hingegen ist nur sehr schwer und aufwändig zu reparieren, manchmal ist er auch gar nicht wiederherstellbar. Nur stark sandigen Böden sind weitgehend unempfindlich gegen Verdichtungen.

► Bei Regenwetter dürfen sämtliche Bodenarten außer stark sandigen Böden unter keinen Umständen befahren werden! Wenn ein Befahren allerdings unbedingt nötig ist, müssen Bohlen oder auch Schaltafeln untergelegt werden, damit der Druck der Räder der Baumaschinen sich gleichmäßig verteilt und kein zu großer Schaden entsteht.

► Auch wenn es vielleicht etwas »gefährlicher« aussieht: Die Raupenräder eines Minibaggers sind aufgrund ihrer breiteren Auflagefläche weit günstiger für den Boden als normale Reifen, die sich tief in den Boden einprägen können.

Alter Baumbestand

Bei Neuanlagen und noch häufiger bei Umgestaltungen gibt es meist schon vorhandene Bäume, die Ihrer persönlichen Planung buchstäblich im Weg stehen können. Doch selbst wenn der eine oder andere Baum Ihre Gestaltung stört, sollten Sie nicht sofort ans Fällen denken, fast immer lässt sich im wahrsten Sinne des Wortes »ein Weg finden«, diesen in Ihr Gestaltungskonzept zu integrieren. Und schließlich sollten Sie eines nicht außer Acht lassen: Nichts geht über den natürlichen Charme und die Ausstrahlung eines alten, eingewachsenen Baumes!

► **Tipp:** Für das Fällen von Bäumen gelten bestimmte Vorschriften, die zu beachten sind (Seite 25).

Wunderschöne alte Bäume prägen die Atmosphäre dieses Gartens.

Der Pflegeaufwand

Einen Garten, der ganz ohne Pflege auskommt, gibt es nicht. Überlegen Sie vor der Anlage Ihres Gartens, wie viel Zeit Sie für ihn wirklich aufwänden können und wollen. Wichtig ist eine ehrliche Einschätzung, denn diesen Aufwand müssen Sie auf Dauer leisten! Wie aufwändig die Pflege Ihres Gartens ist, hängt von verschiedenen Faktoren ab.

Bepflanzung

Sie haben die Wahl zwischen pflegeleichten Pflanzen und solchen, die mehr Aufmerksamkeit und damit Zeit verlangen. Es liegt an Ihnen, wie viel Zeit und Muße Sie aufbringen wollen. Anhand folgender Punkte können Sie einschätzen, wie pflegeaufwändig Ihr Garten wird.

► Einheimische Arten sind grundsätzlich leichter zu handhaben als importierte Pflanzen. Es gibt jedoch auch unter den nicht heimischen Arten besonders anspruchslose pflegeleichte Pflanzen.

Stein- und Kiesflächen machen diesen Garten pflegeleicht.

Tipp Pflege

Zeitbedarf und Pflegeaufwand

Eher pflegeleicht sind:

► Wildstaudenpflanzungen
► Frei wachsende Blütenhecken
► Stein- und Kiesgärten
► Große Bodendeckerflächen
► Wiese statt Rasen.

Eher pflegeintensiv sind:

► Ausgesprochene Ziergärten mit vielen Pracht- und Beetstaudenflächen bzw. Rosenbeeten
► Schnitthecken und Formschnittkugeln
► Wasseranlagen und Teiche
► Nutzgärten.

Auch bei den Baumaterialien gibt es große Unterschiede hinsichtlich des jeweiligen Pflegeaufwands. Dazu gehört etwa das Kehren von Belägen oder das Streichen von Zäunen.

► Entscheidend ist außerdem immer der richtige Pflanzenstandort. Durch eine geschickte Pflanzenauswahl und Platzierung können Sie sich sehr viel Zeit und Mühe ersparen.

► Wenig Pflegeaufwand benötigen naturnah gestaltete Gärten, in denen sich das natürliche Gleichgewicht zwischen den Pflanzen von allein einstellt. Hier erfordert die Auswahl der Pflanzen allerdings sehr große Sachkenntnis, und oft sind viele Jahre nötig, bis man eine Pflanzengemeinschaft zusammengestellt hat, die sich selbst reguliert. In diesem Fall sollten Sie zu Beginn nicht allzu feste Vorstellungen von dem Ergebnissen haben und sich vom »Gestalter Natur« leiten lassen.

››› Formgehölze setzen markante Akzente, brauchen aber viel Pflege.

Ihr Gartenbudget

Wenn Sie Ihren Garten neu gestalten oder umgestalten möchten, spielen neben dem Budget und Ihrem eigenen gärtnerischen Geschick nicht zuletzt auch die gesetzlichen Vorschriften eine wichtige Rolle. Und nichts wäre enttäuschender, als wenn Sie Ihre sorgsam ausgefeilte Gartenplanung wegen Geldmangel nur halb verwirklichen können oder sogar eine schon durchgeführte Gestaltung wieder rückgängig machen müssen, weil sie den geltenden Vorschriften nicht entspricht.

Der finanzielle Rahmen

Schon zu Beginn Ihrer Planung sollten Sie den finanziellen Rahmen abstecken, den Sie für die Gestaltung Ihres Gartens ausgeben können und wollen, damit sie später keine Enttäuschungen erleben. Oft sind die am besten geeigneten und schönsten Pflanzen oder Baustoffe gar nicht die teuersten, und mit etwas Phantasie lassen sich nicht selten ungewöhnliche Lösungen finden. Hilfreich ist auch die Überlegung, dass Sie Ihr Gartenprojekt in mehrere Schritte unterteilen können: Zuerst kommt nur das »Notwendigste« und dann folgen alle anderen Details. Vielleicht stellen Sie mit der Zeit auch fest, dass Ihnen manches, das Sie anfangs geplant hatten, eigentlich gar nicht mehr fehlt, gefällt oder dass sich im Zuge Ihrer »Aufbauarbeit« andere, eventuell sogar bessere Ideen ergeben.

Wann lohnt sich der Gärtner?

Wie viel Sie im Garten selbst machen können, hängt im Wesentlichen davon ab, wie viel Zeit und Geduld Sie aufbringen können. Andere Kriterien sind natürlich Ihr handwerkliches Geschick bzw. Ihre finanziellen Möglichkeiten. In manchen Fällen geht es nicht nur schneller, sich beispielsweise einen Gartenteich vom Gärtner anlegen zu lassen, sondern Sie ersparen sich damit auch mögliche Misserfolge mit undichten Folien, zugewucherten Wasserflächen oder Veralgung. Im Endeffekt könnte sich der Profigärtner dann auf lange Sicht als kostengünstiger erweisen.

- ► Informieren Sie sich deshalb im Vorfeld so ausführlich wie möglich bei Fachleuten. Gärtner geben Ihnen in der Regel gerne Auskunft über die Standortansprüche und Eigenschaften der verschiedenen Pflanzen und über die Verfügbarkeit und Preise von Baumaterialien.
- ► Bei planerischen Fragen wenden Sie sich am besten an einen Landschaftsarchitekten. Wenn Sie dann ein Garten- und Landschaftsbauunternehmen beauftragen wollen, sind Sie gut gerüstet, deren Fachsprache zu verstehen und die richtigen Fragen zu stellen.

Geschnittene Buchsornamente sind reizvoll, aber sehr pflegeaufwändig.

Gesetzliche Vorschriften

Zu guter Letzt müssen Sie noch sicherstellen, dass Sie mit Ihrer Gartengestaltung nicht ungewollt gegen gesetzliche Vorschriften verstoßen. Das klingt schlimmer als es ist, denn die meisten Vorschriften sind leicht zu beachten und erfordern fast keinen zusätzlichen Aufwand. Eine Nichtbeachtung kann hingegen zu schmerzlichen Bußgeldstrafen führen. Das kann Ihnen selbst in dem Fall blühen, wenn Sie glaubwürdig darlegen können, dass Sie unwissentlich gehandelt haben. Leider sind die den Garten betreffenden Regelungen je nach Region verschieden und müssen deshalb bei den örtlichen Stellen nachgefragt werden. Dazu zählen die Unteren Naturschutzbehörden, die Gartenbauämter und die Baubehörden.

Baumschutzsatzung

In vielen Städten und Gemeinden gibt es eine Baumschutzsatzung, die die Fällgenehmigung für vorhandene Bäume regelt: Ab einer bestimmten Größe – gemessen wird diese mittels des Stammumfangs – sind Bäume aus Naturschutzgründen schutzwürdig und dürfen nur auf Antrag bei triftiger Begründung und nach Erteilung einer Genehmigung entfernt werden.

Vorgartensatzung

Einige Kommunen verfügen auch über eine so genannte Vorgartensatzung, die unter anderem den Gestaltungsspielraum – das betrifft vornehmlich Höhe und Breite – für Einfriedungen oder für das Errichten von Bauwerken wie z. B. Pergolen im Vorgartenbereich regelt.

Kies statt Rasen verringert den zu leistenden Pflegeaufwand erheblich.

Vorschriften für Grenzabstände

Die jeweils einzuhaltenden Grenzabstände werden wiederum im Nachbarschaftsrecht der Länder geregelt. Dieses besagt, dass beim Pflanzen von Sträuchern und Bäumen ein Mindestabstand zur Grundstücksgrenze eingehalten werden muss. Die Mindestabstände betragen hierbei im Normalfall 2 m für Bäume und 0,50 m für Sträucher und Hecken. Erkundigen Sie sich sicherheitshalber bei der Stadtverwaltung nach den gültigen Maßen.

Genehmigungspflicht von Bauwerken

Ab einer bestimmten Höhe oder Bauweise sind auch manche Bauwerke im Garten, z. B. Gartenhäuser, genehmigungspflichtig. Am einfachsten ist es, wenn Sie auf nicht genehmigungspflichtige Bauformen zurückgreifen, um sich die oft langwierigen Verfahren zu sparen. Die Vorschriften sind in der jeweiligen Landesbauordnung nachzulesen.

Vorschriften bei Wasseranlagen

Eine weitere Verwaltungsvorschrift besagt, dass jede Wasserstelle, zu der Kinder unbeaufsichtigten Zugang haben, gegen die Möglichkeit des Ertrinkens gesichert sein muss (Seite 209). Wenn Ihr Garten oder Vorgarten also nicht umzäumt ist, dann sollten Sie auf jeden Fall auf einen Teich oder Pool verzichten!

Mit dem Nachbarn absprechen

Reden Sie bei geplanten Veränderungen in Ihrem Garten vor deren Umsetzung zur Sicherheit mit Ihren Nachbarn! Das ist vor allem bei größeren Veränderungen angeraten. Nachbarschaftsstreitigkeiten sind sehr lästig, enden im schlimmsten Fall vor Gericht und lassen sich durch gegenseitige Absprache und etwas Rücksichtnahme ohne Probleme vermeiden. Und vielleicht hat Ihr Nachbar sogar noch eine gute Idee, von der schließlich beide profitieren.

Kleines Einmaleins der Gartengestaltung

Gartengestaltung mit Formen, Strukturen und Farben – so lässt sich auch Ihr Garten in ein kleines Paradies verwandeln, in dem sich alle wohl fühlen.

DIE KUNST DER GESTALTUNG

An einen Klostergarten erinnert die klare Gestaltung, die das Auge auf das frische, sprudelnde Wasser in der Mitte lenkt.

Sicherlich ist es grundsätzlich richtig, seinen Garten vor allem nach praktischen Erwägungen zu gestalten. Das kreative und gestalterische Potenzial, das in jedem Garten steckt, darf dabei aber nicht außer Acht gelassen werden. Die Gestaltung eines Gartens sollte also nicht nur praktischen Überlegungen folgen, die jeden Nutzungsbereich an die richtige Stelle rücken. Natürlich ist es ratsam, den Kräutergarten möglichst in die Nähe der Küche, den Fahrradstellplatz im Vorgarten oder das Staudenbeet an den sonnigsten Platz im Garten zu platzieren. Mindestens so wichtig ist jedoch die gestalterische Idee, die dem Garten zugrunde liegt. Jeder Garten hat seine eigene Ausstrahlung, seine individuelle Aussage, die er dem Betrachter vermitteln soll. Mit einfachen gestalterischen Mitteln können Sie solche Stimmungen und Wirkungen in Ihrem Garten erzeugen. Hier nur ein kleines Beispiel: Eine »melancholische« Hängeweide etwa verleiht dem Garten einen ganz anderen Charakter als beispielsweise ein »lebensfroher« Apfelbaum oder auch ein »edles« Beet mit Rosen und Stauden.

Dem Gartengestalter stehen neben der Auswahl der Pflanzen aber auch eine Fülle weiterer Gestaltungsmittel zur Verfügung, die dem Garten erst sein unverwechselbares Gesicht verleihen. Lassen Sie sich von bestehenden Gärten und der Gartengestaltungskunst inspirieren, deren Wurzeln Hunderte, ja Tausende von Jahren zurückreichen.

Schöpfen Sie hierbei aus dem reichen Erfahrungsschatz der Gartengestalter und Ihrer eigenen Phantasie. Es spricht schließlich nichts dagegen, auf bewährten Gestaltungsprinzipien aufzubauen und sie durch eigene Ideen und Vorstellungen zu bereichern und sie nach individuellen Bedürfnissen für eigenen Garten zurecht zu schneidern.

Die zwei Grundprinzipien der Gestaltung

In der langen Geschichte der Gartenbaukunst haben sich bis heute zwei Grundtypen herausgebildet: der formale und der frei gestaltete Garten. Beide Formen unterliegen festen Gestaltungsregeln und haben eigene Gestaltungsmerkmale, d. h., auch ein frei gestalteter Garten ist ganz bewusst geplant, nichts wächst dort einfach wild »drauflos«. Durch die gestaltende Hand des Menschen wird ein Gartengrundstück von einem Naturraum zu einem Kulturraum verwandelt. Und darum soll es im Folgenden gehen: um das Handwerkszeug des Gartengestalters und die Kunst der Gestaltung eines kleinen, eigenen Gartenparadieses.

Der formale Gartentyp

Die großen historischen Vorbilder des formalen Gestaltungstyps sind die mittelalterlichen Klostergärten sowie die Renaissance- und Barockgärten, die auf klaren, geraden, meist rechtwinklig zueinander verlaufenden Linien aufgebaut sind.

Klostergärten

Wahrscheinlich spielten in den Klostergärten auch praktische Erwägungen eine Rolle, als die Beete übersichtlich rechtwinklig angeordnet wurden, um dort neben einigen Zierpflanzen hauptsächlich Heil- und Nutzpflanzen anzubauen. Unübersehbar symbolhaften Charakter hat jedoch die Aufteilung des Gartens durch ein Wegekreuz, dessen vier Teile wiederum kreuzförmig aufgeteilt sind. Der Brunnen in der Mitte des Wegekreuzes lenkt den Blick symbolhaft auf das Wesentliche: das Wasser des Lebens.

Renaissance- und Barockgärten

Die Renaissancegärten und noch viel stärker die Barockgärten nutzten die formalen Gestaltungsmittel für ganz andere Aussagen: Von Menschenhand geschaffene Geradlinigkeit und Ordnung bändigt die scheinbare Unordnung und Widerspenstigkeit der Natur, die Beherrschung der Pflanzen wurde als Ausdruck von Macht und der Veredelung der Natur. Durch den Menschen gesehen, die Größe und Pracht der Anlage demonstrierte Reichtum und Machtfülle des jeweiligen Fürsten oder Königs. Die Gestaltung ist also niemals rein praktisch oder zufällig, sondern weist auf einen tieferen Sinn hin.

Der formale Gartentyp

Wesentliche Merkmale eines formalen Gartens sind die folgenden Elemente:

- Für die Gestaltung werden die Grundformen Quadrat, Rechteck und Kreis, seltener Ellipse und Dreieck verwendet. Diese Grundformen werden variantenreich kombiniert.
- Die Pflanzen spielen gegenüber der formal-geometrischen Wirkung der Gesamtanlage eine eher untergeordnete Rolle. Häufig werden sie sogar durch Formschnitte – Schnitthecken, Heckenlabyrinthe, Buchskugeln und Figurenschnitte – »gezähmt«.
- Symmetrische Wegeachsen durchziehen den Garten, deren Anfangs- und Endpunkte besonders betont sind.
- Typisch für das Setzen solcher Akzente sind Skulpturen, eine Bank oder auch eine besondere Pflanze. Schnittpunkte solcher Wegeachsen (kreuz- oder sternförmig) bilden hierbei zentrale Punkte, die z. B. durch einen Brunnen, eine Sonnenuhr oder ein Beetrondell hervorgehoben werden.

Der Garten des Zisterzienserklosters Kamp-Lintfort.

Bauern- und Cottagegärten

Bauerngärten und englische Cottagegärten verwenden viele Elemente des formalen Gartentyps, ohne jedoch allzu streng zu wirken. Eine üppige, die Buchshecken überbordende Blütenfülle etwa lässt diesen formalen Gartentyp sehr lebendig wirken. Zudem erfordern sie nicht so viel Platz und können auch auf einem Hausgartengrundstück verwirklicht werden.
Das Gleiche gilt auch für moderne formale Gärten, die mit ihren geradlinigen, Platz sparenden Formen vor allem für kleine, städtische Grundstücke geeignet sind.

Der frei gestaltete Gartentyp

Zu den wichtigsten historischen Vertretern des frei gestalteten Gartentyps zählen die Landschaftsgärten des asiatischen Kulturraums. Neben den philosophisch-religiösen Grundsätzen, nach denen sie gestaltet werden, kennzeichnet diese Gärten die Idee der symbolhaften Nachbildung der heimischen Natur.

Felsufer im japanischen Garten.

Üppiger Bauerngarten.

Asiatische Gärten

In chinesischen Landschaftsgärten findet man auf großen abgegrenzten Territorien beispielsweise aufgeschüttete Felsenlandschaften, die natürliche Berglandschaften darstellen sollen, und große Teiche, die für Seen oder sogar das Meer stehen. Für die japanischen Gärten gilt dasselbe Prinzip, jedoch auf wesentlich kleinerem Raum, sodass die natürliche Landschaft umso stärker abstrahiert wird. Selbst in einem winzigen Atriumgarten entstehen vor dem inneren Auge des Betrachters aus einzelnen Findlingen Felsen und Gebirge, aus entsprechend angeordneten Kieselsteinen ein Flussbett mit reißendem Strom. Eine sorgfältig geharkte Kies- oder Sandfläche stellt das weite Meer dar.

Englische Landschaftsgärten

Aus diesen Vorbildern und aus den ebenfalls naturnah gestalteten Lustgärten der mittelalterlichen Ritter entstanden im 19. Jahrhundert die berühmten englischen Landschaftsgärten, die später auch auf dem Kontinent nachgeahmt wurden. Diese großen Landschaftsgärten oder -parks scheinen auf den ersten Blick einfach nur ein umzäuntes Stück Natur zu sein. Erst auf den

Formal-geometrischer Innenhofgarten.

zweiten Blick offenbart sich die Gestaltung durch den Menschen: Die geschwungenen Wege führen absichtlich zu den schönsten Plätzen und Ausblicken, und die Baum- und Strauchgruppen sind so gepflanzt, dass sich immer wieder ein angenehmer Wechsel aus Licht und Schatten, aus Flächen und geheimnisvollen »Dickichten« ergibt. Nicht zufällig taucht hinter einer Wegbiegung ein kleiner Pavillon oder ein kleines Schlösschen auf. Außerdem sind die weiten Rasenflächen meist ordentlich gepflegt, damit sie auch zum Picknicken oder Ballspielen genutzt werden können.

Naturnahe Gärten

Es ist einleuchtend, dass ein naturnaher Garten, der möglichst vielen heimischen Tier- und Pflanzenarten einen Lebensraum geben soll, in den meisten Fällen frei gestaltet wird. Natürlich kann ein solcher Garten auch formaler Art sein oder zumindest formale Anteile beinhalten, denn von der Form allein hängt die »Nutzbarkeit« für Fauna und Flora nicht ab. Dennoch passen freie Formen sicherlich am besten zu einem kleinen Biotop in der Stadt.

Berühmte Gartenanlagen

In berühmten historischen Gartenanlagen sind häufig auch beide Gartentypen in Kombination vertreten, und gerade der Kontrast zwischen formal gestaltetem Gartenteil und Landschaftsgarten macht den besonderen Reiz dieser Anlagen aus. Wenn möglich sollten Sie einen Abstecher (vielleicht auf Ihrer nächsten Urlaubsreise) zu einem dieser Gärten machen. Am bekanntesten sind die italienischen Renaissancegärten (z. B. Villa Lante bei Viterbo oder Villa d'Este in Tivoli) sowie die Barockgärten in Frankreich (z. B. Schloss Versailles bei Paris) und Deutschland (z. B. Nymphenburger Schloss in München oder Schloss Sanssouci bei Potsdam).
Lassen Sie die Anlagen auf sich wirken, genießen Sie ihre Ausstrahlung und versuchen Sie, die räumlichen Ausmaße und Proportionen zu erfassen. Obwohl es aufgrund der oft riesigen Gärten gar nicht möglich ist, Ideen zu kopieren, können Sie trotzdem davon profitieren, indem Sie ein Gefühl für das Zusammenspiel von Formen und Farben bekommen.
► **Tipp:** Um Ihr Wissen zu erweitern, können Sie sich natürlich auch bei Spaziergängen von anderen Gärten inspirieren lassen. Hierbei ist schon ein kurzer Spaziergang durch die Nachbarschaft erhellend. Vergleichen Sie die verschiedenen Gartengestaltungen und fragen Sie sich: Warum sieht dieser Vorgarten so schön aus? Warum wirkt dagegen zwei Häuser weiter alles so beengt? Halten Sie Ausschau nach Harmonie und Kontrast, Form und Farbe, Höhe und Breite, und Sie bekommen so allmählich einen sicheren Blick für die Kunst der Gartengestaltung!

Der frei gestaltete Garten

Zu den wesentlichen Merkmalen eines mit freien Formen gestalteten Gartens gehören folgende Elemente:
- ► Freie, organisch fließende Formen bestimmen die Gestaltung von Wegen und Pflanzflächen.
- ► Der Garten wirkt wie ein Ausschnitt aus der Natur oder zumindest tritt die gestaltende Hand vor der Wirkung der Pflanzen zurück.
- ► Blickpunkte werden statt als Endpunkt einer gebauten Achse als überraschendes Element eingesetzt.

Landschaftsparks sind perfekt gemalte »Landschaftsbilder«.

Frei gestalteter Garten.

Tipp Gestaltung

Schöne Gartenanlagen

Weitere empfehlenswerte Reiseziele in Deutschland sind:
- ► Baumpark Arboretum Ellerhoop bei Hamburg
- ► Europa-Rosarium Sangerhausen
- ► Senkgarten des berühmten Staudengärtners Karl Foerster in Potsdam-Bornim
- ► Staudensichtungsgarten Weinheim
- ► Staudensichtungsgarten Freising-Weihenstephan

Interessante Anregungen bieten weiterhin alle aktuellen und ehemaligen IGA-, BUGA- und Landesgartenschaugelände in vielen Städten Deutschlands.

Form, Farbe, Struktur

Die Wirkung von geometrischer und freier Formengebung, die Strukturierung durch die Gruppierung der Pflanzen und die Farbgestaltung prägen den Ausdruck eines Gartens. Je nach Gegebenheit Ihres Gartens und sind wichtige Gestaltungsmittel.

Formensprache

Soll die Terrasse rechteckig werden oder quadratisch oder besser halbrund? Wäre ein geradliniger Weg zum Haus passend oder vielleicht eher ein leicht geschwungener? Um eine Antwort auf diese Fragen zu bekommen, ist es nötig, sich mit der grundsätzlichen Wirkung von Formen zu beschäftigen. Nur so finden Sie für Ihren Garten die jeweils richtige gestalterische Lösung, die Ihrem Geschmack entspricht, zu Haus und Grundstück passt und ein ausgewogenes Gesamtbild ergibt.

Der Kreis

Die Form des Kreises ist von jedem beliebigen Winkel aus betrachtet absolut identisch. Gleichzeitig »ruht« der Kreis in seinem Mittelpunkt und strahlt Geschlossenheit und Stabilität aus. Deshalb sollte ein Kreis als Blickfang sehr bewusst eingesetzt werden: Eine runde Pflasterung vor einem Eingang lenkt den Besucher sofort dorthin, ein rundes Wasserbecken zieht alle Blicke auf sich. Der Kreisbogen schließt immer etwas ein. Ein runder Gartenpavillon etwa wirkt wie ein geheimer, in sich geschlossener Ort. Eine runde Abpflanzung kann einen Sitzplatz abschirmen, abgerundete Ecken wirken weich.

Natürlich geschwungener Bachlauf.

Das Quadrat

Durch seine Gleichseitigkeit ist das Quadrat fast ebenso ausgewogen wie der Kreis. Seine Regelmäßigkeit fällt zwar auf, wirkt jedoch wesentlich »gewöhnlicher« auf den Betrachter als der Kreis. Ein quadratischer Turm oder eine Säule stehen besonders fest auf ihrem Grund. Beim Quadrat

DIE WIRKUNG DER GEOMETRISCHEN GRUNDFORMEN

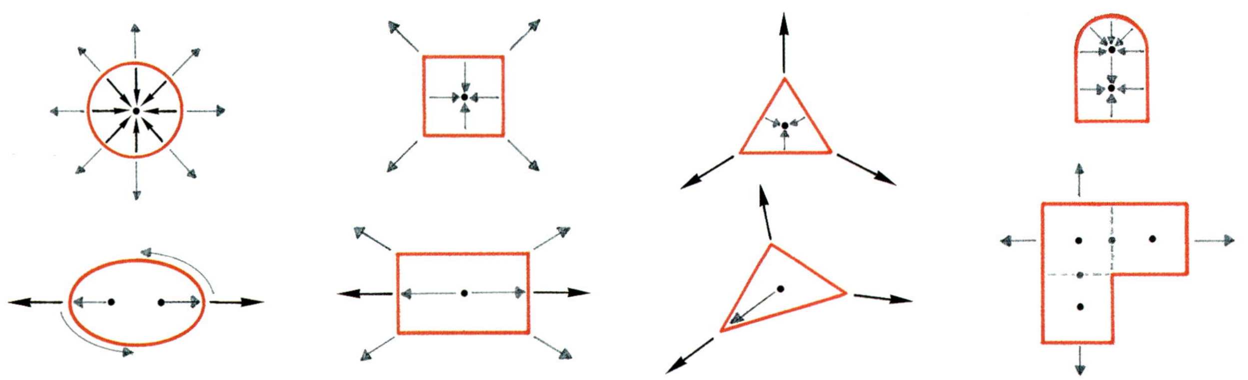

Kreis: *Mittelpunktszentriert; ruhend; gleichwertig nach allen Seiten.*
Ellipse: *Schwingt um Konstruktionspunkte; betonte Längsachse.*

Quadrat: *Mittelpunktszentriert; ruhend; vier Ecken weisen nach außen.*
Rechteck: *Vier Ecken weisen nach außen; betonte Längsachse.*

Gleichseitiges Dreieck: *Drei Ecken weisen stark nach außen.*
Unregelmäßiges Dreieck: *Spitzeste Ecke weist am stärksten nach außen.*

Zusammengesetzte Formen: *Sie kombinieren die Wirkung der Einzelformen; Quadrat und Halbkreis, drei Quadrate bzw. Rechteck und Quadrat.*

konzentriert sich nicht alle Kraft auf den Mittelpunkt. Die vier Seiten und noch viel stärker die vier Ecken weisen deutlich nach außen. Die spitzen Ecken brauchen genügend Raum, um nicht zu »verletzen«. Aus diesem Grund ist es bei Wegeführungen besonders wichtig, diese nicht direkt auf eine Hausecke zulaufen zu lassen, da dies vom Betrachter als sehr unangenehm empfunden wird.

Das Rechteck

Je ähnlicher ein Rechteck einem Quadrat ist, desto stärker hat es die gleiche ruhige, schwere Wirkung auf den Betrachter. Seine vier Ecken weisen ebenso nach außen wie die des Quadrats. Durch das verlängerte Seitenpaar bekommt ein Rechteck jedoch immer eine »Richtung«. Je länger die Seiten sind, desto stärker wird der Eindruck einer Achse. Ein gerader Weg ist formal betrachtet nichts anderes als ein extrem lang gestrecktes Rechteck, das nach einem gestalteten Anfangs- und Endpunkt verlangt. Als besonders angenehm empfindet der Betrachter ein Rechteck, dessen Seitenverhältnis in etwa 2:3 entspricht.

Die Ellipse

Eine sowohl dem Kreis als auch dem Rechteck verwandte Form ist die Ellipse. Einer Ellipse fehlt zwar der ruhende Mittelpunkt des Kreises, stattdessen schwingt sie aber sehr dynamisch um ihre beiden Konstruktionspunkte. Wie beim Rechteck bestimmt die Längsachse der Ellipse stark die übrige Gartengestaltung.

Das Dreieck

Das Dreieck ist für Bodenbeläge nur schwer verwendbar: Soll diese eigenwillige Form nicht unangenehm auffallen, muss man sie sorgfältig in die Gartengestaltung einpassen. Die drei Spitzen des Dreiecks weisen noch stärker nach außen als die der Vierecke, und die Spitze eines spitzwinkligen Dreiecks gleicht einer Pfeilspitze. Zudem fehlt allen Dreiecken, außer dem gleichseitigen, ein Mittelpunkt. Das lässt das Dreieck unregelmäßig und schwankend wirken und bringt es leicht aus dem Gleichgewicht. Ideal ist dagegen das unregelmäßige Dreieck für die Anordnung von Pflanzen in besonders natürlich wirkenden, unregelmäßigen Pflanzungen (Seite 36).

Grundformen kombinieren

Diese Grundformen können Sie nun beliebig kombinieren. Setzen Sie beispielsweise an die quadratische Form Ihres Sitzplatzes einen Halbkreis und verbinden Sie dadurch die gleichgerichtete, ruhende Eigenschaft des Quadrats mit dem fokussierenden Zentralpunkt des Kreises und der einschließenden Wirkung des Kreisbogens.

Freie Formen

Neben den geometrischen Grundformen gibt es eine beinahe unerschöpfliche Fülle an freien Formen. Unregelmäßige Vielecke sind in der Gartengestaltung eher selten, da sie leicht unförmig wirken. Sehr angenehm und natürlich sind dagegen geschwungene Formen. Sie erinnern an Kreise und Ellipsen, sind aber der Natur abgeschaute Fantasieformen. Auch hier gilt die Grundregel, zuerst die Natur aufmerksam zu beobachten. Ein Seeufer oder ein Heckensaum schlängeln nicht unwillkürlich

Schön gestaltete, geschwungene Wegeführung mit Natursteinplatten.

Tipp Gestaltung

Formal oder frei?

Ein stimmiges Gesamtbild erhalten Sie, wenn Sie sich bewusst für einen Gestaltungstyp entscheiden: formal oder frei. Das heißt nicht, dass Sie sich später »sklavisch« an einmal gewählte Formen halten müssen. Wichtig ist, dass Sie grundsätzlich eine Richtung verfolgen. Steht beispielsweise fest, dass der Garten naturnah mit organischen Formen gestaltet werden soll, können Sie ohne weiteres diesen Stil mit streng architektonischen Details kontrastieren.

hin und her, sondern verläuft in großzügig elegantem Schwung. Ein Bach fließt nicht »ohne Grund« um die Kurve, sondern seine Krümmungen entstehen dort, wo irgend etwas im Weg steht, was ihn am Geradeausfließen hindert. Eine Wegbiegung in Ihrem Garten sollte deshalb auch ihre »Begründung« haben. Der Weg sollte also etwa um einen Baum oder Findling führen.

Der »Genius loci«

Jedes Grundstück hat seinen eigenen Stil, seine individuelle Ausstrahlung. Sehen Sie sich deshalb Ihr Haus und seine Umgebung aufmerksam an – der Gartenarchitekt bezeichnet dies als das Aufspüren des »genius loci« (lateinisch: »Geist des Ortes«): Welche Farbe hat Ihr Haus? Welchen Baustil? Ist es geradlinig, quadratisch oder gibt es Vorsprünge, Nischen oder Schrägen? All diese Eigenarten Ihres Hauses sollten Sie in die Gestaltung Ihres Gartens aufnehmen.

Wichtig ist es zudem, einen Zusammenhang zwischen Ihrem Haus und dem umgebenden Garten herzustellen. Dabei kann dieser Zusammenhang harmonisch wiederholend und ergänzend oder kontrastierend und spannungsreich sein.

Harmonie und Kontrast

Zentrale Begriffe der Gartengestaltung sind Harmonie und Kontrast. Die Meisterschaft besteht darin, diese beiden Pole in ein Gleichgewicht zu bringen und die einzelnen Elemente des Gartens zu einer Einheit zu verschmelzen:

► Harmonie steht für Ausgewogenheit und Ruhe. Der Garten sollte eine Einheit mit dem Haus bilden und harmonisch in seine Umgebung eingebettet sein. Die Harmonie bezieht sich auf das Zusammenspiel von Maßverhältnissen, Farben und Formen. Sie können den Bezug zwischen Haus und Garten dadurch betonen, dass Sie in unmittelbarer Hausnähe mit architektonischen Formen arbeiten, die die Linienführung des Hauses aufnehmen. So wird Ihr Haus in den Garten eingebunden. Sie steigern z. B. die runde Form eines Vorbaus oder Erkers, wenn Sie diese mit einem runden Beet umgeben oder den vorbeiführenden Weg an diese Form anpassen.

Geschnittener Buchs und Pergola kontrastieren mit freier Gestaltung.

► Kontraste bringen Spannung in den Garten. Sie erzeugen Lebendigkeit, Intensität und sorgen für Überraschungen. Ein Zuviel an Kontrasten kann jedoch schnell zu Unruhe führen. Spannung erzeugen Sie, wenn Sie die Form ein wenig verzerren, also z. B. für Ihr rundes Beet einen etwas verschobenen Kreismittelpunkt wählen. Einen starken Kontrast bewirken Sie, wenn Sie runden Formen am Haus bewusst eine eckige oder schräge Form entgegensetzen. Solche Kontrastierungen sind schwierig, und die Grenze zum unstimmigen, unruhigen Gesamtbild kann leicht überschritten werden. Hier sind also sparsamer Einsatz und Zurückhaltung geboten.

Wechsel des Gestaltungstyps

► Erst in weiterer Entfernung vom Haus sollten gerade Linien weich in geschwungene Formen übergehen.

► Soll der Wechsel abrupt stattfinden, muss er in irgendeiner Form »begründet« sein, etwa durch einen Höhensprung. So kann z. B. bei einer Terrassierung unterhalb der Stützmauer ein ganz anderes gestalterisches Thema vorherrschen als im oberen Bereich.

► Auch ein unterschiedlicher Nutzungsbereich kann einen Wechsel des Gestaltungstyps rechtfertigen. Klassisches Beispiel hierfür ist der rechtwinklig-architektonische Kräuter- und Gemüsegarten im ansonsten frei gestalteten Garten.

► Gestalten Sie immer in großzügig verlaufenden Linien. Auch ein sehr kleiner Garten wirkt größer, wenn er einfach gestaltet wird. Häufige Gestaltungswechsel auf engstem Raum wirken überladen und »erdrücken« den Garten, so dass er kleiner aussieht als er eigentlich ist.

Harmonisch nachvollziehende Formen.

Pflanzen gruppieren

Der Begriff der Gruppe bezieht sich stets auf Pflanzen derselben Art. Der Pflanzrhythmus ist dabei entweder regelmäßig-formal oder natürlich-frei. Die gleiche Vorgehensweise wie für das Anordnen von Pflanzen gilt übrigens auch für andere Gartenelemente wie Findlinge (Seite 184) oder Trittplatten (Seite 122ff.).

SO BILDEN SICH GRUPPEN

***Zweiergruppe:** Anordnung auf einer gedachten Linie; wirkt ruhig; Torwirkung.*

***Vierergruppe:** Anordnung in den Ecken eines Rechtecks; ruhig, regelmäßig-formal.*

***Dreiergruppe:** Anordnung in den Ecken eines Dreiecks; wirkt natürlich-frei.*

***Kombination** von mehreren Dreiergruppen ergibt lockere Pflanzung.*

Regelmäßige Gruppen

Sie können Pflanzen zu regelmäßigen Gruppen zusammenfassen, indem Sie auf die architektonischen Grundformen zurückgreifen. Auf diese Weise erzeugen Sie eine besonders strenge Wirkung. Die bekannteste Grundform ist wohl die Linie, wodurch die Pflanzen zu einer regelmäßigen Reihe oder Hecke zusammengefasst werden. Regelmäßig anordnen können Sie gerade Pflanzenzahlen auch als Zweiergruppe, als Quadrat oder als Rechteck. Für diese Formen eignen sich Bäume, Solitärsträucher oder in Kugel- oder Kegelform geschnittene Gehölze besonders gut.

Freie Gruppen

Genauso wie bei dem Binden von Blumensträußen ist ungeraden Pflanzenzahlen immer dann der Vorzug zu geben, wenn eine Pflanzung besonders natürlich wirken soll. Die Pflanzen werden hierbei in die Ecken eines gedachten Dreiecks gepflanzt. Je unregelmäßiger das gebildete Dreieck ist, desto spannungsreicher wirkt die Gruppe. Diese Dreiergruppen lassen sich beliebig zu Fünfer- und Siebenergruppen erweitern, indem Sie immer neue Dreiecke anhängen, und eignen sich ebenso für lockere Baum- und Strauchpflanzungen wie auch für Staudenbeete.
Ab einer Gruppe von ungefähr neun Pflanzen ist es egal, ob die Pflanzenzahl ungerade oder gerade ist, denn das Auge kann dies nicht mehr auf den ersten Blick erfassen (mehr zur differenzierten Gruppierung im Staudenbeet finden Sie ab Seite 76).

Einige Grundregeln

► Beginnen Sie bei der Bepflanzung immer mit den größten Pflanzen und fügen Sie die kleineren später hinzu. Durch die Bäume und Großsträucher erhält der Garten zuerst sein bleibendes »Gerüst«. Erst dann werden der Größe nach weitere Sträucher, Stauden, Gräser und die wechselnden Sommerblumen ergänzt.

► Wechseln Sie nicht zu häufig die Pflanzenart! Von jeder Pflanze nur ein Exemplar zu pflanzen, wirkt sehr unruhig. Grundregel: Je größer die Pflanze, desto kleiner darf die Gruppe sein. Bei Bäumen und Großsträuchern ist der so genannte »Solitär« sehr wirkungsvoll. Bei Füllsträuchern sollten Sie ruhig einmal zwei nebeneinander pflanzen und an anderer Stelle die gleiche Art wiederholen, so wirkt die Pflanzung »geschlossener«.

Aufbau einer Pflanzung

Beachten Sie bei der Zusammenstellung einer Pflanzung vor allem die Wuchshöhen der Pflanzen, ihre Entwicklungsstadien im Jahresverlauf und ihre Blütezeiten. Beim Aufbau der Pflanzung gehen Sie am sinnvollsten von groß nach klein vor:

► Am prägendsten ist die größte Pflanze, z. B. ein vorhandener Baum.

► Gruppieren Sie dann eine Strauchgruppe als Hintergrund, entweder als Hecke oder in freier Gruppierung.

► Beginnen Sie auch bei der Staudenpflanzung immer mit den größten Solitärstauden oder -gräsern, z. B. in einer spannungsreichen Dreier- oder Fünfergruppe. Ergänzen Sie später dann die Füllstauden in etwas größeren Gruppen.

► Vervollständigen Sie das Bild anschließend durch flächige Bodendecker, die gut ein paar Quadratmeter ausfüllen können.

Höhenstaffelung im Beet

Perspektivische Ansicht — ***Höhenstufen von oben gesehen***

① Von vorn zu betrachtende pultdachartige Anordnung; geeignet für schmalere Beete in Randbereichen vor Hecken.

② Von allen Seiten attraktive Anordnung in unregelmäßiger Dreiergruppierung; geeignet für größere Beete, vor allem im Gartenzentrum.

Kleine Farbenlehre

Die Fülle der Pflanzenfarben ist unermesslich und die Kombinationsmöglichkeiten sind schier unendlich. Dabei haben Sie die Wahl zwischen harmonischen Farbverläufen, kontrastreichen Zusammenstellungen oder einfarbigen Kompositionen.

Farben kombinieren

Im Farbkreis stehen sich die Farben, die am stärksten kontrastieren, gegenüber. Diese so genannten Komplementärfarben verstärken sich und bringen sich in Pflanzungen gegenseitig zum Leuchten. Jeweils benachbarte Farben bilden dagegen einen harmonischen Farbverlauf.

► Setzen Sie kontrastierende Farben sehr sparsam ein, sonst entsteht leicht ein kunterbunter Eindruck.

Wenige gelbe Blüten mit viel Grün.

Richtig liegen Sie, wenn Sie ein harmonisches Staudenbeet in Gelb-Orange mit nur wenigen Akzenten in Violett oder Blau kombinieren.

► Frisches Grün ist die Komplementärfarbe von Rot. Sie erhalten schon einen sehr starken Farbeindruck, wenn Sie wenige sattrote Blüten mit verschiedenen interessanten Laubpflanzen zusammenpflanzen.

Farbkreis.

► Für den Einstieg sind Kombinationen aus zwei Farbtönen ideal. Zusammen mit verbindendem Grün und Weiß lassen sich wunderschöne Pflanzenbilder erschaffen, während Farbdreiklänge leicht zu bunt wirken.

► Die sehr bewunderten einfarbigen Kompositionen berühmter Gärten sind eher etwas für den erfahrenen Gärtner, denn es ist außerordentlich schwierig, zum richtigen Standort noch den richtigen Farbton, die richtige Blütezeit und die richtige Wuchshöhe zu finden. Aber lassen Sie sich von ersten Misserfolgen nicht entmutigen. Probieren geht über Studieren!

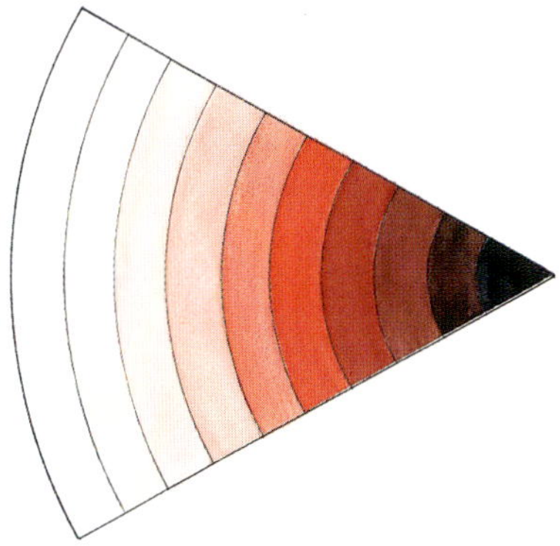

Farbwerte von Rot.

Farbwerte

Farben unterscheiden sich zusätzlich durch ihren Farbwert voneinander: Durch Beimischung von Weiß beziehungsweise Schwarz nimmt der Farbwert ab beziehungsweise zu.

Viel Gelb und wenig Grün – sparsame lila Akzente wirken verstärkend.

Aus Rot beispielsweise entstehen somit entweder Rosa- oder Brauntöne. Mit Weiß »verdünnte« Farben ergeben besonders duftig-romantische Pastelltöne.

Farbwirkungen

Die Wirkung der Farben wird von mehreren Faktoren bestimmt:

► **Benachbarte Farben:** Das gleiche Blau wirkt neben Rot anders als neben Gelb, ein sehr heller Farbton lässt einen benachbarten dunkleren Ton noch dunkler wirken, und umgekehrt gilt dasselbe.

► **Das Farbmengenverhältnis:** Die Farben kleinblütiger Pflanzen wirken anders als großblütige, das Verhältnis von Grün zu den Blütenfarben verändert den Farbeindruck.

► **Die Oberfläche:** Samtige Blüten oder Blätter wirken anders als wachsige; braunes Holz sieht anders aus als braune Platten.

► **Das Tageslicht:** In der Dämmerung scheint Weiß von innen her zu leuchten und im Schatten sehen Farben völlig anders aus als im prallen Sonnenschein.

Tipp Pflanzenkauf

Die richtigen Pflanzen

Vorrang vor jeder farblichen Zusammenstellung hat immer der richtige Standort für die Pflanzen! In Staudengärtnereien finden Sie das Sortiment deshalb auch meist nach Standortansprüchen geordnet. Suchen Sie also zuerst den richtigen Standortfaktor, z. B. Schatten, heraus und erst dann den gewünschten Farbton. Das erleichtert zudem die Orientierung im schier unendlichen Pflanzenangebot.

Ein Farbspektrum Gelb-Orange-Rot aus leuchtenden Herbstfarben.

► **Die Blütenform:** Neben der Blütenfarbe bringt die Blütenform Farben unterschiedlich zur Geltung. Eine gelbe Sonnenblume wirkt friedlich-fröhlich, eine orangefarbene Lilie wirkt dagegen feurig.

Warme und kalte Farben

Das Spektrum des Farbkreises von Gelb nach Rot wird als warm, das Farbspektrum von Violett nach Grün als kalt empfunden.

Rot-Orange-Gelb

Diese Farbtöne werden besonders stark wahrgenommen. Für eine Pflanzung bedeutet das, dass diese Farben im Erscheinungsbild sehr dominant hervortreten. Gelb etwa erzeugt die Illusion von Sonnenlicht und bringt damit Helligkeit und Heiterkeit in dunklere Gartenecken. Pflanzungen in warmen Farbtönen rücken zudem für den Betrachter räumlich näher.

Gelb-oranges Frühlingsbeet.

Blau-Violett-Purpur

Blaue und violette Farbtöne wirken eher zurückhaltend. Sie geben mehr räumliche Weite und können helfen, beengte Situationen optisch etwas aufzulockern bzw. zu vergrößern. Zusammen mit Purpur ergeben sich besonders geheimnisvoll und prächtig wirkende Pflanzbilder.

Grün

Wenn von Farbe im Garten die Rede ist, wird oft über die vielgestaltige Blütenpracht eine wesentliche Farbe vergessen: das Grün. Fast alle Pflanzen tragen die meiste Zeit des Jahres über ein grünes Kleid. Kein Grünton gleicht dem anderen, und die Palette reicht von Silber- und Blaugrün über sattes Grün bis hin zu gelbgrünen Tönen oder dem fast Schwarzgrün vieler Laub- und Nadelgehölze. Grün wirkt beruhigend und ausgleichend auf das Auge. Grün trennt und verbindet gleichzeitig verschiedene Gartenbereiche: Eine Rasenfläche bringt die angrenzende Pracht eines Staudenbeetes erst so richtig zur Geltung, und das gleichmäßig dunkle Grün einer geschnittenen Buchshecke als Einfassung oder einer Ligusterhecke als Hintergrund für eine üppige Staudenpflanzung steigert deren Wirkung erheblich. Dazu kommt der interessante Kontrast zwischen streng-formalem Schnitt und frei wachsender Fülle, der die besondere Ausstrahlung von Bauerngärten und englischen Staudenrabatten ausmacht.

Auch mit Blattfarben und -formen können Sie interessante Wirkungen erzielen, und dies nicht nur dann, wenn in einer Gartenecke gerade einmal nichts blüht:

- Weiß- oder gelbgrün gemusterte Blätter (in der Fachsprache »panaschiert« genannt) können dunklere Gartenbereiche aufhellen helfen. Besonders gut geeignet sind die attraktiven Blätter der panaschierten Hostas und des weißbunten Efeus. Sie sind zudem sehr pflegeleicht und genügsam.
- In Schattenzonen sorgen die eleganten, meist hellgrünen Wedel von Farnen für schöne Effekte.
- Feinblättrige silbergraue Blätter »vernebeln« Pflanzenbilder und lassen sie somit geheimnisvoller erscheinen. Dieser irisierende Eindruck entsteht vor allem zusammen mit Blütenfarben der Palette Blau-Violett-Rosa-Rot.
- Blausilbrige Blätter schaffen eine schöne Verbindung mit Blüten des Bereichs Gelb-Orange-Rot und bereichern das Erscheinungsbild durch den zarten Farbkontrast.

DIE PFLANZETIKETTEN

Die lebendigen Farben der Pflanzen stimmen niemals exakt mit den Abbildungen in den Katalogen oder auf den Etiketten überein, denn die Blütenfarben wie auch die Blütezeit und -dauer sind abhängig von den speziellen Standortverhältnissen. Volles Sonnenlicht etwa lässt eine Blüte ganz anders wirken als Halbschatten. Farbzusammenstellungen bis ins letzte Detail hinein sind also nicht planbar, sondern immer auch ein Experimentierfeld!

Blaue Glockenblume.

Prächtige Komposition in Blauviolett mit purpurlaubigem Ahorn.

► Eine ähnliche Wirkung erzielen blaugrüne Blätter, wie beispielsweise die der Schwertlilien, einiger Hostas und Gräser.
► Sehr bereichernd für viele Staudenbeete ist weiterhin der sehr vielseitig einsetzbare Frauenmantel mit seiner Vielzahl von duftig hellgelb-grünen Blütenkissen und seinem dekorativen blaugrünem Laub.

Blütenkissen des Frauenmantels als zierende Wegbegleiter.

Weiß

Weiß, das wie Grün eine verbindende Wirkung hat, gibt es in zahlreichen Abtönungen bis hin zu Weißgelb oder Silbergrau. Weiße Blüten oder silbriges Laub »kühlt« Kompositionen aus warmen Farben und verleiht Pflanzungen in Blau-Violett zu mehr Leichtigkeit und Transparenz. Größere Flächen von Weiß in andersfarbigen Pflanzungen wirken jedoch leicht etwas hart, vor allem wenn Sie nicht durch viel grünes Laub aufgelockert werden.

Haus und Garten harmonieren.

Ein ausschließlich in Weiß gestalteter Garten wirkt besonders edel und elegant. Zu den weißen Blütenfarben kommt weiterhin das Weiß panaschierter Blätter und Laub in vielen Grün- und Silbertönen. Eine solche einfarbige Komposition erfordert allerdings sehr viel Erfahrung und besonderes Geschick in der Pflanzenauswahl.

Das harmonische Gesamtbild

Mit Farben können Sie die unterschiedlichsten Stimmungen und Wirkungen erzeugen. Die Farbwirkung des Gartens wird zwar wesentlich von den Pflanzen bestimmt, ebenso wichtig ist aber auch, dass die Farben des Hauses und aller übrigen verwendeten Materialien (Beläge, Bauwerke usw.) farblich und ausdrucksmäßig ein stimmiges Gesamtbild und damit eine stimmungsvolle Atmosphäre ergeben. Die Palette der unterschiedlichen Stimmungen reicht von natürlich-rustikal, edel-elegant oder auch bis romantisch-verspielt – ganz nach persönlichem Geschmack. Im Folgenden sollen nur einige Beispiele genannt werden:
► Besonders gut harmoniert ein verklinkertes Haus mit seiner Umgebung, wenn Sie im Garten Beläge und Mauern ebenfalls mit Klinker herstellen. Achten Sie aber darauf, dass kein eintöniges Gesamtbild entsteht. Variieren Sie deshalb ruhig ein wenig hinsichtlich der Farbnuancen der Klinker.
► Bei Fachwerkhäusern können Sie durch die Verwendung dicker Holzkonstruktionen für eine Pergola einen wirkungsvollen Zusammenhang zwischen Garten- und Hausbereich herstellen.
► Häuser mit Holzlattenverkleidung werden sehr schön von in gleichem oder so ähnlichem Farbton lasiertem Holz für Rankgerüste oder Gartenpavillons ergänzt.

Tipp Farbwahl

Sparsamer Einsatz

Gehen Sie besonders sparsam mit buntlaubig gezüchteten Gehölzen um, deren blaues, gelbes oder rotes Laub sehr ins Auge sticht und daher leicht aus dem Gesamtbild herausfällt. Das Einbinden dieser etwas »unnatürlich« wirkenden Blattfarben in das Gesamtgefüge erfordert großes Fingerspitzengefühl. Oft sind gerade solche Pflanzen anfälliger und bedürfen eines höheren Pflegeaufwandes als ihre natürlichen Kollegen. Gelbe Blattfarben sehen z. B. leicht etwas krank aus, statt wie geplant hell zu leuchten.

► Bei Sichtmauerwerk sollte der für das Mauerwerk des Hauses verwendete Naturstein auch für Bauwerke wie Terrassierungen, Pflasterungen oder auch bei Findlingen wieder Verwendung finden.

► Moderne, verputzte Bauten ergänzen sich sehr gut mit leichten Metallkonstruktionen für Pergolen und Rankgerüste.

Farbschwerpunkte

Mit Farben können Sie besondere Schwerpunkte im Garten setzen und einzelne Gartenteile besonders hervorheben. So sollten Sie beispielsweise im Frühjahr den Blühschwerpunkt eher auf die hausnahen Bereiche legen, die Sie von Innen gut im Blick haben.
Im Sommer hingegen bietet sich eine »Farbexplosion« im Hintergarten an, weil Sie sich bei schönem Wetter oft in diesem Gartenbereich aufhalten werden.

Feurige Kombination in Rot, die einen sehr starken Eindruck macht.

Staudenbeete in Weiß wirken leicht, elegant und geheimnisvoll.

Ein Tipp noch zum Schluss: Keine Langeweile kommt in Ihrem Garten auf, wenn Sie die Pflanzen so platzieren, dass die Farbschwerpunkte sich je nach Blütezeit über das Jahr im Garten verschieben. Es wirkt ausgesprochen schön und abwechslungsreich, wenn der aus der jeweiligen Blüte resultierende Farbschwerpunkt mit den unterschiedlichen Jahreszeiten durch die einzelnen Bereiche des Gartens wandert. Trennen Sie deshalb unterschiedliche Farbbereiche ausreichend voneinander.
Um nur ein Beispiel zu nennen: Ein Beet in Blauviolett sollte auf keinen Fall direkt neben einer gelb-orangefarbenen Pflanzung liegen. Wenn Sie die Farbbereiche räumlich trennen, kommen sie generell besser bzw. schärfer akzentuiert zur Geltung. Kalkulieren Sie bei der Auswahl der Pflanzen bzw. bei der Farbauswahl immer die Jahreszeiten mit ein, denn im Frühjahr kann im Garten allgemein ein ganz anderer Farbton vorherrschen als im Hochsommer, Herbst oder Winter.

Weißbunte Hostas eignen sich, um dunkle Ecken im Garten aufzuhellen.

Pflanzenformen

Neben den Farben spielt natürlich auch die charakteristische Form der Pflanzen eine besondere Rolle bei der Gestaltung. Die Form bezieht sich dabei sowohl auf die Form der Blätter als auch auf die Form der Pflanze selbst. Die gesamte Erscheinung wird als Habitus bezeichnet.

Blattformen

Der Kontrast zwischen feingliedrigen und großflächigen Blättern oder zwischen besonders schmal- und breitblättrigen Pflanzen ist sehr reizvoll und bringt zusätzliche Lebendigkeit in die Pflanzung. Um nur ein Beispiel zu nennen: Die riesigen, saftig grünen Blätter des Schildschaublatts oder des Zierrhabarbers geben einem Garten ein fast tropisches Flair. Solche beeindruckenden Blattpflanzen, die alle Blicke sofort auf sich ziehen, sind allerdings nur für größere Gärten geeignet, weil sie einen kleinen Garten förmlich erdrücken würden.

Wuchsformen

Viele Gehölze fallen von Natur aus durch ihren besonderen Wuchs auf, andere sind Züchtungen von Kugel-, Säulen- oder Hängeformen, manche, wie etwa der Buchsbaum, werden durch regelmäßigen Schnitt in Form gebracht. Diese Gehölze fallen in einer Gartengestaltung besonders stark ins Auge und sollten einen Einzelstandort bekommen. Kugel- und Säulenformen wirken auch in Reihe gepflanzt schön. Auf jeden Fall sollten Sie sich auf wenige Pflanzen mit besonders auffälligen Wuchsformen beschränken, da sonst leicht ein »Wirrwarr« an Formen ensteht und die Gehölze einzeln nicht richtig zur Geltung kommen.

FARBSPIELE

Mähen Sie doch einmal Muster in Ihren Rasen oder lassen Sie das Gras um Margeriten oder Zwiebelpflanzen höher stehen. So erzielen Sie schöne Farbspiele in verschiedenen Grüntönen.

Großblättriger Zierrhabarber und feingliedrige Farne und Gräser im Kontrast.

Gartenräume

Wie groß Ihr Garten wirkt, hängt nicht nur von seiner tatsächlichen Größe ab, sondern ganz wesentlich auch davon, wie Sie ihn räumlich gestalten. Der Begriff der Proportion, also das Verhältnis zwischen Länge, Breite und Höhe, ist eng verknüpft mit dem Begriff des Raums, der durch diese drei Größen definiert wird. Stimmen die Maßverhältnisse in Ihrem Garten, fühlen Sie sich in Ihren Gärtenräumen nicht beengt, sondern frei und wohl, ganz egal wie groß der Garten ist.

Maßverhältnisse im Freien

Grundsätzlich gilt, dass die gleichen Maße im Freien wesentlich kleiner wirken als in einem umbauten Raum. Ein 30 m^2 großes Zimmer wirkt z. B. sehr großzügig, während die gleiche Fläche als Rasen im Garten eher beengt scheint.
Dieses vollkommen andere Raumgefühl entsteht dadurch, dass das Auge draußen wesentlich größere Bezugsgrößen vorfindet: Bäume, Nachbarhäuser, Landschaftsausblicke, die Weite des Himmels.
In geschlossenen Räumen ist dagegen der Blick immer durch Wände begrenzt, und die Bezugsgrößen – Möbelstücke und Zimmerhöhe – sind demzufolge wesentlich kleiner. Auch der Ausblick aus Fenstern und Türen bietet immer nur einen Landschaftsausschnitt aus der verkleinernden Entfernung.

Körpermaße

Um die richtige Flächengröße für Wege, Terrassen oder Spielflächen festzulegen, sind die menschlichen Körpermaße zugrunde zu legen:

Kugelrobinie.

Trauerweide.

- Messen Sie einmal die Spannweite Ihrer Arme, oder setzen Sie sich auf den Boden und messen Sie nach, wie viel Platz Sie zum bequemen Lagern brauchen. Meist werden solche Mindestmaße für die Bequemlichkeit zu knapp eingeschätzt.
- Denken Sie bei allen Maßangaben immer auch an Ihre Kinder und rechnen Sie deren Maße aus! Je nach Alter brauchen sie zwar geringere Höhen, dafür aber mehr Weite, d. h. mehr Bewegungsfreiheit.
- Bei der Planung der Höhe von Abgrenzungen sollten Sie immer Ihre Augenhöhe einbeziehen: Wollen Sie über die Mauer oder Hecke schauen oder wünschen Sie einen völligen Sichtschutz? Auf jeden Fall sollte die Abgrenzung entweder deutlich ober- bzw. unterhalb der durchschnittlichen Augenhöhe von 1,70 m liegen, damit Sie später nicht auf störende Kanten schauen müssen.

Pflanzenmaße

Wie Menschen haben auch Pflanzen ihre ganz individuellen Körpermaße. Informieren Sie sich deshalb im Fachhandel oder beim Gärtner über die endgültigen Wuchshöhen und -breiten Ihrer künftigen Pflanzen und planen Sie Ihre Beetbreiten, die Breite der Strauchpflanzungen und auch den Standplatz der Bäume mit entsprechender Voraussicht.
Lassen Sie sich vor allem bei Gehölzen nicht von der Größe der Jungpflanzen täuschen, denn andernfalls kommen später umfangreiche Rodearbeiten oder Schnittmaßnahmen auf Sie zu. Und im Gegenzug können Sie bei vorausschauender Planung zudem eine ständige Wertsteigerung ihrer Gehölzpflanzung erzielen.

KÖRPERMASSE

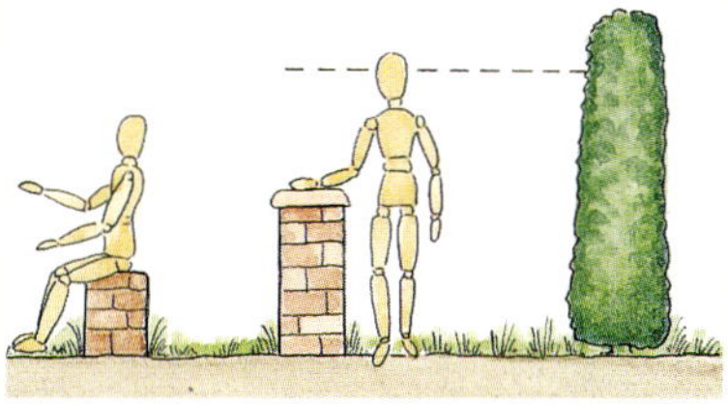

Sitzmäuerchen ca. 0,45 m
Begrenzungsmauer ca. 1,20 m
Sichtschutz über 2,00 m

Die »Gartenwohnung« einrichten

Stellen Sie sich Ihren Garten wie eine Wohnung vor. Ein Garten besteht ebenfalls aus unterschiedlich großen »Zimmern«, den Gartenräumen.

Bodenfläche

Die Bodenfläche Ihrer Gartenräume kann aus unterschiedlichen Elementen wie Rasen, Pflaster oder niedrigen Stauden- und Bodendeckerflächen bestehen. Ebenso wie im Haus verursacht ein Flickenteppich Unruhe und eine optische Verkleinerung. Je »glatter« ein Belag ist, desto großzügiger ist auch der Raumeindruck.

► Eine kleine Terrasse etwa wirkt größer, wenn ihr Belag fein strukturiert oder klein gemustert ist. Eine grobere Struktur oder ein großflächigeres Muster im Belag eine Fläche kleiner erscheinen.

► Ein Garten wirkt erheblich größer, wenn man ihn nicht schon vom Eingang aus ganz überschauen kann. Überraschen Sie den Betrachter durch Teilräume, von deren Existenz er zunächst nur andeutungsweise etwas ahnen kann. Auch in einem noch so kleinen Garten ist es möglich, hinter einer Wegbiegung oder einer Strauchpflanzung einen Blickfang so zu platzieren, dass er den Betrachter neugierig auf das »Dahinter« macht.

Abgrenzungen

Noch entscheidender für die Wirkung eines Gartenraumes ist die Höhe seiner Begrenzung, denn je höher die Wände sind, desto kleiner wirkt die eingeschlossene Fläche. Wenn Sie also optisch Raum gewinnen wollen, dann sollten Sie lieber auf hohe Schnittheckenwände oder auf Mauern verzichten. Das bedeutet: Je niedriger, durchsichtiger und leichter die Abgrenzung ist, desto besser ist die Wirkung. Wenn Sie nur wenig Platz zur Verfügung haben, verwenden Sie als Begrenzung am besten einen begrünten Holzzaun oder ein Rankgerüst. Auf diese Art und Weise sparen Sie nicht nur Fläche, sondern die Wirkung ist zudem sehr leicht.

Raumteiler

Wie in einer Wohnung können Sie auch einen Raum im Garten durch Raumteiler weiter strukturieren. Als Zwischenwände dienen Hecken, Rankgewächse oder schon einzelne Gehölze. Schon mit einer einzelnen Strauchgruppe können Sie einen großen Raum in zwei kleinere Räume unterteilen, wobei das Auge auch nur angedeutete Unterteilungen wahrnimmt. Je nachdem, wie stark eine solche Unterteilung eine Fläche umschließt – also von wie vielen Seiten und mit welcher Höhe –, desto stärker entsteht der Eindruck eines oder mehrerer Teilräume und desto mehr tritt die Wirkung der Gesamtfläche zurück.

››› Klare Trennung zwischen Rasen und Stauden verstärkt die Wirkung.

WIRKUNG VON BEGRENZUNGEN AUF DIE FLÄCHE

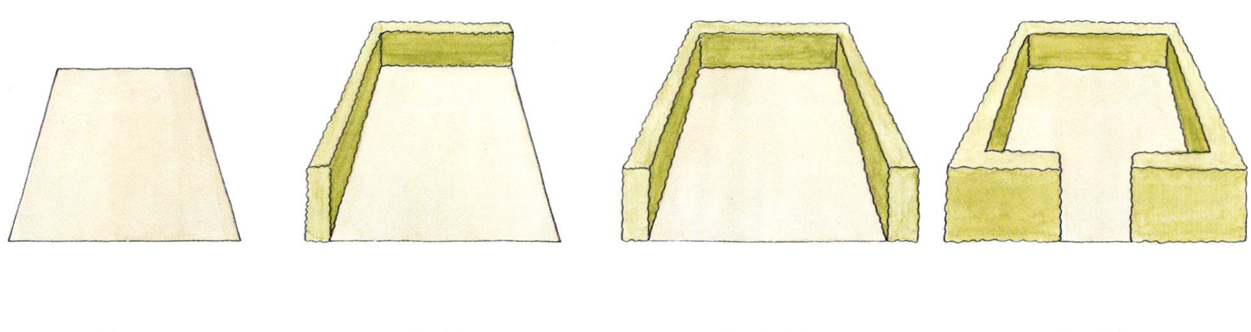

offen ***zweiseitig*** ***dreiseitig*** ***allseitig***

Je stärker eine gleich große Fläche nach den Seiten hin begrenzt wird, desto kleiner wirkt sie. Mit zunehmender Höhe der Begrenzung nimmt dieser Eindruck zu, sodass schnell der Eindruck von Enge entsteht.

IN RÄUME GEGLIEDERTER HANDTUCHGARTEN

Hintergrund	**1. Mittelgrund**	**2. Mittelgrund**	**Vordergrund**
Hecke, Baum und Bank	*Sträucher und Solitär*	*Strauchpaar und Brücke*	*Topfpflanzen und Teichfläche*

Großzügig planen!

Räumliche Wirkungen können Sie also nutzen, um Ihren Garten größer, kleiner oder besser proportioniert erscheinen zu lassen. Auf jeden Fall sollten Sie Gebäuden immer genügend Raum lassen und in großzügigen Linien gestalten. Lassen Sie beispielsweise nicht aus Gründen der Platzersparnis einen Weg an der Garagenecke »vorbeischrammen«, denn das wirkt am Ende beengend, obwohl Sie dadurch eigentlich an anderer Stelle Platz schaffen wollten. Pflanzen Sie einen Baum auch nicht zu nah an Ihr Haus. Die Folge sind verschattete Fenster, dauernder Arbeitsaufwand für Schnittarbeiten und eine »unglückliche« Pflanze.

VERKLEINERUNG

Wollen Sie einen Teil Ihres Gartens mit einer Pergola überdachen, bedenken Sie, dass auch »Zimmerdecken« einen Gartenraum verkleinern. Sie kennen das bestimmt von Altbauwohnungen, in denen die Decken abgehängt wurden, um Heizkosten zu sparen. Die schöne Atmosphäre geht somit leicht verloren.

Die Raumtiefe nutzen

Jeder Garten sollte in einen Vordergrund, einen so genannten Mittelgrund und schließlich einen Hintergrund unterteilt werden. Wenn Sie Ihren Garten ähnlich einer Kulisse für ein Bühnenstück gestalten, so geben Sie Ihrem Garten zusätzliche räumliche Tiefe.

► Den Vordergrund können beispielsweise terrassennahe Staudenbeete oder auch ein die Terrasse prägender kleiner Baum bilden. Der Vordergrund ist sozusagen der »Appetithappen«, bevor der Garten betreten wird.

► Den Mittelgrund des Gartens bilden weiter entfernte Strauchgruppen oder Staudenbeete. Der Mittelgrund birgt die zuerst nicht sichtbaren »Überraschungen«.

► Der Hintergrund schließt die Kulisse oder »fängt das Auge auf«. Eine frei wachsende Blütenhecke, eine berankte Wand mit einem Solitärstrauch oder – je nach Größe des Gartens – vielleicht sogar eine Baumgruppe mit Waldrandbepflanzung können einen attraktiven Hintergrund bilden.

Je nach Lage des Gartens können Sie als Hintergrund auch das Nachbargrundstück oder sogar einen schönen Ausblick in eine wesentlich weiter gelegene Landschaft »nutzen« und auf diese Weise den Garten optisch vergrößern.

Perspektivische Tricks

Manchmal hat ein Garten sehr ungünstige Maße, also der Garten ist sehr schmal und lang oder extrem breit und kurz. Um dem Garten optisch bessere Proportionen zu verleihen, können Sie sich die Wirkung von Formen und Strukturen zunutze machen:

► Ganz ähnlich wie bei Stoffmustern macht quer Gestreiftes breit und längs Gestreiftes bzw. längs Angeordnetes lang. Entsprechend dieser Wirkungen können Sie auch die Bodenbelagsmuster in Ihrem Garten aussuchen oder die Anordnung der Pflanzungen gestalten.

Tipp
Einteilung

Den Garten gliedern

Zu große oder lang gestreckte Grundstücke können Sie durch Aufteilung in mehrere Mittelgründe, also in kürzere, hintereinander angeordnete Teilräume, gliedern. Unterschiedliche Bodenbeläge, »Türschwellen« und grüne Zwischenwände geben solchen »Handtuchgärten« bessere Proportionen.

► Weitere perspektivische Tricks, die Sie allerdings nur vorsichtig und sehr sparsam einsetzen sollten, damit sie nicht zu offensichtlich sind, sind das Verschmälern von Wegen nach hinten oder auch das Verschwindenlassen eines Weges hinter einer Strauchpflanzung. So können Sie vortäuschen, der Garten ginge an dieser Stelle weiter. Dieser Effekt lässt sich auch durch das Anbringen von Spiegeln erzielen.

► Wenn Sie auf eine sehr hohe Sichtschutzmauer angewiesen sein sollten, etwa um einen unschönen Anblick zu verdecken, dann ist es besser, hierbei eine quer verlaufende Struktur zu wählen (z. B. eine Holzlattung), damit die Sichtschutzmauer nicht so erdrückend wirkt. Günstig für ein lockeres Erscheinungsbild ist zudem immer das Umspielen der Mauer mit Kletterpflanzen.

Übergänge gestalten

Besonders schön wirken hervorgehobene Übergänge zwischen den verschiedenen Gartenräumen, etwa indem Sie sozusagen eine »Türschwelle« durch Pflasterstreifen oder auch einen Wechsel des Bodenbelags gestalten. Sehr schön wirkt auch ein »Tor« aus zwei gleichen Pflanzen, die ruhig etwas weiter auseinander stehen dürfen als normale Türbreite. Sehr romantisch sieht ein berankter Rosenbogen aus. In ähnlicher Weise können Sie auch den Zutritt zu Ihrem Haus gestalten. Besonders einladend wirkt der Hauseingang, wenn Sie ihn mit einem zusätzlichen, schön gepflasterten Vorplatz versehen oder wenn Sie rechts und links von der Haustür eine attraktive Kübelpflanze aufstellen.

Optischer Trick

Hinter der Pflanzung geht der Weg nur scheinbar weiter.

Breiter, leicht geschwungener Zuweg mit einladendem Kugelrobinienpaar.

Wege

Wo und wie in einem Garten Wege angelegt werden, folgt zunächst einmal ganz funktionalen Überlegungen. Welche Verbindungen sind für den Benutzer notwendig? Welche Wege wären zusätzlich schön, um den Garten weiter zu erschließen? Wie oft werden die Wege voraussichtlich benutzt?

Direkte Verbindungen

Besonders häufig und schnell begangene Wege, z. B. von der Garage zum Haus, sollten auf dem kürzesten Weg zum Ziel führen. Biegungen verlängern nur den Weg und sind in solchen Fällen nicht sinnvoll. Deswegen müssen solche Verbindungen

Zwei Hostas in Töpfen bilden ein Tor.

Unterschiedliche Wirkung von Wegen

Die Wirkung dieser beiden Wege ist sehr unterschiedlich. Während der quer gestreifte Weg eher »bremst«, verlängert der längs gestreifte Weg die Perspektive des Betrachters weit nach vorne.

trotzdem nicht schnurgerade geführt, muss die Begrenzung nicht linear sein – wichtig ist dabei nur, dass der direkteste Weg möglich ist. Zugangswege zum Haus werden zudem nicht selten von mehreren Personen gleichzeitig benutzt, sollten also nicht zu schmal, sondern etwas breiter angelegt sein.

Zusätzliche Verbindungen

Zusätzliche Wege bereichern die Gartenanlage nicht nur optisch; sie erschließen die Anlage über das funktional notwendige Maß hinaus. Durch solche Wege werden neue Blickwinkel auf den Garten möglich, und in größeren Gärten kann man regelrecht auf diesen Wegen spazieren gehen. Da diese Wege nicht zwingend auf dem direkten Weg zum Ziel führen müssen, können sie auch großzügig geschwungen verlaufen und weniger breit ausgebaut sein. Oft genügt schon ein schmaler Trittplattenweg, der zu einem lauschigen Plätzchen führt.

Zusätzlicher Pfad zum Haus.

- Zerschneiden Sie sehr kleine Flächen nicht zusätzlich durch Wege, sondern beschränken Sie sich auf die absolut notwendigen Verbindungen. Stark geschwungen geführte Wege auf wenig Fläche wirken sehr unruhig und einengend.
- Wege orientieren sich in der Formgebung an der Gesamtgestaltung des Gartens. Natürlich geschwungene Wege finden sich im frei gestalteten Garten, geometrische-geradlinige Verläufe im formalen Garten.
- Wichtig ist in jedem Fall, dass eine Richtungsänderung des Weges immer gestalterisch »begründet« ist. Vor allem natürlich geschwungene Wege wirken schnell unangenehm schwankend, wenn für eine Wegbiegung kein plausibler Grund vorliegt, wie beispielsweise eine Pflanzung, ein Baum, eine Lampe, ein Findling oder auch der Standplatz einer schönen Gartenbank (siehe Seite 33f.).
- Nicht jeder Weg muss fest ausgebaut sein. Wird er nur wenig begangen, reicht genauso gut ein Rasenweg, eventuell »unsichtbar« als Schotterrasen ausgeführt (siehe Seite 131) völlig aus, der zudem viel natürlicher aussieht.

Trittplattenweg zum »Geheimplatz«.

Flanierweg aus Kies.

Blickpunkte setzen

Bewusst gesetzte Blickpunkte bereichern Ihren Garten und leiten das Auge des Betrachters. Ein unerwarteter Blickfang, der hinter einer Wegbiegung auftaucht, bringt Überraschung und Lebendigkeit in den Garten. Andere Blickpunkte fangen das Auge am Ende eines Weges auf und schließen ein perspektivisches Gartenbild ab. Durch geschickt platzierte Blickpunkte können Sie zudem von weniger schönen Ausblicken, etwa auf dem Nachbargrundstück, ablenken.

► Blickpunkte verbinden das Haus zusätzlich mit dem Garten. Stellen Sie sich in die verschiedenen Zimmer Ihres Hauses. Was sehen Sie, wenn Sie aus dem Fenster schauen? Ein Blickpunkt vor dem Fenster schafft eine Verbindung zwischen dem Innen und dem Außen und erweitert zugleich das Zimmer durch das Einbeziehen des Gartenraumes.

► Maueröffnungen, begrenzte Durchblicke oder Türen machen neugierig auf den dahinter liegenden Blickfang und betonen diesen noch zusätzlich.

► Verknüpfen Sie mehrere betonende Elemente miteinander, so wird aus einem einfachen Blickpunkt ein Schwerpunkt. Das Setzen eines Schwerpunktes ist besonders wichtig, denn das Verteilen von zu vielen Blickfängen in jeder Gartenecke verwirrt den Betrachter nur. Besser ist es, wenn jeder Gartenraum einen Schwerpunkt hat, der das Auge leitet. Einen Schwerpunkt gestalten Sie z. B. indem Sie einen Sitzplatz etwas erhöht mit besonders schönem Belag anlegen und einen zusätzlichen Akzent durch einen Schatten spendenden Raum setzen.

Eine Sitzgruppe mit Bäumen bildet den Schwerpunkt in diesem Garten.

GEEIGNETE BLICKPUNKTE

Als Blickpunkte im Garten eignen sich besonders gut:

► Starke Farben (z. B. eine üppige Blütenfülle, eine ungewöhnliche Laubfärbung, eine rot gestrichene Bank)

► Besondere Formen (z. B. ein kreisrundes Beet oder mehrfach ineinander geschachtelte gleiche Formen oder ungewöhnliche Formen wie ein Findling, eine schöne Solitärpflanze oder eine Pflanzengruppe)

► Höhen (z. B. Treppen, Podeste, erhöhte Sitzplätze)

► Skulpturen und Kunstwerke

► Ein schönes Gartenhäuschen

► Wasseranlagen in jeder Form (z. B. Becken, Teich, Springbrunnen, Wasserfall oder Wasserspiel).

Aufwändig gestalteter Blickpunkt aus Hecken am Ende einer Achse.

Das Garten-konzept

Bevor Sie die praktische Umsetzung Ihrer Ideen in Angriff nehmen, lohnt es sich, ein konkretes Konzept zu erstellen. Es hilft Ihnen dabei, alle Informationen und Gedanken zusammenzufassen und die Realisierbarkeit der Gesamtgestaltung zu kontrollieren. Schriftlich und zeichnerisch fixiert, dient es zudem als Gedankenstütze. Das Gartenkonzept bildet sozusagen den »Fahrplan« für Ihr Gartenprojekt: Welche Elemente werden wo, wann und in welcher Form realisiert? Alle notwendigen Arbeitsschritte werden hier beispielhaft dargestellt, um die systematische Vorgehensweise anschaulich für Sie darzustellen.

1. Schritt: Bestandsaufnahme

Zuerst wird eine Skizze des Grundstücks erstellt und darin alle vorhandenen Elemente sowie alle Standortgegebenheiten eingezeichnet (siehe hierzu auch Seite 13, Kap. 1 Bestandsaufnahme).

Gartenskizze

Als Erstes benötigen Sie einen Grundriss Ihres Gartens. Vielleicht existiert sogar eine Zeichnung des ganzen Grundstücks vom Hausbau? Wenn nicht, genügt eine einfache Handskizze. Welche Strecken Sie messen müssen, zeigen die Maßpfeile in der ersten Beispielskizze. Die drei diagonalen Maße dienen nur zur Kontrolle der anderen Maße.

Vorhandene Elemente

In dieser Skizze markieren Sie dann alle bereits vorhandenen Elemente wie schöne Bäume und Pflanzungen, nützliche Hecken, ein Gartenhaus oder eine schöne Stützmauer, die Sie erhalten wollen. Vermerken Sie auch alles, was auf einem Streifen von etwa 5 m jenseits Ihrer Grundstücksgrenze liegt, wenn es Einfluss auf die Gestaltung Ihres Gartens haben könnte.
In unserem Beispiel ist das auf dem Grundstück der vorhandene Baum, außerhalb des Gartens die nördliche Straße, weiterhin die westlich auf dem Nachbargrundstück angrenzende Hecke und die vorhandenen großen Bäume sowie Nachbarhaus und -garten auf östlicher Seite.

Standortgegebenheiten

Besonders wichtig ist es, an dieser Stelle der Planung alle den Standort prägenden Eigenschaften zu notieren. Dies sind die Himmelsrichtung und sich daraus ergebende Sonnen- und Schattenzonen, dargestellt durch die Windrose in der Zeichnung, die Bodenart, die Hauptwindrichtung, benötigte Abschirmungen gegen Lärm oder Einblicke, offen zu

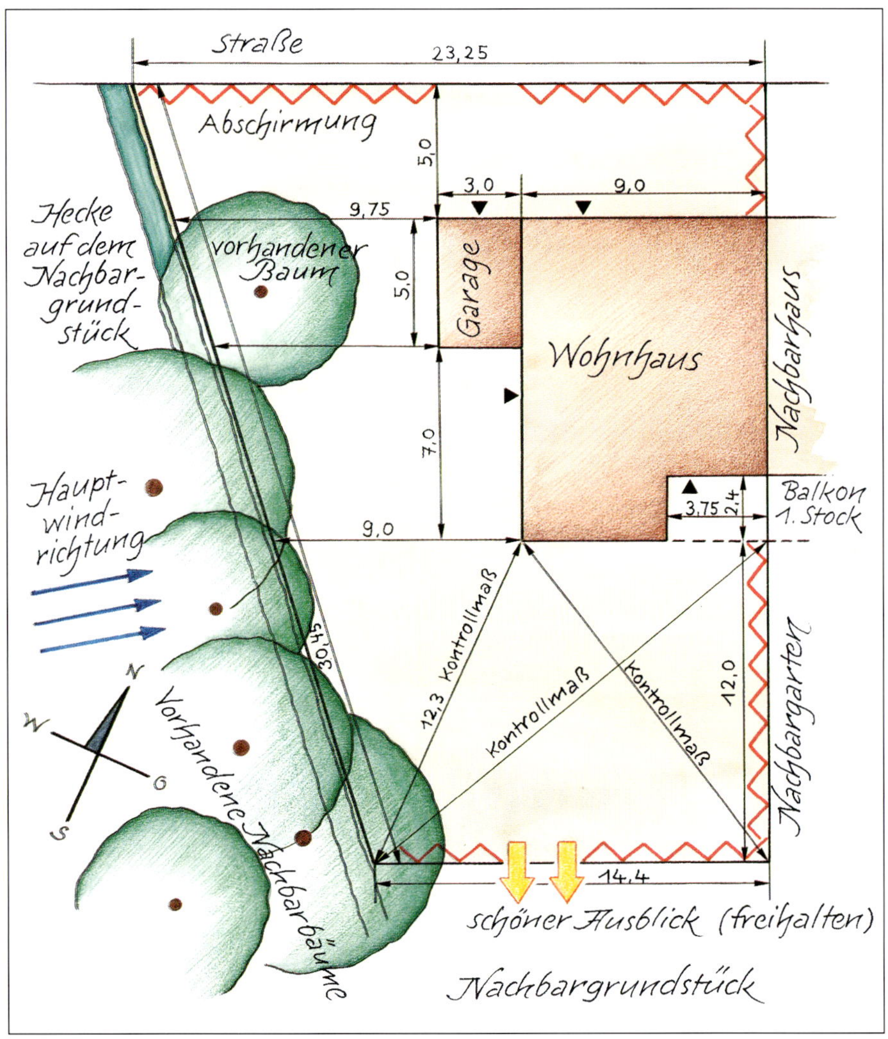

haltende Bereiche und schöne Ausblicke in die Umgebung, Höhenunterschiede und stärkere Gefälle usw. Im hier gezeigten Fall ist kein zusätzlicher Windschutz in westlicher Richtung notwendig, da die vorhandenen Bäume und die Hecke bereits ausreichenden Schutz bieten. Eine Abschirmung wird zur Straße und zum Nachbarn hin gewünscht. Nach Süden hin bietet sich ein schöner Ausblick, der freigehalten werden soll. Auf die Angabe von Höhenunterschieden kann in diesem Fall verzichtet werden, denn das Grundstück ist nahezu eben.

2. Schritt: Geplante Elemente platzieren

Am besten legen Sie sich von Ihrer Grundrissskizze aus Schritt 1 gleich mehrere Kopien an, die Sie dann für die weiteren Planungsschritte weiterverwenden können. So haben Sie eine noch bessere Übersicht. In dieser Planungsphase geht es nun um die Platzierung aller geplanten Gartenelemente, zunächst einmal unabhängig von ihrer späteren Form, von verwendeten Materialien und Pflanzenarten – Ziel ist die Entwicklung eines Grundkonzepts.

Das Zettelprinzip

Statt alle Gartenelemente gleich fest einzutragen, können Sie sie auch ausschneiden und so lange auf der Skizze hin und her schieben, bis alles zusammenpasst. Dazu nehmen Sie sich Ihre Gartenwunschliste (siehe Seite 12, Kapitel 1) zur Hand, legen die in etwa benötigte Flächengröße dafür fest und schneiden ein entsprechend großes Stück Papier dafür aus. Zusätzlich ist es auch möglich, auf den einzelnen Zetteln die »Prioritätsstufe« farbig zu markieren, z. B. rot = »sofort«, orange = »möglichst bald« und gelb = »hat etwas Zeit«. Das »Gestaltungseinmaleins« sowie die folgenden Kapitel zu den einzelnen Gartenelementen helfen Ihnen sowohl bei der Auswahl des jeweils richtigen Standorts als auch dabei, wie viel Platz Sie veranschlagen müssen. Lassen Sie sich ruhig Zeit damit, und sehen Sie sich alles ein paar Tage später noch einmal an. In unserem Fall wurden beispielsweise für Obstbaum und Staudenbeete die sonnigsten Plätze im hinteren Gartenbereich ausgewählt. Gemüse- und Kräuterbeet sollen ebenfalls viel Sonne abbekommen, aber nicht zu weit vom Haus entfernt sein, um kurz vor dem Essen schnell noch ein paar Kräuter ernten zu können. Der Kinderbereich soll so weit wie möglich vom Haus entfernt liegen, um dort möglichst ungestörtes Spielen zu ermöglichen. Gartenhäuschen und Kompost werden im schattigsten Eck untergebracht, der Vorgarten sowohl zierend und einladend gestaltet und zudem mit Fahrradstellplatz und einem Müllplatz ausgestattet ist.

3. Schritt: Formgebung

Nachdem alle Entscheidungen über die zu verwirklichenden Gartenelemente getroffen worden sind, geht es in diesem Schritt darum, dem Garten eine Gestalt zu geben.

Gestaltungstyp

Die wichtigste Überlegung ist nun die, für welchen Gestaltungstyp Sie sich entscheiden (siehe Seite 29). Soll der Garten formal-architektonisch oder frei-natürlich gestaltet oder beides miteinander kombiniert werden? In unserem Beispiel wird in unmittelbarer Hausnähe der formale Typ gewählt, der rechtwinklig die Formen des Hauses nachvollzieht. Der sehr schmale Seitenbereich lässt nur eine leicht natürlich geschwungene Beetform zu, der hintere Hauptgarten wird in weichen Halbkreislinien gestaltet. Mehr Formenvielfalt würde diesen eher kleinen Garten schnell überfrachten.
Oft ist es schwierig, auf dem Papier zu entscheiden, welche Form – z. B. bei einem Beet – die beste ist. Gehen Sie lieber nach draußen, und legen Sie ein Seil oder den Gartenschlauch aus, verändern Sie den Randverlauf nach Wunsch, und entscheiden Sie sich dann vor Ort.

Materialien und Pflanzenarten

In diesem Stadium der Planung sollten Sie Preisanfragen bei verschiedenen Firmen machen, um zu klären, welche Materialien und Pflanzenarten verfügbar und erschwinglich sind. Informieren Sie sich genau über die Standortansprüche und Wuchseigenschaften der Pflanzen und entscheiden Sie sich dann zunächst für die gerüstbildenden Pflanzen: die Bäume und Sträucher. Diese sollten zum nächstmöglichen Zeitpunkt gepflanzt werden, denn sie benötigen ausreichend Zeit zum einwachsen.
Unsere Beipielskizze zeigt den Garten etwa im ersten Jahr nach der Neuanlage des Gartens. Obwohl die Bäume und Solitärsträucher noch sehr klein sind, wirkt der Garten trotzdem nicht leer und gestaltlos. An die richtigen Stellen gesetzt, strukturieren sie den Garten in mehrere Teilräume: Vorgarten, seitliche Bereiche und Hintergarten. Das Gemüse- und Kräuterbeet wird nicht streng in rechtwinklige Beete aufgeteilt, sondern als zusammenhängendes Beet über Schrittplatten erschlossen. Vorstellbar wäre bei dieser Gestaltung auch eine lockere Mischung von Nutz- und Zierpflanzen auf diesem Beet.
Zu den Nachbarn hin schützen berankte Zäune oder Rankgerüste vor unerwünschten Einblicken. Als einfache und preisgünstige Materialien für den Kinderbereich werden eine Sand-Matsch-Grube mit Findlingen und ein geflochtener Weidenzaun zum Verstecken verwendet, ganz nach den Vorstellungen der

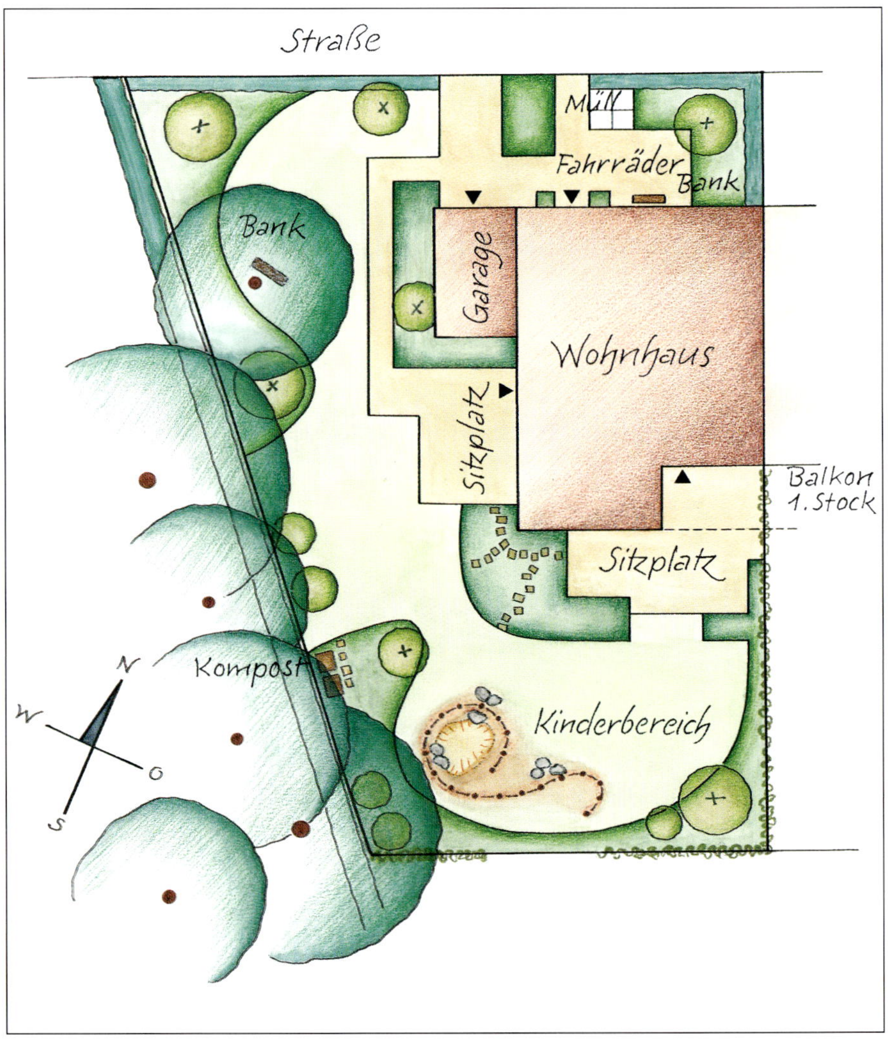

Kinder angeordnet. Die für die Größe des Gartens vergleichsweise großzügig angelegten Rasenflächen laden zum Spielen und Toben ein.

Detailplanungen
Stärker ins Detail gehende Planungen wie zum Beispiel die Konstruktion einer Pergola oder die genaue Bepflanzung für ein Staudenbeet sollten Sie auf gesonderten Blättern in wesentlich größerem Maßstab skizzieren.

4. Schritt: Nach einigen Jahren

Wahrscheinlich haben Sie festgestellt, dass Sie nicht gleich von Anfang an alle gewünschten Gartenelemente realisieren können, ob nun aus finanziellen Gründen oder deshalb, weil sich beispielsweise die Ansprüche der Kinder an den Garten mit der Zeit ändern. Planen Sie Ihren Garten deshalb ruhig als »Baukastensystem«, das beliebig veränder- und erweiterbar ist. In dem hier gezeigten Beispiel wird aus dem ursprünglichen Kinderbereich später ein schöner Teich mit Sitzplatz auf einem Holzplateau.
Nach einigen Jahren sind die Kronen der Bäume und Solitärsträucher schon erheblich größer. Je nachdem welche Pflanzenarten gewählt wurden, sind etwa zwei Drittel der endgültigen Größe erreicht. Das Gartenhäuschen ist dazugekommen, die hintere Terrasse und der Eingangsvorplatz sind mit Pergolen überdacht worden – eventuell sogar inklusive Verglasung –, um die Fahrräder vor Regen zu schützen, Rankpflanzen haben inzwischen die Müllboxen schön begrünt.

Der Faktor Zeit
Jede Gartengestaltung entwickelt sich über die Jahre hinweg weiter, sodass es wichtig ist, langfristig zu planen. Vermerken Sie es in Ihrem Konzept, wenn manche Gartenelemente erst ein paar Jahre später hinzukommen, damit nicht an der Stelle des zukünftigen Gartenhäuschens ein Großbaum gepflanzt wird, der dann mit viel Aufwand wieder gerodet werden muss. So entwickeln Sie ein Gartenkonzept, das Sie auf Ihrem Weg begleitet und immer wieder an die sich ändernden Umstände angepasst werden kann, denn ein Garten ist eigentlich niemals wirklich »fertig«, da sich allein schon durch das Pflanzenwachstum trotz noch so genauer Vorüberlegung immer wieder eine neue Situation ergibt. Jeder Garten ist ein lebendiger Organismus, der sich nicht fertig kaufen lässt und dann so bleibt, wie er ist. Erst durch richtige Planung und Pflege wird er langsam zu dem, was Sie sich erträumt haben, und gewinnt dabei ständig an Wert! Bedenken Sie auch, dass sich Ihre eigenen Ansprüche im Laufe der Jahre ändern können; Sie wollen ja, dass Ihr Garten Sie dabei begleitet.

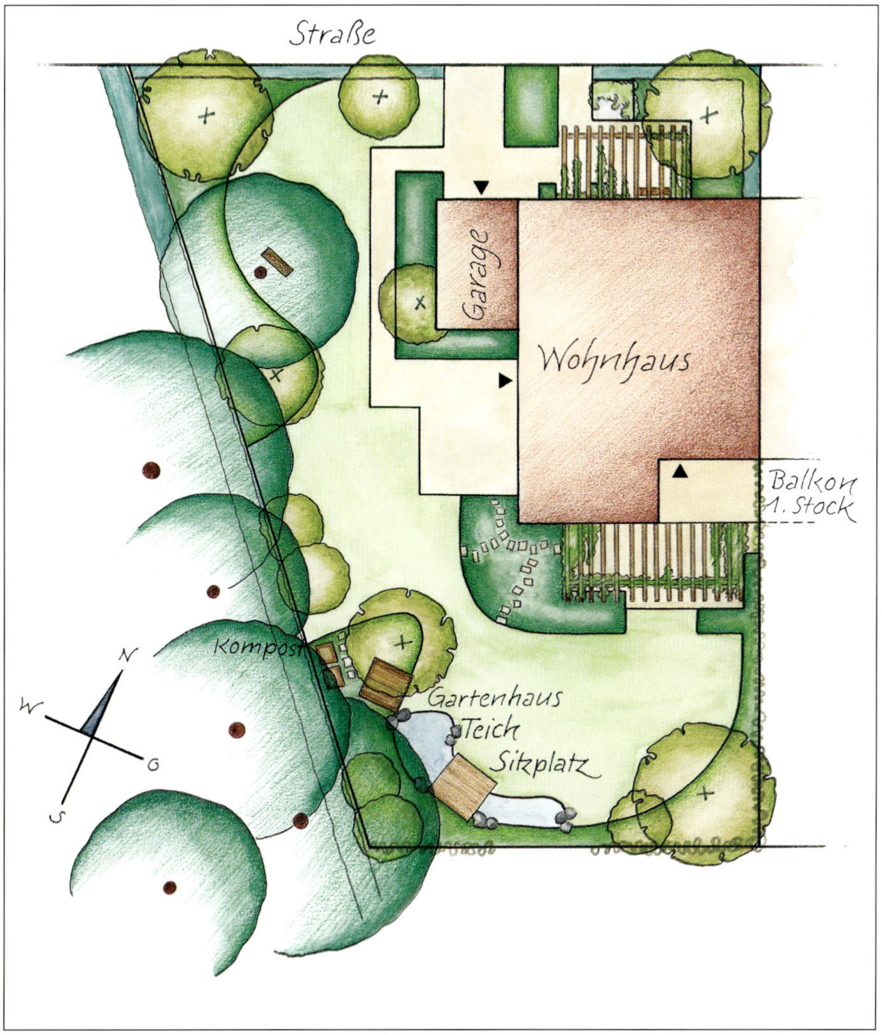

Gestalten mit Pflanzen

Schön zu jeder Jahreszeit: Mit Blumen, Gräsern, Bäumen und Sträuchern bringen Sie die ganze Vielfalt der Natur in Ihren Garten!

Das Repertoire der Natur

Beinahe wie in der freien Natur: Eine Blumenwiese bringt leuchtende Farben im Garten.

Bei der Gestaltung Ihres Gartens mit Pflanzen können Sie auf das gesamte Repertoire der Natur zurückgreifen – von den kleinsten bis zu den größten Pflanzen. Überlegen Sie genau, was Sie wollen bzw. welche Ansprüche Sie an Ihren Garten und seine Pflanzen stellen:

► **Die Kleinsten:** Rasen- und Wiesenflächen bedecken meist den Großteil des Gartens. Sie werden zum Spielen, Sitzen oder Liegen genutzt oder dienen als Zierde (Seite 57).

► **Die Größten:** Bäume und Sträucher, zusammen Gehölze genannt, bringen vertikale Strukturen in den Garten (Seite 61). Zu den Gehölzen zählen auch alle Obstbäume und Obststräucher.

► **Die Schönsten:** Prachtstauden, auch Beetstauden genannt, kommen am besten gemeinsam gepflanzt im Staudenbeet zur Geltung. Dort können sie unter verschiedenen Gesichtspunkten wie Blütenfarbe oder Blütezeit miteinander kombiniert werden (Seite 77).

► **Die Versteckten:** Wildstauden helfen, extreme Standorte zu begrünen, Flächen abzudecken oder auch einzelne markante Punkte im Garten zu setzen (Seite 74).

► **Die Schnellen:** Ein- und zweijährige Pflanzen, die Sommerblumen und Kräuter, schmücken Terrasse und Balkon, füllen unschöne Lücken im Staudenbeet und fühlen sich auch im Gemüse- und Kräuterbeet wohl (Seite 117).

Wildstaude Stiefmütterchen.

Das Zentrum im Garten: der Rasen

Große Gartenflächen werden in der Regel als Rasen angelegt, wobei man unter »Rasen« eine ausgewogene Mischung verschiedener Grassorten versteht, die zusammen eine schnittverträgliche Grasfläche ergeben. Je nach Verwendungszweck können Sie

Gedenkemein als Bodendecker.

zwischen Zierrasen, Spiel- und Sportrasen oder Blumenwiese wählen. Dabei kommt es auf die richtige Samenmischung an, denn Belastbarkeit und Wuchs der einzelnen Grasarten sind sehr verschieden. Eine weitere wichtige Rolle spielt der Boden, der nicht verdichtet sein darf und eine mindestens 10 bis 20 cm starke Humusschicht haben sollte (Seite 13), damit das Gras dicht und schön wächst.

► **Tipp:** Im Fachhandel bekommen Sie fertige Mischungen für unterschiedliche Zwecke. Wichtig bei Rasensamen ist allerdings erstklassige Qualität, die Sie an einem Prüfsiegel erkennen können.

Zierrasen

Ein Zierrasen besteht aus sehr gut schnittverträglichen Grasarten, die vor allem durch ihr sattes Grün bestechen, sich aber weniger gut zum Spielen eignen. Vor allem bei einer formalen Gartengestaltung bildet der Zierrasen einen ruhigen, gediegenen Hintergrund, während seine Wirkung bei einer freien Gestaltung wegen ihren geschwungenen Formen eher gedämpft wird.

► Zierrasengräser gedeihen am besten auf humusreichen Böden.

► Einen schweren Boden sollten Sie durch Kompost- oder Holzhäckselgaben belüften.

► Zierrasen erfordert einen hohen Pflegeaufwand in Form von regelmäßigem Mähen (jährlich etwa 18 Schnitte), Düngen (zwei bis drei Düngegaben pro Jahr), Vertikutieren (einmal jährlich) und Wässern (je nach Boden und Trockenheit alle zwei Tage). Zierrasen verlangt von Ihnen also viel Zeitaufwand.

Pflegetipp
Rasen

Vertikutieren

Beim Vertikutieren werden die Grasnarben durch senkrecht verlaufende Messer tief eingeschnitten, um Wurzelfilz und Moos zu entfernen. Einen Vertikutierer können Sie im Fachhandel für rund 50,– DM pro Tag mieten.

Spiel- und Sportrasen

Ein Spiel- und Sportrasen besteht aus sehr trittfesten und gut schnittverträglichen Grasarten. Sie werden in erster Linie nach ihrer Belastbarkeit, weniger dagegen nach dem Aussehen ausgesucht, sodass ein Sportrasen optisch etwas weniger attraktiv ist als ein Zierrasen. Der Vorteil eines Sportrasens liegt in seiner Bespielbarkeit. Wenn auch Kinder den Rasen nutzen, dann sollten Sie unbedingt dieser Variante den Vorzug geben.

Ein Zierrasen wie dieser benötigt großen Pflegeaufwand.

Spielrasen sind stark belastbar.

► Ein Spiel- und Sportrasen wurzelt sehr tief und gedeiht deshalb am besten auf sandigen Böden. Aus diesem Grund muss er stets ausreichend gewässert werden – im Sommer sogar jeden Tag.

► Auf sehr schweren Böden bekommt der Rasen leicht Kahlstellen, die sich jedoch durch ausgiebiges Lockern und Belüften des Bodens mit einer Grabgabel einfach beseitigen lassen.

► Der Pflegeaufwand für einen Spiel- und Sportrasen ist im Vergleich zu einem Zierrasen etwa 20 bis 30 Prozent niedriger, also immer noch recht hoch. Er verzeiht es aber durchaus, wenn Sie ihn einmal zehn Tage lang vernachlässigen.

► Wenn die Rasenpflege über einen längeren Zeitraum ausgesetzt wird, verwandelt sich ein Spiel- und Sportrasen schnell in eine Wiese. Die blühenden Wiesenpflanzen nehmen dem Rasen die Strenge und führen zu einem harmonischen Übergang zur Randbepflanzung.

Wiese

Eine Wiese ist sozusagen ein Rasen, auf dem sich bei fehlender Pflege schnell blühende Wildpflanzen wie beispielsweise Löwenzahn, Gänseblümchen, Ehrenpreis oder Margeriten ansiedeln, der aber dennoch gut bespielbar bleibt.

► Der Pflegeaufwand für eine Wiese ist sehr gering und beschränkt sich auf ungefähr acht bis zehn Schnitte pro Jahr.

► Eine Wiese wird nicht gedüngt, damit sich die Wildpflanzen dort ungehindert ansiedeln können.

Blumenwiese

Die Samenmischung für eine Blumenwiese enthält nur wenige Grasarten, dafür aber eine große Anzahl verschiedener Wildkräuter, die jeweils unterschiedlichen Standorten und Bodenverhältnissen angepasst sind. Zusammen mit ortsansässigen Wildkräutern entsteht daraus eine Wildwiese, die ständig ihr Aussehen verändert und schnell zu einem natürlichen Biotop wird, bei dem verschiedene Pflanzenarten auftauchen und wieder verschwinden.

► Da die Samen für eine Blumenwiese nur schwer geerntet werden können, ist eine Blumenwiesenmischung im Handel circa zehnmal teurer als Rasensamen.

► Blumenwiesen passen ganz ausgezeichnet in naturnahe Gärten oder in Gärten, die in die freie Landschaft übergehen.

► Damit sich die Pflanzen aussamen können, sollte eine Blumenwiese nur ungefähr ein- bis dreimal pro Jahr gemäht werden. Wegen der hohen Halme ist eine Blumenwiese nicht bespielbar und nicht bzw. nur schlecht begehbar.

► Weil sich die natürliche Pflanzenauswahl nach dem jeweils vorhandenen Boden richtet, ist es nicht notwendig, ihn zu verbessern oder zu düngen.

Eine Blumenwiese verändert ihr Gesicht während des Jahres.

Mooswiese

Vor allem in schattigen Gartenbereichen, aber auch auf sonnigen Flächen entstehen schon durch kleine Fehler bei der Rasenanlage bzw. -pflege (z. B. falscher Boden, zu seltenes Mähen oder mangelndes Düngen) schnell kleine Lücken im Rasen, auf denen sich Moos ausbreitet. Eine solche Moosfläche ist nicht trittfest oder bespielbar.

► Auf sonnigen Flächen lässt sich das Moos durch jährliches Vertikutieren und regelmäßige Pflege schnell wieder vertreiben.

► In schattigen Bereichen hat es dagegen wenig Sinn, das Moos einfach zu entfernen und eine neue Rasenmischung anzusäen, da sich auch dieser Rasen bald wieder in Moos verwandeln wird. Sinnvoller ist es, diese Fläche als Schattenbeet umzugestalten (Seite 77) oder das Moos einfach zu belassen.

Es müssen nicht immer rechtwinkelige Rasenflächen sein.

Form der Rasenfläche

Die Wirkung einer Rasenfläche wird neben der Rasenart auch von ihrer Form bestimmt:

► Eine geometrische Rasenfläche – rechteckig, rund oder oval – betont eine formale Gartengestaltung.

Rasenkante mit Begrenzung.

► Zu einer freien Gestaltung passen geschwungene, fließende Linien, wobei Ausbuchtungen im Rasen die Rasenfläche mit den Pflanzflächen verbinden. Wichtig ist, dass sich diese Formen harmonisch in das Gesamtbild einfügen.

► In lang gezogenen, schmalen Gärten, beispielsweise in Reihenhausgärten (Seite 231), wirken versetzte oder verschachtelte Rasenflächen als optische Vergrößerung.

► Mehrere kleine Einzelflächen werden am besten in Form von gleichen geometrischen Rasenflächen angelegt. So entsteht der Eindruck von Weite und Verbindung.

► Die Form der Rasenfläche steht auch in engem Zusammenhang mit den vertikalen Strukturen im Garten: Bäume, Hecken, Solitärgehölze und Pergolen schließen die Rasenfläche ab und lenken somit den Blick des Betrachters in die Höhe.

► **Tipp:** Ein direkter Übergang zwischen Rasen und vertikalen Strukturen erzeugt einen klaren, strengen Eindruck, den Sie aber durch einen Streifen mit einer mittelhohen Pflanzung aus Stauden oder Kleingehölzen abschwächen können.

Begrenzung der Rasenfläche

► Die einfachste Form der Begrenzung ist die Rasenkante. Dabei wird mit dem Spaten ein etwa 20 cm breiter und 10 cm tiefer Graben gestochen, der die Rasenfläche einfasst, das Übergreifen des Rasens in die Beete verhindert und zudem das Mähen erleichtert.

► Für eine anspruchsvollere Randgestaltung können Sie auch Begrenzungen aus dem Kapitel »Wege und Terrassen« (Seite 118) wählen.

► Bei einer formalen Gartengestaltung kann der Rasen auch durch kleine Hecken eingefasst werden (Seite 213). Auf diese Weise wird die Rasenfläche von den angrenzenden Pflanzflächen getrennt und tritt noch stärker hervor.

Kleine Flächen

Bei der Gestaltung von kleinen Gärten oder Innenhöfen (Seite 228), an Hanglagen (Seite 150) und auch in Vorgärten (Seite 223) entstehen oft kleine Teilflächen zwischen 20 und

Mehrere kleine Rasenflächen.

Pflanztipp
Wildpflanzen

Gut für Exremstandorte

Schwer zu bepflanzende Extremstandorte, die zu trocken, zu schattig oder auch zu heiß sind, können Sie auch sich selbst überlassen. Bald werden dann an diesen Plätzchen die erstaunlichsten einheimischen Wildpflanzen wie Stiefmütterchen, Schaumblüte, Lerchensporn, Horn- oder Duftveilchen erscheinen. Da diese Wildpflanzen meist auf bestimmte Extremstandorte »spezialisiert« sind, werden sie im Rest des Gartens nicht zur Plage und können deshalb ruhig geduldet werden.

30 m², die meist sehr schattig oder sehr trocken bzw. heiß sind. An solchen Standorten stellt sich die Frage, ob es überhaupt sinnvoll ist, einen Rasen anzulegen. Als Alternativen zur Rasengestaltung stehen Ihnen die folgenden Gestaltungsmöglichkeiten zur Auswahl:

Schattige Bereiche

► Kleinere Flächen im Schatten oder Halbschatten können Sie mit Moos, Efeu oder anderen Bodendeckern (Seite 71) bepflanzen. Der Rasen wächst an diesen Standorten ohnehin eher schlecht und wird vom Moos auch ohne Ihr Zutun bald verdrängt.

► Stärkere Böschungen können Sie bodendeckend mit Kleingehölzen wie Kirschlorbeer, Kriechmispel (Cotoneaster) oder Eiben bepflanzen. Eine solche Fläche ist sehr pflegeleicht und wirkt durch ihre Gleichförmigkeit besonders ruhig.

► Sie können die gesamte Fläche aber auch mit einer etwa 5 bis 10 cm dicken Schicht aus Rindenmulch oder Holzhäcksel bedecken und nur einzelne Horste mit Schattenstauden und Farnen bepflanzen (Seite 84). Dekoriert mit einigen großen Steinen und Holzstücken aus dem Wald können solche Flächen – auch unter großen Bäumen – eine sehr attraktive Wirkung entfalten.

Stimmungsvoller Moosgarten.

Efeu als Bodendecker.

Sonnige Bereiche

► In sonnigen Lagen – das gilt auch für Hanglagen – können Sie flächendeckend Bodendeckerrosen (Seite 97) und Ziersträucher (Seite 61) pflanzen.

► Bei einer modernen Gartengestaltung eignet sich auch ein Kiesbeet (Seite 217) bzw. ein Steingarten, der einen durchlässigen Boden benötigt, oder ein Heidegarten, für den ein leicht saurer Boden erforderlich ist.

► Alternativ können Sie auch einen Schotterrasen anlegen (Seite 131), der sich mit der Zeit allmählich in einen Kräuterrasen umwandeln wird, auf dem beispielsweise Königskerze oder Silberdistel blühen. Solche trockenen Wildflächen haben den großen Vorteil, dass sie äußerst pflegeleicht sind.

Das wilde Hornveilchen eignet sich, um Extremstandorte zu begrünen.

Das Gerüst im Garten: Bäume und Sträucher

Bäume und Sträucher, zusammen Gehölze genannt, bilden oberirdisch ein dauerhaftes Gerüst aus Holz mit Stämmen, Ästen und Zweigen. Durch ihren meist aufrechten Wuchs bilden sie zusammen mit den Baulichkeiten wie Pergolen oder Torbögen (Seite 170) die vertikalen Strukturen im Garten.

Die meisten Gehölze tragen sommergrünes Laub, also Blätter, die im Jahresverlauf ihre Farbe wechseln und im Herbst abgeworfen werden. Andere behalten ihre Blätter auch im Winter, und manche Gehölze haben immergrüne Nadeln. Viele Gehölze beeindrucken außerdem im Frühling oder Sommer mit einer üppigen Blüte und/oder auffallenden Früchten im Herbst oder Winter.

► **Bäume und Großsträucher über 3 m Höhe:** Die Einfassung eines Gartens mit Bäumen und Großsträuchern erzeugt ein Raumgefühl und schafft ein Dach im Garten. Zudem dienen Bäume und Großsträucher als Sichtschutz gegenüber unschönen Ausblicken, rahmen Baulichkeiten ein und spenden im Sommer angenehmen Schatten. Im Vorgarten schirmen sie das Haus von der Straße ab.

► **Sträucher bis 2 m Höhe:** Sträucher dieser Größenordnung werden meist in Gruppen oder als einheitliche bzw. gemischte Hecken gepflanzt. Besonders attraktive Pflanzen können auch im Einzelstand stehen und werden dann als Solitärgehölze bezeichnet.

► **Zwergsträucher bis 1 m Höhe:** Kleine Sträucher werden meist als optische Ruhepunkte in Staudenbeete gepflanzt und eignen sich gut als flächendeckender grüner Teppich für Extremstandorte oder Einfassungen (Seite 70).

Blühender Ginster.

Sommer-, winter- und immergrüne Gehölze

Die meisten Gehölze sind sommergrün und geben deshalb im Winter kaum Sichtschutz. Für einen winterfesten Sichtschutz eignen sich dagegen winter- und immergrüne Laub- oder Nadelgehölze und Koniferen:

► **Sommergrüne Laubgehölze** werfen ihre Blätter im Winter ab. Zu ihnen zählen etwa Ahorn, Buche oder Kastanie.

► **Wintergrüne Laubgehölze** wie Hainbuche, Rotbuche und Liguster ziehen ihre Blätter zwar im Herbst ein, behalten sie aber meist noch bis zum nächsten Austrieb im Frühjahr.

► **Immergrüne Laubgehölze** werfen die Blätter im Winter nicht ab. Dazu gehören Feuerdorn, Efeu, Stechpalme, Kirschlorbeer, Runzelschneeball, Bambus, Rhododendren.

Ausladende Kerrie im Vorgarten.

► **Immergrüne Koniferen und Nadelgehölze** behalten ebenfalls im Winter ihre Nadeln. Zu ihnen zählen beispielsweise Fichte, Tanne, Kiefer und Eibe (Nadelgehölze) oder Thuja und Wacholder (Koniferen). Eine Ausnahme bildet hierbei die einheimische Lärche, deren Nadeln sich im Herbst orange-gelb färben.

Kleinbäume und Großsträucher

Bäume werden einstämmig gezogen, wobei die Krone in etwa 2 m Höhe ansetzt, sodass Sie unten hindurchsehen können. Großsträucher hingegen beginnen mit mehreren Stämmen direkt am Boden und verbreiten sich dann trichterförmig in die Höhe und eignen sich als Sichtschutz.

Schöne Kleinbäume und Großsträucher

Pflanzenname (Botanischer Name)	Hochstammbaum/ Großstrauch/beides	Wachstum	Wuchshöhe/ Platzbedarf nach 15 Jahren	Schnittmaßnahmen erforderlich	Besonderheiten
Blutpflaume (*Prunus cerasifera* ›Nigra‹)	meist Großstrauch, wirkt aber auch als Hochstamm	stark	ca. 10 m/20 m²	stetiger Auslichtungsschnitt erforderlich	Blütenreichtum im Frühjahr, schwarzrotes Laub im Sommer, ältere Bäume tragen im Herbst Früchte
Magnolie (*Magnolia*-Arten)	meist Großstrauch	schwach	ca. 7 m/20 m²	bei ausreichend Platz kaum Schnitt erforderlich	stern- oder tulpenförmige Blüten, Blüten nicht regenfest, braucht Einzelstand
Vogelbeere/ Eberesche (*Sorbus aucuparia*) ☠	beides, meist Hochstamm	schwach	9 m/15 m²	Verjüngungsschnitt möglich, jedoch selten erforderlich	stark duftende weiße Blütendolden im Mai, orange-gelbe Herbstfärbung, ab September rote Beeren in Büscheln
Weißdornarten (*Crataegus*-Arten)	beides, meist Hochstamm	schwach	ca. 7 m/15 m²	bei Hochstamm Kronenrückschnitt erforderlich	fast alle *Crataegus*-Arten haben eine reiche Blüte und schönen Fruchtschmuck
Zierapfel (*Malus*-Hybriden)	beides, meist Hochstamm	schwach	ca. 4–8 m/ 16–20 m² (je nach Sorte)	bei den meisten Sorten kaum erforderlich	schöner Schmuckbaum, Blütenfarbe und Fruchtschmuck (Zieräpfel) je nach Art verschieden
Zierkirsche (*Prunus serrulata*-Hybriden)	beides	mittel bis stark	ca. 4–10 m/ 8–20 m²	bei vielen Sorten Schnitt erforderlich, der gut vertragen wird	reiche Blüte im Frühjahr in unterschiedlichsten Farben, schöne Herbstfärbung

Pflanztipp
Gehölze

Abstände bei Gehölzen

Wichtig ist, dass Sie beim Pflanzen von Gehölzen die bestehenden Vorschriften hinsichtlich des Mindestabstands zum Nachbarn einhalten – genaue Auskünfte darüber gibt Ihnen Ihre zuständige Baubehörde. Kalkulieren Sie bei Ihren Planungen auch den künftigen Schattenfall ein und sprechen Sie darüber mit Ihren Nachbarn, damit es später keine bösen Überraschungen gibt. Die Lichteinbußen durch Gehölze sind geringer, wenn Sie Bäume mit hellgrünem, filigranem Laub pflanzen wie beispielsweise Robinie, Eberesche und Birke.

Bäume und Sträucher sind die wichtigsten Strukturelemente in einem Garten:

► Für kleine und mittelgroße Gärten eignen sich Kleinbäume mit einer Wuchshöhe bis höchstens 10 m. Fast alle Kleinbäume werden auch als Großsträucher gezogen.

► Inzwischen gibt es außerdem viele Züchtungen mit einer Krone in Kugel-, Trichter-, Säulen- oder Schirmform. Diese Bäume wirken wie Formgehölze (Seite 72) und passen ausgezeichnet in einen formal gestalteten Garten.

► Anstelle von »normalen« Laub- oder Nadelgehölzen können Sie natürlich auch verschiedene Obstgehölze pflanzen.

Winterwirkung von Ziergehölzen

Da sommergrüne Gehölze fast die Hälfte des Jahres über kein Blätterkleid verfügen, sollten Sie bei Ihrer Planung unbedingt auch die Winterwirkung von Gehölzen berücksichtigen, um somit im ganzen Jahr ein harmonisches Erscheinungsbild der Sträucher im Garten zu haben:

► **Falscher Jasmin, Kolkwitzie oder hohe Spireen- und Deutzienarten** beginnen am Boden mit relativ dicken Stämmen und verbreitern sich dann mit vielen feinen Verzweigungen nach oben. Sie wirken auch im Winter imposant und durchaus etwas »kopflastig«.

► **Forsythie und Weigelie** bestehen aus nur wenigen, gebogenen Bodentrieben, die sich nach oben verzweigen. Sie wirken im Winter etwas geduckt.
► **Flieder, Felsenbirne und Haselnuss** bilden nur wenige kaum verzweigte Triebe und wirken deshalb trotz ihrer Höhe im Winter fast unauffällig.
► **Kriechmispel *(Cotoneaster)*, Kornelkirsche, Zierquitte, Zierapfel und Wildrose** dagegen entfalten ihre Wirkung vor allem durch ihren eher bizarren Wuchs und die starke Verzweigung.
► **Sibirischer Hartriegel und Hibiskus** haben ebenfalls eine ausgesprochen schöne Winterwirkung.

Botanische Pflanzennamen

Die deutschen Pflanzennamen wie Falscher Jasmin, Ehrenpreis oder Rose werden zwar umgangssprachlich verwendet, genügen aber nicht, um die ganze Vielfalt der Natur zu erfassen und zu klassifizieren. Genauer ist das lateinisch-botanische System, das immer aus einem Gattungsnamen (z. B. Rosa) und einem Artnamen (z. B. rugosa) besteht. Zusammen bezeichnet »Rosa rugosa« also die Art der »Apfelrose«.
Wurde eine Art durch Züchtung oder Mutation verändert, bekommt sie in der Folge zusätzlich einen entsprechenden Sortennamen, der in einfache Anführungszeichen gesetzt wird, z. B. Rosa rugosa Alba, also eine weiß blühende Sorte der Apfelrose.
Tipp: Da es bei vielen Pflanzen zahlreiche Sorten gibt, ist es ratsam, sich vor dem Einkauf genau über die unterschiedlichen Merkmale der einzelnen Sorten zu informieren.

Winterblühende Gehölze

Die meisten Gehölze blühen im Frühling, andere im Sommer, und manche öffnen ihre Blüten sogar erst im Winter. Sie sind eine schöne Abwechslung im eintönigen Grau des Winters und sollten deshalb nahe der Terrasse oder am Hauseingang gepflanzt werden. Da alle Winterblüher außerdem ihr Laub abwerfen, wodurch die Blüten noch besser zur Geltung kommen, und eine grazile Wuchsform haben, sollten sie unbedingt einen Einzelstand bekommen.
► Der winterblühende Schneeball wirkt schon allein durch seine schöne Wuchsform sehr dekorativ. Von November an entwickelt er büschelweise kleine rosa-weißliche Blüten mit einem leichten Duft. Die Blüte kann bis in den März andauern.

Die opulente Blüte der Spiree.

Leuchtende Schneeballfrüchte.

Holunder in voller Blüte.

► Die winterblühende Zierkirsche *(Autumnalis)* hat einen ähnlichen Blühzyklus, wächst aber doppelt so hoch wie der Schneeball und wirkt noch filigraner als dieser. Die weißlichen Blüten der Zierkirsche kommen am besten vor einem dunklen Hintergrund zur Geltung.
► Die hübsche Zaubernuss ist eine altbekannte Heilpflanze, die ihre roten oder gelben Blüten erst ab Januar entfaltet.

Wuchshöhen und Wuchsformen

Neben den unterschiedlichen Größen der Gehölze, die 50 cm bis mehrere Meter betragen können, bestimmen auch die verschiedenen Wuchsformen ihre Einsatzmöglichkeiten im Garten, wobei jede Pflanze ihr eigenes, arttypisches Stamm- und Astgerüst besitzt.
Zwar überwiegen generell die Mischformen, doch gibt es auch straff aufrecht wachsende Gehölze wie Flieder oder Felsenbirne und breit ausladende Sträucher wie Forsythie und auch Sommerflieder.

Wuchsformen von Laubsträuchern

Laubgehölze für den Garten mit ihren unterschiedlichen Wuchsformen. Von links nach rechts: Spiree, Ranunkelstrauch (Kerrie), Forsythie, Flieder.

► Straff aufrecht wachsende Gehölze sollten nach Möglichkeit in der Höhe nicht begrenzt werden und einen Standort bekommen, an dem sie ihre Endhöhe erreichen können. Werden diese Gehölze nämlich in der Höhe beschnitten, so entsteht in der Regel ein unansehnlicher Besenwuchs, und bei manchen Arten wird somit der typische Charakter dauerhaft zerstört.

► Breit wachsende und überhängende Gehölze können ausgewachsen sehr ausladend werden und leicht 5 bis 7 m² nur für sich allein beanspruchen. Vor allem für detaillierte Gartenanlagen und für kleine Gärten weniger gut geeignet.

► Nadelgehölze und Koniferen verfügen ebenfalls über ein typisches Erscheinungsbild, wobei die Formen von breit ausladend bis schlank aufrecht variieren. Die meisten Arten wachsen während der ersten zehn Jahre vergleichsweise langsam, können dann aber stark zulegen und sollten zur Regelung des Wachstums einen stetigen leichten Rückschnitt bekommen. Wegen ihres schwachen Wachstums können Sie Koniferen in den ersten Jahren zusammen mit Laubgehölzen pflanzen, die Sie später wieder herausnehmen, wenn die Pflanzung zu eng wird.

Kirschlorbeerhecke.

Sträucher für jede Jahreszeit

Fast alle Ziersträucher bestechen im Frühjahr oder Sommer durch ihre etwa drei Wochen lang andauernde Blütenfülle; viele von ihnen verfügen aber zudem auch über dekoratives Laub, eine schöne Herbstfärbung und leuchtenden Fruchtschmuck. Lassen Sie sich aus diesem Grund bei der Auswahl Ihrer künftigen Sträucher nicht ausschließlich von der zu erwartenden üppigen Blütenfülle beeindrucken, sondern berücksichtigen Sie bei Ihrer Wahl

Wuchsformen von Nadelgehölzen

Nadelgehölze bestechen durch ihre stark unterschiedlichen Wuchsformen. Von links nach rechts: Thuja, Fichte, Wacholder, Eibe.

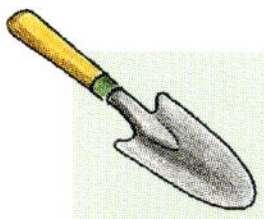

Pflanztipp
Gehölze

Rhododendren

Rhododendren gehören zu den beliebtesten Gehölzen, denn ihre dicken, ledrigen Blätter mit dem dunkelgrünen Glanz und ihr zielstrebiger, einfacher Aufbau verleihen ihnen einen ganz besonderen Charme. An dieser Pflanze lässt sich auch gut die unterschiedliche Philosophie der west-östlichen Gartenkultur erkennen:

► Bei uns ist Rhododendron so beliebt, weil er zur Blütezeit im Mai und Juni über und über mit großen Blüten besetzt ist, die vor allem in Gruppen gut zur Geltung kommen.

► In der asiatischen Kultur schätzt man dagegen vor allem ihre immergrüne, gediegene Erscheinung, während die Blüten gar nicht wichtig sind.

► Rhododendren sind allerdings Liebhaberpflanzen, die durchaus etwas Pflege brauchen. In geeignetem Boden wachsen sie sowohl im Schatten unter Bäumen als auch in der Sonne.

auch das sich wandelnde Erscheinungsbild der Sträucher im gesamten Jahresverlauf, denn Sie sollen ja das ganze Jahr über zusammen harmonieren.

Frei wachsende Blütenhecke

Gehölze können entweder im Einzelstand als so genannte Solitärs, in kleinen Gruppen oder auch als Hecke gepflanzt werden. Bei einer Heckenpflanzung haben Sie wiederum die Wahl zwischen einer Formhecke (Seite 68) und einer frei wachsenden Blütenhecke.

Im Gegensatz zu einer Formhecke bekommt eine frei wachsende Blütenhecke keinen Formschnitt, d. h., die Sträucher dürfen sich ihrer Art entsprechend entwickeln und ergeben kein einheitliches Erscheinungsbild. Eine frei wachsende Blütenhecke eignet sich gut für naturnah oder frei gestaltete Gärten, während Blütensträucher in formal gestalteten Gärten – wenn überhaupt – im Einzelstand verwendet werden.

Weil die Wuchshöhen der Sträucher recht unterschiedlich sein können und von 2 bis 4 m reichen, sollten Sie die Komposition einer gemischten Blütenhecke genau planen. Dabei gilt, dass die straff aufrecht wachsenden Gehölze gezielt platziert werden und die Zwischenräume mit breit wachsenden Gehölzen aufgefüllt werden sollten.

Feuerdornfrüchte.

Cotoneasterfrüchte.

► Der Platzbedarf einer frei wachsenden Hecke ist mit etwa 2 m Höhe ungefähr doppelt so hoch wie der einer Schnitthecke. Dafür erfreut sie den Betrachter durch ein abwechslungsreiches Zusammenspiel von verschiedenen Blüten, Blättern, Wuchsformen und Höhen.

Schöne Jahreszeitengehölze

Art	Botanischer Name	Wuchshöhe/-stärke	Besonderheiten
Blutberberitze	*Berberis thunbergii ›Atropurpurea‹*	bis 2 m, mittelstark	gelbe Blüten, braunrote Blätter und orange-gelbe Herbstfärbung
Essigbaum	*Rhus typhina*	bis 5 m, stark	große, geteilte Blätter, rote, samtige Blüten, orangefarbene Herbstfärbung
Fächerahorn	*Acer palmatum*	bis 4 m, schwach	verschiedenfarbiger Austrieb im Frühjahr, rote Herbstfärbung
Feuerahorn	*Acer japonicum ›Aconitifolium‹*	bis 3 m, schwach	kleine, rote Blüten, schöne Blattform mit orange-roter Herbstfärbung
Kriechmispel	*Cotoneaster horizontalis*	bis 3 m, mittelstark	hellgrüner Austrieb, weiß-rosa Blüten, rote Herbstfärbung und Früchte
Ranunkelstrauch	*Kerria japonica*	bis 2 m, stark	gelbe Blüten, gelbe Herbstfärbung

Blütenhecken bieten Sichtschutz und ansprechende Optik.

► Halten Sie einen Pflanzabstand von etwa 1,5 m ein, damit sich die Gehölze später nicht gegenseitig erdrücken. Nach etwa zwei bis drei Jahren ist die Hecke in der Regel geschlossen.

► Setzen Sie für die Hecke abwechselnd Sträucher mit straff aufrechtem bzw. breit ausladendem Wuchs. Diese verschiedenen Wuchstypen bedrängen sich gegenseitig nicht und bilden trotzdem einen wirksamen Sichtschutz.

► Bedenken Sie bei Ihrer Planung, dass ein kunterbuntes Durcheinander von verschiedenen Charakteren sehr viel Unruhe in den Garten bringen kann, sodass es in der Regel günstiger ist, sich auf wenige, ausgesuchte Arten zu beschränken, um ein homogenes Erscheinungsbild zu erzielen.

Wuchsgeschwindigkeiten von Gehölzen

Die Wuchsgeschwindigkeiten der einzelnen Gehölze sind nicht nur abhängig von der jeweiligen Art, sondern auch von den unterschiedlichen regionalen Standort-, Klima- und Bodenverhältnissen. Dabei gilt:

► Einheimische Wildgehölze wie Holunder oder Haselnuss und viele Blütensträucher wie Forsythie oder Falscher Jasmin wachsen schnell.

► Nadelgehölze, Koniferen und aufrecht wachsende, kleinere Laubgehölze wachsen nur langsam.

Das Problem bei einer gemeinsamen Pflanzung von Sträuchern ist, dass sich die unterschiedlichen Wuchsgeschwindigkeiten wegen der übrigen Faktoren (Bodenverhältnisse, Kleinklima) nur schlecht berechnen lassen, sodass selbst Fachleute keine genauen Voraussagen treffen können.

► Wenn Sie einen raschen »Schulterschluss« der Pflanzen wünschen, müssen Sie die Gehölze so dicht setzen, dass sich die Hecke in etwa drei Jahren schließt. Diese Zeit ist nötig zum Einwurzeln und für das erste Wachstum, aber bereits dann beginnen sich die Sträucher gegenseitig zu bedrängen und müssen zurückgeschnitten werden. Nach fünf bis sechs Jahren müssen die ersten Sträucher gerodet oder ausgegraben und versetzt werden.

► Wenn Sie sich mehr Zeit lassen können, sollten Sie die Pflanzabstände zwischen den einzelnen Gehölzen möglichst mit 150 bis 200 cm festlegen. Dann haben die Sträucher genügend Platz, um sich ihrer Art entsprechend stärker entwickeln zu können und das spätere Roden bzw. Umsetzen der überzähligen Pflanzen entfällt.

Pflanztipp
Hecken

Frei wachsenden Blütenhecke

Im Gegensatz zu einer Formhecke werden bei einer frei wachsenden Blütenhecke die Sträucher einzeln gesetzt, was je nach Länge der Hecke mehr als 50 Einzelpflanzungen bedeuten kann und am besten mit maschineller Hilfe geschieht:

► Liegt die Hecke straßenseitig, können Sie die Pflanzlöcher mit einem Minibagger (etwa 200,– DM/Tag) von der Straße aus ausheben.

► Ein Erdbohrgerät (ca. 100,– DM/Tag) arbeitet wie ein großer Bohrer, muss allerdings von zwei kräftigen Personen bedient werden. Mit ihm lassen sich in ein bis zwei Stunden etwa 50 Pflanzlöcher ausheben.

Schöne Sträucher für gemischte Blütenhecken

Pflanzenname (botanischer Name)	Höhe/Breite nach ca. 5 Jahren	Wuchsstärke	Licht-/Bodenansprüche	Merkmale	Schnittmaßnahmen
Berberitzen (*Berberis*-Arten) ☠	0,5–2 m/ca. 1 m	schwach	Sonne bis Halbschatten	grünes, rotes oder immergrünes Laub, auffällige, gelbe Blüte, rote Beeren im Herbst, dichte, stachelige Erscheinung, die Abstand halten lässt	alle zwei bis drei Jahre Rückschnitt oder Auslichtungsschnitt erforderlich
Flieder (*Syringa*-Arten)	3–6 m/ca. 2,5 m	schwach	Sonne, manche Arten auch Halbschatten	herzförmige Blätter mit frischem Grün, Blüte im Mai/Juni, aufrechter Wuchs, geriffelte Rinde, ruhige, stattliche Erscheinung, viele Sorten und Variationen	dreijährlich auslichten, Rückschnitt der alten Blüten
Forsythie (*Forsythia intermedia*)	2,5 m/2,5 m	stark	Sonne bis Halbschatten	die gelbe Blüte erscheint vor den Blättern, prächtige Blütezeit, ansonsten unauffälliger, dichter Zierstrauch mit überhängenden Zweigen; als Solitär geeignet	leichtes zwei bis dreijährliches Auslichten erforderlich
Kartoffelrose (*Rosa rugosa*)	bis 1,5 m/bis 2 m	stark	Sonne, leichter Boden	schlichte Wildrose mit einfacher, aber lang anhaltender Blüte, verwertbare Hagebutten im Herbst, steht gern in Gruppen	jährlicher Rückschnitt und gelegentliches dreijährliches Auslichten im Alter fördern die Blütenbildung
Kirschlorbeer (*Prunus laurocerasus*) ☠	ca. 1,8 m/1,8 m	stark	Halbschatten	glänzendes, immergrünes, dunkles, dichtes Laub, weiße Blüten; wuchtige Erscheinung	bei ausgewachsenen Pflanzen jährlicher Rück- und Auslichtungsschnitt erforderlich
Kornelkirsche (*Cornus mas*)	bis 5 m/4 m	schwach	Sonne bis Halbschatten	gelbe Blüte zusammen mit Forsythie, auffallende, essbare Früchte, gelbe Herbstfärbung; einheimische Heckenpflanze mit sehr natürlicher Ausstrahlung	zweijährliches Auslichten erforderlich
Schneeball (*Viburnum lantana*) ☠	3 m/3 m	mittelstark	Sonne bis Schatten	einheimischer Wildstrauch mit duftenden, cremeweißen Blüten im Mai/Juni und Früchten im Herbst, wegen des straffen Wuchses sehr ruhige Erscheinung	leichtes zwei- bis dreijährliches Auslichten erforderlich
Strauchmispel (*Cotoneaster*-Arten) ☠	ca. 2 m/2 m	mittelstark	Sonne bis Halbschatten	im Spätfrühling auffällige weiße oder rote Blüten, ab Sommer rote Beeren, sehr stattliche Erscheinung, die einen lichten Sichtschutz bietet; auch Arten mit Herbstfärbung und wintergrünem Laub erhältlich	Auslichten im Abstand von mehreren Jahren erforderlich
Weißdorn (*Crataegus monogyna*)	ca. 5 m/3 m	mittelstark	Sonne bis Halbschatten	weiße Blütenfülle im Mai/Juni, dunkelrote Früchte im Herbst. Ruhige, einheimische Heckenpflanze mit wunderschönen Blättern, lichte Erscheinung	bei Bedarf etwas auslichten

Schöne Kombinationen

Wie bei den Stauden kommt die Blüte von Gehölzen am besten zur Geltung, wenn mehrere gleichzeitig blühen. Auch gemischte Blütenhecken wirken am schönsten, wenn Sie Sträucher mit ähnlicher Blütezeit kombinieren:

► Im Frühling ergänzen sich Forsythie (Gelb), Felsenbirne (Weiß), Zierquitte (Rot-Orange) und Blutjohannisbeere (Rot) mit einem herrlichen farblichen Zusammenspiel ihrer Blüten.

► Im Frühsommer harmonieren die Blüten von Maiblumenstrauch (Rosa), Falscher Jasmin (Weiß), Weigelie (Rot-Rosa) und Ranunkelstrauch (Gelb). Auch Fliederarten und einige Spireen (Weiß-Rosa) blühen jetzt.

► Im Sommer ergänzen sich Sommerflieder (Weiß, Rosa, Lila), Kolkwitzie (Rosa), Fingerstrauch (Gelb) und spät blühende Spireen (Weiß-Rosa).

Schlehe in Blüte.

Formhecken

Formhecken, auch Schnitthecken genannt, bestehen meist aus Pflanzen einer Art, die sehr dicht in Reihe gesetzt werden. Durch regelmäßiges Schneiden mit der Heckenschere entsteht so eine dichte Abgrenzung auf engstem Raum. Formhecken dienen nicht nur als Grundstückseinfassung, sondern auch zur Strukturierung des Gartens. Vor allem bei der formalen Gartengestaltung werden sie häufig als Raumteiler (oft mit einem Durchgang) verwendet, da sie durch den Schnitt klare, geordnete Linien in den Garten bringen. In frei gestalteten Gärten können sie unschöne Ausblicke wie Kompost- und Mülltonnenplätze verdecken.

Pfaffenkäppchen.

Blütenhecke, Forsythie und Blutjohannisbeere.

Immergrüne Formhecken

Immergrüne Formhecken bestehen aus Koniferen, Nadelgehölzen oder immergrünen Laubgehölzen (Seite 61) und werden häufig als Abgrenzung zur Straße oder zum Nachbarn gepflanzt. Sie bieten zwar das ganze Jahr über einen dichten Sichtschutz, können aber wegen ihres stets gleich bleibenden Erscheinungsbildes leicht etwas langweilig finden.
Vor allem in kleinen Gärten kann eine immergrüne Hecke wie eine einengende Mauer wirken. In einem solchen Fall ist es sinnvoll, die Hecke mit einer formalen Gestaltung in den Garten einzubinden – z. B. als Hintergrund für ein Staudenbeet oder einen Teich. Sie können allerdings auch ein schönes Solitär- oder Schnittgehölz davor pflanzen. Bedenken Sie aber, dass die Hecke an den Berührungspunkten mit den Sträuchern verkahlt.

VOGELSCHUTZGEHÖLZE

Diese Gehölze wirken durch ihren schönen Fruchtschmuck nicht nur dekorativ, sondern bieten mit ihren Dornen auch vielen Vögeln einen sicheren Unterschlupf:

- ► **Sanddorn** (Hippophae rhamnoides), Wuchshöhe bis 4 m.
- ► **Feuerdorn** (Pyracantha-Hybriden), Wuchshöhe bis 3 m.
- ► **Wildrose** (Rosa in Arten), Wuchshöhe ca. 2 m.
- ► **Schlehe** (Prunus spinosa), Wuchshöhe ca. 3 m.
- ► **Weißdorn** (Crataegus in Arten), Wuchshöhe 4 bis 5 m.
- ► **Berberitze** (Berberis in Arten) Wuchshöhe bis 2 m.

Was kosten Heckenpflanzen?

Art/Einkaufshöhe	Zeit bis zum Heckenschluss auf ca. 2 m Höhe	Preis für gute/sehr gute Qualität
Eibe/1 m	6–8 Jahre	ca. DM 160,–/lfm
Feldahorn/2 m	2–3 Jahre	ca. DM 60,–/lfm
Hainbuche/1,5 m	4–6 Jahre	ca. DM 100,–/lfm
Hainbuche/2 m	2–3 Jahre	ca. DM 140,–/lfm
Liguster/1 m	5–7 Jahre	ca. DM 15,–/lfm
Liguster/1,5 m	3–5 Jahre	ca. DM 80,–/lfm
Rotbuche/1,5 m	4–6 Jahre	ca. DM 75,–/lfm
Serbische Fichte/1,5 m	4–6 Jahre	ca. DM 120,–/lfm
Serbische Fichte/2 m	3–4 Jahre	ca. DM 180,–/lfm
Thuja, Zypresse/1,5 m	5–7 Jahre	ca. DM 120,–/lfm
Thuja, Zypresse/2 m	3–4 Jahre	ca. DM 250,–/lfm

► Andererseits sind immergrüne Hecken wie etwa eine Thujahecke wahre Vogelbiotope, d. h., sie bieten im Winter oft den einzigen wettersicheren Unterschlupf für Singvögel. Vor allem in den engen Siedlungsbereichen der Vorstädte, aber durchaus auch in Dörfern sind immergrüne Hecken meist die einzigen Nistmöglichkeiten für die Tiere.

Rotbuchenhecke.

► Anstelle von importierten Ziergehölzen können Sie für Ihre Hecke auch heimische Vogelschutzgehölze wie Wildrose, Weißdorn oder Schlehe verwenden. Ihre Dornen und Stacheln bieten den Nistgelegenheiten der Vögel sicheren Schutz vor anderen Tieren wie etwa Katzen, und der Fruchtbehang dient den Vögeln im Winter als Nahrung. Solche Wildhecken sind für naturnahe Gärten geradezu ein »Muss« und sie sind in größeren Anlagen auch eine schöne Alternative zu Schnitthecken.

Formhecken aus Laubgehölzen

Hecken aus Laubgehölzen wirken bei Weitem nicht so streng wie Koniferenhecken, sie bieten jedoch im Winter – wenn sie kein Laub tragen – naturgemäß nur einen bedingten Sichtschutz. Als Alternative hierzu bieten sich wintergrüne Gehölze wie Hainbuche, Liguster oder Rotbuche an, die auch während des Winters ihr altes Laub behalten und die somit auch im Winter verhältnismäßig blickdicht sind. Das bräunliche Laub sorgt zudem für neue Farbakzente.

Hohe Eibenhecke.

Einfassungshecken

Eine Besonderheit stellen niedrige Zierhecken dar. Sie werden durch regelmäßiges Schneiden auf 50 bis 100 cm Höhe gehalten und rahmen Wege, Rabatten (Staudenbeete) und Vorgärten ein. Im Vorgarten werden sie oft als »Hundesperre« gepflanzt. Bei Einfassungshecken können Sie zwischen immergrünen Arten wie Buchs, Eibe oder Liguster und Zwerggehölzen wie Fingerstrauch, Lavendel und Spiree wählen:

► Zwerggehölze kommen wegen ihrer lang anhaltenden Blüte besonders gut im Sommer zur Geltung.

Einfassungshecken passen gut zu formal gestalteten Gärten.

► Immergrüne Hecken bringen in erster Linie Ruhe in den Garten und passen ganz ausgezeichnet zu einem formal gestalteten Garten.

Gehölze als Bodendecker

Eine andere Verwendungsmöglichkeit für niedrig wachsende Gehölze ist die flächendeckende Begrünung von schwierigen Standorten wie etwa Hanglagen oder wenig beachteten Plätzen. Zur Auswahl stehen kriechende Arten wie Efeu und Kriechmispel *(Cotoneaster)* oder straff aufrecht wachsende Zwergsträucher wie Spireen und Schneebeere. Letztere müssen allerdings sehr dicht gesetzt werden, damit sie nach ein bis zwei Jahren den gesamten Boden bedecken.

Schöne Sträucher für Schnitthecken über 2 m

Art	Botanischer Name	Pflanzen/lfm	Höhe/Breite	Wuchsstärke	Besonderheiten
Eibe	*Taxus baccata*	2–3	1–3 m/1–2 m	sehr schwach	dunkle immergrüne Nadeln
Hainbuche	*Carpinus betulus*	2,5–3	1,6–4 m/ca. 1,5 m	stark	verliert das Laub im Winter
Liguster	*Ligustrum vulgare ›Lodense‹* ☠	ca. 3	1–2 m/0,8–2 m	stark	kleine Blätter, auch wintergrüne Arten
Scheinzypresse	*Chamaecyparis lawsoniana*	2–2,5	1,8–3 m/1–2	stark	immergrüne grüne bis blaue Nadeln Vorsicht bei sehr intensiven Farben
Thuja (Lebensbaum)	*Thuja occidentalis* ☠	2–3	1,6–3 m/ca. 1,5 m	mittelstark	immergrünes Laub, das im Winter etwas braun werden kann

Schöne Sträucher für Schnitthecken bis 1 m

Art	Botanischer Name	Pflanzen/lfm	Höhe/Breite	Wuchsstärke	Besonderheiten
Berberitze	*Berberis ›Nana‹* ☠	ca. 4	ca. 0,5	schwach	grünes oder rotes Laub mit schöner roter Herbstfärbung
Buchs	*Buxus sempervirens ›Suffruticosa‹* ☠	4–6	0,4–1 m	schwach	immergrünes Laub
Fingerstrauch	*Potentilla* in Sorten	4–5	0,6–1 m	stark	lange Blüte ab Juli, sommergrünes Laub
Johanniskraut	*Hypericum ›Hidcote‹*	4	0,6–1 m	stark	lange Blüte ab Juli, immergrünes Laub
Lavendel	*Lavandula angustifolia*	5–6	0,4 m	mittelstark	nadelförmige graublaue Blätter
Spiree (Spierstrauch)	*Spiraea ›albiflora‹*	3–4	0,5–1 m	stark	bei manchen Sorten lange Blütezeit ab Juni, sommergrünes Laub

Schöne Bodendeckergehölze

Art	Botanischer Name	Wuchscharakter/-höhe	Standort	Pflanzen/m²	Besonderheiten
Bodendeckerrosen	*Rosa* in Arten	kriechend/bis 40 cm	sonnig bis halbschattig	5	lang anhaltende Blüte bis in den Herbst
Efeu	*Hedera* in Arten	kriechend/ca. 10 cm	halbschattig bis schattig	7–9	immergrüne Blätter
Fingerstrauch	*Potentilla* in Arten	aufrecht/bis 50 cm	sonnig bis halbschattig	7	lang anhaltende Blüte im Sommer
Johanniskraut	*Hypericum* in Arten	kriechend/ca. 40 cm	sonnig bis halbschattig	9	gelbe Blüten im Sommer
Kriechmispel	*Cotoneaster ›Coral Beauty‹*	kriechend/ca. 25 cm	sonnig bis halbschattig	7	rote Früchte im Herbst
Spiree (Spierstrauch)	*Spirea ›Antony Waterer‹*	aufrecht/80 cm	sonnig bis halbschattig	9	lang anhaltende rosa Blüte im Sommer

Bodendecker pflanzen

Eine Bodendeckerpflanzung ist sehr pflegeleicht, sobald sie erst einmal eingewachsen ist. Allerdings bildet sie während der ersten Jahre noch keinen geschlossenen Teppich und muss sich deshalb gegen zahlreiche Wildkräuter behaupten. Ist die Fläche dann zusammengewachsen, ist der Bodenschluss geschafft und der Druck der Konkurrenzpflanzen lässt nach. Damit eine Pflanzung mit Bodendeckern gelingt, sollten Sie folgende Regeln beachten:

- Setzen Sie genügend Pflanzen, damit der Bodenschluss nicht zu lange dauert.
- Entfernen Sie bis zum Bodenschluss sämtliche Wurzelunkräuter (Seite 92), damit sie sich nicht ausbreiten können. Eine von Wurzelunkräutern durchsetzte Pflanzung ist meist gänzlich verloren und muss neu angelegt werden.

Cotoneaster: Bodendecker mit dekorativem Fruchtbehang.

Spiree blüht im Sommer lange.

- Schneiden Sie den Neuzuwachs nach dem Bodenschluss ähnlich wie bei einer Hecke regelmäßig leicht zurück, damit sich die Pflanzen nicht gegenseitig erdrücken.

Was sind Bodendecker?

So werden niedrig wachsende Gehölze oder Stauden bezeichnet, die sich weitläufig ausbreiten und eine Fläche komplett bedecken. Gehölze sind im Allgemeinen robuster als Stauden und eignen sich auch für schwierige Standorte wie Böschungen oder schattige und trockene Flächen (Seite 60). Bodendeckerflächen wirken sehr ruhig und eignen sich ideal für formal gestaltete Gärten oder größere Gartenanlagen.

Formgehölze

Eine weitere Besonderheit sind Gehölze, die durch stetigen Schnitt, der zweimal jährlich erfolgen muss, in eine regelmäßige Form gebracht werden. Neben geometrischen und architektonischen Formen sind auch Tier- und Schachfiguren oder freie »Skulpturen« und Phantasiegebilde sehr beliebt:

► Formen wie Kegel, Kugel, Obelisk und Säule eignen sich vor allem für formal gestaltete Gärten. Formgehölze z. B. links und rechts vom Eingangsbereich betonen geometrische Anlagen stark. Aber auch bei einer freien Gartengestaltung können sie einen bizarren Gegensatz zu den frei wachsenden Gehölzen bilden, und die Figuren und Skulpturen verleihen jeder Gartenanlage eine heitere, persönliche Note.

► Als Formgehölze eignen sich Eibe, Buchs, Fichte, Stechpalme, Liguster. Zum Schneiden von einfachen geometrischen Formen genügt das

Auffällige Formgehölze.

Augenmaß oder – als Schneidehilfe – ein einfaches Lattengestell. Für kompliziertere Formen ist dagegen ein stabiles, exaktes Gerüst erforderlich. Mit einer solchen Schneidehilfe lässt sich die Form der Pflanze auch beim nächsten Schnitt gut erhalten.

► Auch Efeu kann in Form geschnitten werden, muss dafür aber an einem Drahtgestell geführt werden.

Verschiedene geometrische Formen im Einklang.

Mit dieser Methode lassen sich mit etwas Geduld auch kompliziertere geometrische Figuren formen.

Formgehölze selbst ziehen

Wenn Sie eine Jungpflanze zu einem Formgehölz formen möchten, können Sie folgendermaßen vorgehen:

► Bauen Sie sich vor dem Setzen der Pflanze ein Gerüst aus Holzlatten oder starkem Spanndraht und verankern Sie es an der Stelle im Boden, an der Sie das Gehölz pflanzen wollen. Da das Gerüst viele Jahre halten muss, sollte es stabil sein.

► Lassen Sie die Pflanze in das Gerüst hineinwachsen. Führen Sie dabei längere Triebe, die die Grundstruktur bilden werden, am Gerüst entlang und binden Sie sie mit Draht oder Bindebast fest.

► Kürzen Sie den Zuwachs zweimal jährlich bis auf wenige Augen ein. Bei Figuren mit einem Durchmesser von mehr als 2 m werden die Zuwächse aber irgendwann zu groß, sodass sich die scharfen Konturen verlieren. Abhilfe kann ein neues Gestell als Schneidevorlage schaffen.

Tipp

Mit Augenmaß und etwas handwerklichem Geschick lässt sich ein Torbogen über einer Schnitthecke errichten, am besten an der Stelle, an der sie durch eine Tür unterbrochen wird. Auch ohne Tür können Sie einen Torbogen über eine Begrenzungshecke führen und so mehr Weite in Ihren Garten bringen. Dafür lassen Sie die Triebe einfach an den gewünschten Stellen wachsen und führen sie über der Hecke zusammen.

››› Formhecken im Klostergarten fokussieren den Blick.

Farbtupfer im Garten: Sommerblumen und Stauden

Im Gegensatz zu den Gehölzen bilden Stauden und Sommerblumen kein holziges Gerüst, weshalb sie auch als krautige Pflanzen bezeichnet werden. Die meisten Stauden lassen ihr »Kraut« im Herbst absterben und treiben im Frühjahr aus einem unterirdischen Wurzelstock wieder aus. Manche besitzen aber auch immergrüne Blätter, vor allem diejenigen, die im Schatten wachsen. Einjährige Sommerblumen hingegen sterben im Herbst ab und entstehen im nächsten Jahr aus Samen von Neuem. Fast alle Stauden und sämtliche Sommerblumen imponieren durch ihre schöne Blüte.

Mohn ist eine einjährige Sommerblume.

Bellis perennis ist zweijährig.

Bei Porzellanblümchen handelt es sich um mehrjährige Stauden.

Wild- und Prachtstauden

Bei den Stauden – zu ihnen gehören auch Zwiebel- und Knollenpflanzen, Gräser, Steingartenpflanzen und Farne unterscheidet man grob zwischen Wildstauden und Pracht- bzw. Beetstauden:

► **Wildstauden:** Stauden haben sich in der freien Natur seit Urzeiten in schier unendlicher Vielfalt entwickelt. Ihre Wuchshöhen reichen von wenigen Zentimetern bis zu mehreren Metern, und eine einzelne Staude kann je nach Art nur wenige cm^2, aber auch mehrere m^2 für sich allein beanspruchen. Sie sind an viele Standorte angepasst, auch an solche, an denen ihre größeren Vertreter, die Gehölze, schon versagen. Aufgrund dieser Anpassungsfähigkeit werden sie als Wildstauden bezeichnet.

► **Pracht- oder Beetstauden:** Einige Wildstauden werden schon seit langer Zeit züchterisch bearbeitet, um typische Merkmale wie etwa Blütenfarbe und Blütenform zu verändern und zu verbessern. Diese Stauden sind weniger robust als ihre wilden Vorfahren und benötigen deshalb einen guten, humosen Gartenboden bzw. einen geschützten Standort, um gut gedeihen zu können.

Ein-, zwei- und mehrjährige Pflanzen

Bei den krautigen Gewächsen unterscheidet man zwischen ein-, zwei- und mehrjährigen Pflanzen:

► Einjährige sind Pflanzen, die nach der Blüte absterben, z. B. einjährige Sommerblumen (Seite 89).

► Zweijährige sind Pflanzen, die im ersten Jahr Blätter und im zweiten Jahr Blüten bilden, z. B. viele Kräuter oder zweijährige Sommerblumen wie Gänseblümchen oder Goldlack (Seite 92).

► Mehrjährige sind Pflanzen, die jedes Jahr im Frühjahr wieder aus einem winterharten Wurzelstock austreiben, z. B. Pracht- und Wildstauden, Gräser (Seite 86), Farne (Seite 84), Steingartenpflanzen oder Zwiebel- und Knollenblumen (Seite 81).

Schlüsselblumen sind mehrjährige Wildstauden.

Deshalb werden sie in eigens angelegte Staudenbeete gepflanzt, die diese Bedingungen möglichst optimal erfüllen. Wegen ihrer besonders schönen Blüten werden diese Pflanzen als Pracht- oder Beetstauden bezeichnet.

Standorte für Wildstauden

► Trockene, sonnige Lagen eignen sich für Stauden und Gräser, die ursprünglich in Steppengegenden, der Heide und dem Mittelmeerraum zu Hause sind. Damit sich die Stauden auch in Ihrem Garten wohl fühlen, sollten Sie vorher den Boden prüfen, ob er sandig bzw. durchlässig genug ist und gegebenenfalls reichlich Kiessand bzw. Bauschutt unter die Erde mischen. Geeignete Böden finden sich meistens unter Traufstreifen oder auf Südostseiten und in Winkeln von Gebäuden. Auch sehr steinige Böden werden von diesen Pflanzen akzeptiert.

Farbenfrohes Beet mit Glockenblumen, Rosen, Fingerhut.

► Feuchte, schattige Lagen unter Bäumen und Großsträuchern, auf Nordseiten von Gebäuden und von Gehölzpflanzungen sind ein guter Platz für einheimische Schattenstauden und Farne. Hier sollte der Boden gut feucht sein und einen hohen Humusanteil besitzen. Empfehlenswert ist zudem eine leichte Mulchschicht aus rohem Kompost, die das Bodenleben fördert. Bei einem steinigen Boden arbeiten Sie am besten reichlich Pflanzerde und Kompost ein. Prüfen Sie den Boden auch auf eine eventuell vorhandene Durchwurzelung: Manche großen Gehölze wie Ahorn und Thuja entwickeln einen so starken Wurzelfilz an der Oberfläche, dass dort nichts anderes mehr wachsen kann. Solche Stellen können Sie nur mulchen und mit Steinen und Hölzern dekorieren.

► Steinige, sonnige Hanglagen, beispielsweise an Kellerfenstern, Treppenanlagen und an den Flanken von Böschungen, sind ein ausgezeichneter Standort für Steingartenpflanzen und Gräser, die einen gut durchlässigen Boden brauchen. Damit die Erde nicht abgeschwemmt wird, können Sie die Böschung mit großen Steinen und Kies abdecken.

► Stark feuchte bis nasse Standorte in Ufernähe oder schattigen Senken,

Lein ist eine Wildstaude.

Pflanztipp
Stauden

Was bedeutet »Standort«?

Stauden gedeihen wie auch die meisten anderen Pflanzen am besten an ihrem spezifischen Standort. Ist der Standort falsch, verkümmern sie oder gehen sogar ein. Unter »Standort« versteht man dabei die jeweilige Bodenbeschaffenheit, die Lichtverhältnisse und die Wasserversorgung an einem bestimmten Platz.
Die Lichtverhältnisse lassen sich sehr einfach durch Beobachten feststellen, während die Bodenbeschaffenheit und die Wasserversorgung erst überprüft werden müssen, indem Sie den Boden mit einem Spaten anstechen und analysieren. Allerdings sollten Sie den Boden immer an mehreren Stellen im Garten testen, denn nur dadurch lassen sich genaue Vergleichswerte ermitteln.

Pflanztipp
Stauden

Geschickt strukturieren

Bestimmte Stauden wie Federmohn, Waldgeißbart und auch andere schöne Blattschmuckstauden wachsen so hoch und dicht, dass sie nicht nur wie Sträucher als natürliche Abgrenzung eingesetzt werden können, sondern dass sie durch ihren imposanten Wuchs auch sehr interessant und beeindruckend sind. Eine Besonderheit an ihnen ist, dass sie im Winter scheinbar »verschwinden« und dann im Frühjahr wie aus dem Nichts wieder erscheinen.

Wildstaudenbeet mit blühenden Nachtviolen und Mohn.

an Waldrändern und am Fuß von Hängen sind ein idealer Standort für Sumpf- und Uferpflanzen (Seite 202ff.). Der Boden sollte stark humos und lehmig sein, damit er nicht so leicht austrocknet, und kann mit getränktem Pflanzhumus aufgebessert werden. Sie können auch ein künstliches Sumpfbeet anlegen,

Gelungene Kombination von Anemone und Schaumblüte.

indem Sie wie beim Teichbau (Seite 196ff.) eine Folie in den Boden eingraben. Ein solches Sumpfbeet müssen Sie im Sommer allerdings gelegentlich mit Wasser auffüllen, damit es nicht austrocknet.

Gestalten mit Wildstauden

Je nach Gartentyp können Sie Wildstauden auf unterschiedliche Weise in Ihrem Garten einsetzen:

Formale Gestaltung

Bei der formalen Gartengestaltung werden Wildstauden häufig als Bodendecker gepflanzt. Dabei können Kleinflächen wie Pflanzscheiben von Bäumen und Mauernischen bis 2 m^2 und auch große Flächen bis 50 m^2 als Rasenersatz begrünt werden.

► Setzen Sie die Pflanzen dicht an dicht (bis zu 10 Stück/m^2), wobei Sie entweder bei einer Art bleiben oder drei bis vier Arten miteinander kombinieren können. Achten Sie aber darauf, dass die Arten voneinander getrennt bleiben.

► Wichtig ist außerdem, die Hinweise zu Bodendeckerpflanzungen (Seite 71) zu beachten, damit die Pflanzung gelingt.

► Pflanzkosten und Pflegeaufwand von Bodendeckerflächen sind anfangs sehr hoch, nehmen aber nach etwa zwei Jahren kontinuierlich ab.

Freie Gestaltung

Wildstauden und robuste Beetstauden wie beispielsweise der Sonnenhut passen als Bodendecker oder punktuell in kleinen Gruppen gesetzt auch gut in einen modernen, pflegeleichten Garten.

► Mögliche Standorte sind an Treppenabsätzen oder Weg- und Hausrändern, wo Sie Horste mit drei bis fünf Pflanzen einer Art platzieren können. Auf diese Weise kommen die Wildstauden besonders gut zur Geltung, weil sie wie ein natürlicher Bewuchs wirken. Zudem sind hierbei die Kosten und der Pflegeaufwand relativ gering.

Naturnahe Gestaltung
Bei einer naturnahen Gartengestaltung (Seite 218) sind die Wildstauden im Vergleich zu den Beetstauden naturgemäß zu Hause, werden hier jedoch nicht als Bodendecker, sondern an ihre ursprünglichen Standorte gepflanzt. Dafür werden gezielt trockene Steingärten, schattige Waldrandsituationen und feuchte Sumpfbeete angelegt und mit einer entsprechenden Gemeinschaft von Wildstauden bepflanzt. Diese Wildstaudenkombinationen erfordern zwar nur relativ geringe Kosten, verlangen aber ständige Beobachtung und Pflege. Andernfalls setzen sich die gut angepassten Arten gegen die empfindlicheren Pflanzen durch und verdrängen sie in kurzer Zeit.

Farbtupfer: Tränendes Herz.

- Wildstauden neigen zum Verwildern, wenn ihnen der angebotene Standort gefällt. Starten Sie deshalb am besten erst einmal mit wenigen Wildstauden und warten Sie deren weitere Entwicklung ab. Wenn sich die Wildstauden an ihrem Standort wohlfühlen, verbreiten sie sich ganz von selbst.

Prachtstauden

Pracht- bzw. Beetstauden, die meistens in kleinen Horsten aus drei bis fünf Pflanzen zusammen mit anderen Prachtstauden kombiniert werden, sind züchterisch stark bearbeitet und glänzen mit einer wahren Blütenpracht. Dafür brauchen sie einen Standort mit viel Sonne (im Sommer täglich sechs Stunden) und guten Gartenboden, sodass sie in ein entsprechendes Staudenbeet gepflanzt werden:

Die Steinnelke macht sich gerne in Fugen zwischen Legesteinen breit.

- Der Boden sollte humus- und nährstoffreich sein und über eine lockere Struktur verfügen.
- Bei der Anlage eines Staudenbeets gehen Sie am besten wie im Kapitel zum Nutzgarten beschrieben vor (Seite 104), indem Sie den Boden mit reichlich Kompost, Holzhäcksel und Dünger verbessern.
- Wichtig ist außerdem eine leichte, aber regelmäßige Bodenpflege (Seite 79), die das gesunde Wachstum der Stauden nachhaltig sichert.

Wildstauden für schattige, feuchte Standorte

Art	Botanischer Name	Höhe	Blütezeit/-farbe	Besonderheiten
Elfenblume	*Epimedium pinnatum*	25 cm	IV–V, Gelb	zierliche Pflanze, die in großen Tuffs wirkt
Funkie	*Hosta in Arten*	ca. 60 cm	VI–VII, Blau, Weiß, Violett	auffallend gefärbte Blätter
Immergrün	*Vinca minor*	15 cm	IV–V, Blau	robuster Bodendecker
Kaukasus-Vergissmeinnicht	*Brunnera macrophylla*	40 cm	II–V, Blau	guter Bodendecker
Prachtspiere	*Astilbe-Hybriden*	40–100 cm	VII–X, alle Farben außer Blau	auffällige Pflanze, wenn sie großflächig gesetzt wird
Waldglockenblume	*Campanula latifolia*	80 cm	VI–VII, Blau, auch Weiß	samt sich leicht aus

Einkaufstipp
Wildstauden

Exoten im Garten
Im Handel werden Wildstauden entsprechend ihrem natürlichen Standort als Steingartenstauden, Schattenstauden oder sonnenliebende Stauden angeboten. Während Wuchsform und Blüte der meisten Prachtstauden relativ bekannt sind, sind viele Wildstauden immer noch echte Exoten im Garten. Mit ihren Blütenformen und -farben wirken sie zwar nicht so auffällig wie Prachtstauden, bei näherem Hinsehen zeigen sie jedoch häufig eine außergewöhnliche Schönheit.

Steingartenstauden für trockene, sonnige Lagen

Name	Botanischer Name	Blütezeit	Blütenfarbe	Höhe in cm	Besonderheit	Stück/m²
Blaukissen	*Aubrieta*-Hybriden	IV–V	Lila, Violett, Samtrot, Dunkelrosa	10–15	beliebte Polsterpflanze, nach der Blüte stark zurückschneiden, sonst nach einigen Jahren von innen tonsurartiges Verkahlen	16
Gänsekresse	*Arabis caucasica*	IV–V	Weiß	20	bildet hübsche Teppiche	16
Küchenschelle ☠	*Pulsatilla vulgaris*	III–IV	Violett	20	alpine Frühlingsboten mit liebenswerten Glockenblüten. Achtung: leicht giftig!	16
Polsterphlox	*Phlox subulata*	IV–V	Rosa, Blau, Rot, Violett, Weiß	15	bildet leuchtend bunte Kissen, auch gut für Wegeinfassungen geeignet	12
Sonnenröschen	*Helianthemum-Hybriden*	VI–VIII	Gelb, Rot	20	trägt viele zierliche Blüten auf grauem oder dunkelgrünem Laub	12
Steinkraut	*Alyssum saxatile*	V–VI	Gelb	30	robuste, langlebige Polsterpflanze mit üppiger, nach Honig duftender Blütenfülle	16

Akelei – edel in Form und Farbe.

Gestalten mit Prachtstauden

► **Formale Gestaltung:** Bei formaler Gartengestaltung werden Staudenbeete oft als wegbegleitende Rabatten eingesetzt (Seite 121). Staudenbeete können Sitzplätze und Zierbecken (Seite 202) einrahmen.

► **Freie Gestaltung:** Bei freier Gartengestaltung werden Staudenbeete als eigene Schwerpunkte gesetzt. Am besten wirken sie vor einem Hintergrund, etwa einer Strauch- bzw. Heckenpflanzung oder einer Wand. Je nach Farbe des Hintergrunds, z. B. eine dunkelgrüne Eibenhecke, wird die Farbwirkung der Blüten und Blätter noch verstärkt.

► **Naturnahe Gestaltung:** Bei einer naturnahen Gestaltung bietet es sich an, ein Staudenbeet von etwa 10 m² langsam in die freie Natur übergehen zu lassen. Den Saum bilden hierbei stark wachsende Wildstauden, die jedoch genügend Raum zum Ausbreiten brauchen.

Farbenprächtige Stauden.

Stauden pflanzen

Stauden werden im Fachhandel in 8 x 8 cm großen Töpfen angeboten und in Gruppen mit drei bis fünf Exemplaren im Abstand von etwa

Margeriten und Salbei.

Ein Beet braucht viel Pflege.

10 cm gepflanzt. So wachsen die Pflanzen während der nächsten drei Jahre zu einer großen Pflanze zusammen, dem so genannten Stock, und die Blüte wird immer üppiger. Nach spätestens fünf Jahren lässt die Blüte bei den meisten Pflanzen jedoch wieder nach, und die Staude zeigt erste Ausfallserscheinungen. Spätestens dann sollten Sie den Stock herausnehmen, mit dem Spaten in vier Teile teilen und die Teile getrennt voneinander wieder einsetzen. Dieser Zyklus trifft nicht auf alle Stauden zu – die Pfingstrose etwa kann lange an einem Standort bleiben –, durch Beobachtung erkennen Sie aber bald, welche Stauden umgesetzt werden müssen.

Stauden pflegen

Stauden brauchen nicht nur einen geeigneten Standort, sondern auch kontinuierliche, aber leichte Pflege, damit sie gut gedeihen:

► Halten Sie den Boden vor allem bei einer jungen Pflanzung durch regelmäßiges Hacken unkrautfrei, da die Konkurrenz der Wildkräuter den Stauden sonst allzu sehr zusetzt.

► Schützen Sie insbesondere junge Stauden vor Schneckenfraß.

► Binden Sie höher wachsende Stauden auf, damit sie bei Regen und Wind nicht umgeknickt werden. Entsprechende Stäbe und Ringe finden Sie im Fachhandel.

► Wichtig für ein gesundes Wachstum ist ein aktives Bodenleben. Das können Sie fördern, indem Sie den Boden regelmäßig mit Kompost oder kompostierter Rinde mulchen.

► Im Sommer sind zudem regelmäßiges Gießen und Düngen unerlässlich, wobei Sie die richtigen Düngemengen der Packungsanweisung entnehmen können.

Gestaltung des Staudenbeets

Sie können Ihr Staudenbeet nach verschiedenen Aspekten – von der Blütezeit bis hin zur Blattfarbe, -form und -größe – zusammenstellen oder auch ganz nach eigenem Geschmack miteinander kombinieren. Einige Grundregeln sollten Sie jedoch bei Ihrer Planung beachten:

► Wählen Sie Ihre Stauden nicht nur nach der Blüte aus. Da die Blütezeit in der Regel bereits nach etwa vier Wochen vorbei ist, fallen die Blätter bzw. die Wuchsformen der Pflanzen sehr viel länger ins Auge!

Tipp
Staudenbeete

Größe und Form

► Staudenbeete sollten sich in Größe und Form harmonisch in das Gesamtkonzept des Gartens einfügen:

► **Größe:** Weil sich die Wirkung eines Beets im Laufe der Jahre verstärkt, ist es ratsam, zuerst mit einer kleineren Fläche zu beginnen und diese bei Bedarf zu vergrößern.

► **Form:** In formal gestalteten Gärten werden eher geometrische Formen verwendet, bei der freien Gestaltung passen dagegen geschwungene Formen besser.

Gleichzeitige Blütezeit sorgt für wahre Blütenpracht im Staudenbeet.

► Achten Sie darauf, dass die Wuchs- und Blattformen ein abwechslungsreiches Zusammenspiel ergeben. Hier zählt vor allem der persönliche Geschmack.

► Wichtig bei der Pflanzenauswahl ist außerdem ein ausgewogenes Verhältnis der Größen, damit das Beet räumlich ausgefüllt wirkt: Beim Aufbau eines Staudenbeets wird zwischen Leitstauden und Begleitstauden unterschieden.

► Als Leitstauden bezeichnet man hohe Pflanzen mit einer attraktiven Blüte wie z. B. Pfingstrosen, Phlox und Sonnenbraut, die als optische Schwerpunkte gezielt platziert werden und dabei einen großzügigen Einzelstand bekommen.

► Zu den Leitstauden gibt es die jeweils passenden Begleitstauden, die in Blütezeit, -form und -farbe harmonieren. Noch vorhandene Lücken können Sie mit Füllstauden und Sommerblumen bepflanzen, die einen farbigen Untergrund im Beet schaffen.

Unterschiedliche Wuchshöhen.

Zartes Rosa Ton in Ton.

► Ist das Beet nur von einer Seite her einsehbar, platzieren Sie die größeren Stauden am besten nach hinten und die kleineren nach vorn. Wird das Beet dagegen als »Insel« angelegt, kommen die Leitstauden besser in der Mitte des Beets zur Geltung, während die Begleitstauden drumherum gepflanzt werden.

Blütezeiten

Weil sich die Blütezeiten der Stauden über das ganze Jahr verteilen, können Sie bei geschickter Pflanzenwahl stets einen blühenden Horst im Staudenbeet haben. Natürlich sind auch Kombinationen aus mehreren gleichzeitig blühenden Arten möglich, sodass Sie zur Blütezeit dann ein regelrechtes Feuerwerk mit verschiedensten Farben haben.

Blütenfarben, -größen und -formen

Damit Ihr Staudenbeet das ganze Jahr hindurch attraktiv bleibt, kombinieren Sie am besten Stauden, die nicht nur farblich, sondern auch in ihrer Wuchsform und ihrem Blattschmuck gut zusammenpassen:

► Mit Ton-in-Ton-Blütenfarben können Sie – ganz besonders in formal

Weiß ist nicht gleich Weiß.

gestalteten Gärten – optisch markante Schwerpunkte setzen.

► Sollten Sie eher bunte Farbmischungen bevorzugen, dann kombinieren Sie am besten Pflanzen mit unterschiedlichen Blütenständen miteinander, beispielsweise Sonnenblumen und Rittersporn.

Pflanztipp
Stauden

Staudenkombinationen

► Bewährte schöne Stauden, deren Form, Blätter und Blüten sehr gut zusammenpassen, sind:

► Margerite (Weiß) und Phlox (Rottöne)

► Primeln (vielfarbig) und Storchschnabel (Weiß, Rosa)

► Salbei (Blau) und Frauenmantel (Gelb)

► Rittersporn (Blau) und Pfingstrose (Rot)

► Schafgarbe (Weiß) und Goldfelberich (Gelb)

► Indianernessel (Rottöne) und Astern (vielfarbig)

► Sonnenhut (Gelb mit braunem Hut) und Goldrute (Gelb)

► Kissenaster (Rosa, Violett) und Fetthenne (Rot, Rosa).

Ton-in-Ton-Stauden (rosa)

Art	Botanischer Name	Blütezeit	Blatthöhe/Blütenhöhe	Blütenstand
Bergaster	*Aster amellus*	VII–IX	ca. 50 cm	einfache oder gefüllte Korbblüten
Blutweiderich	*Lythrum salicaria*	VII–IX	60/100 cm	aufrechte Blütenstände
Gelenkblume	*Physostegia virginiana*	VII–IX	60/120 cm	kleine Blütenrispen
Japanische Anemone	*Anemone-Japonica-Hybriden*	VII–X	30/80 cm	einfache oder gefüllte Becherblüten
Kriechendes Schleierkraut	*Gypsophila paniculata*	VI–VIII	60/100 cm	viele kleine einfache Einzelblüten
Purpursonnenhut	*Echinacea purpurea*	VII–IX	50/70 cm	Korbblüten
Präriemalve	*Sidalcea-Hybriden*	VII–IX	50/100 cm	einfache Becherblüten

Ton-in-Ton-Stauden (blau)

Art	Botanischer Name	Blütezeit	Blatthöhe/Blütenhöhe	Blütenstand
Blaue Glockenblumen	*Campanula glomerata*	VI–VIII	50/60 cm	aufrechte Blütenstände mit glockenähnlichen Einzelblüten
Ehrenpreis	*Veronica longifolia*	VII–IX	60/100 cm	aufrechte Blütenrispen
Katzenminze	*Nepeta racemosa*	VI–IX	20/30 cm	viele luftige Blütenrispen
Prachtstorchschnabel	*Geranium x magnificum*	VI–VII	40/60 cm	viele größere einzelne Becherblüten
Skabiosen	*Scabiosa caucasica*	VI–IX	60/80 cm	große, gefranste einzelne Korbblüten
Sommersalbei	*Salvia nemorosa*	VI–VIII	40/60 cm	aufrechte Rispen

► Auch durch das Zusammenspiel verschiedener Wuchshöhen lässt sich ein schöner optischer Spannungsbogen erzielen, ebenso durch die unterschiedlichen Blattgrößen und –formen:

► Während Blätter mit gleicher Größe (z. B. Hosta und Funkie) gut miteinander harmonieren, bringen die verschiedenen Blattformen (z. B. gefiederte und lanzettliche Blätter) eine interessante Spannung in das Erscheinungsbild.

► Die Blattfarben der Stauden reichen von Silbrig-Grau über sämtliche Grüntöne bis hin zu Rot und Blau. Sie unterstützen die Wirkung der Blüten und bringen zusätzliche Abwechslung ins Staudenbeet.

Zwiebel- und Knollenpflanzen

Noch abwechslungsreicher wird Ihr Staudenbeet mit den bunten Zwiebel- und Knollenpflanzen, die nicht an einen bestimmten Gartenstil gebunden sind, sondern zu jeder Gestaltung passen. Vor allem in naturnahen Gärten und Bauerngärten fügen sie sich harmonisch in die Gesamtpflanzung ein und ergänzen so die Vielfalt der Stauden. Wie Wildstauden sind auch viele Zwiebel- und Knollenpflanzen an spezielle Standorte angepasst und haben Waldränder, Wiesen und trockene Standorte erobert. Manche Arten wurden aber wie Prachtstauden züchterisch bearbeitet und fühlen sich deshalb nur im Stauden- oder Rosenbeet wohl. Im Garten unterscheidet man zwischen den frühjahrsblühenden und den sommerblühenden Arten:

Pflanztipp
Stauden

Staudenbeet für Anfänger

Beginnen Sie am besten mit einem Sortiment robuster, einfacher Stauden und beobachten Sie deren Entwicklung über mehrere Jahre, damit Sie ein Gespür dafür bekommen, welche Pflanzen am besten in Ihrem Staudenbeet gedeihen und auch gut zusammenpassen.

Frühlingsboten: Tulpen…

… und leuchtende Narzissen.

► Frühjahrsblühende Zwiebelpflanzen wie Tulpen, Narzissen oder Hyazinthen werden im Herbst gesetzt. Mit ihnen bringen Sie ab März die ersten Farbtupfer in den Garten.
► Sommerblühende Knollen- und Zwiebelpflanzen wie Dahlien, Gladiolen und Lilien werden im Frühjahr gepflanzt und bereichern das Staudenbeet mit ihren auffallenden, üppigen Blüten.
Im Gegensatz zu den Stauden haben Zwiebel- und Knollenpflanzen keinen Wurzelstock, sondern Zwiebeln oder Wurzelgeflechte (z. B. Maiglöckchen), aus denen sie sich immer wieder erneuern. Dabei bilden sie vorrangig Blätter aus, und nur wenn sie genügend Nährstoffe gespeichert haben, können sich auch Blüten entwickeln. Nach der Blüte ziehen sie sich wieder zurück und lassen ihre Blätter braun werden und absterben (»einziehen«). Bei diesem Einziehen der Blätter sammeln die Pflanzen die Nährstoffe, die sie für das nächste Jahr brauchen.

Zwiebelpflanzen zum Verwildern

Neben den züchterisch bearbeiteten Arten gibt es einige Zwiebelpflanzen, die im lichten Schatten großer Bäume zu Hause sind und ihren Wildcharakter bewahrt haben. An geeigneten Standorten neigen sie zum Verwildern, indem sie sich durch Samen und Tochterzwiebeln weitläufig ausbreiten und bald ganze Flächen bedecken. Für einen solchen bunten Teppich im Frühjahr muss der Standort jedoch bestimmte Voraussetzungen erfüllen, damit sich die Pflanzen dort ausbreiten können:
► Prüfen Sie, ob der Boden nicht zu stark von Bäumen und Sträuchern durchwurzelt ist. In diesem Fall haben die Zwiebelpflanzen keine Chance sich auszubreiten.
► Sind die Voraussetzungen günstig, setzen Sie am besten Tuffs aus drei

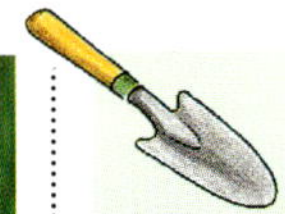

Pflanztipp
Zwiebelpflanzen

Der richtige Standort

► Im Stauden- und Rosenbeet gedeihen am besten Tulpen, Kaiserkronen, Lilien, Dahlien und Gladiolen.
► Im Schatten unter Bäumen wachsen u. a. Blausternchen, Märzenbecher, Winterling, Anemonen, Schneeglöckchen und Maiglöckchen.
► Auf Rasen- und Wiesenflächen fühlen sich vor allem Krokus, Narzissen (Osterglocken) und Hyazinthen wohl.

Robuste Beetstauden für Anfänger

Art	Botanischer Name	Blütezeit	Blatt-/Blütenhöhe	Blütenfarbe	Blütenstand.
Fetthenne	*Sedum telephium*	VII–X	30/40 cm	Rot, Rosa	große, zusammengesetzte Blütendolden
Gemswurz	*Doronicum orientale*	IV–V	40/60 cm	Gelb mit dunkelgelbem Auge	einfache Korbblüten
Herzblume	*Dicentra spectabilis*	IV–VI	50/80 cm	Rot, Rosa, Weiß	lange Blütenstiele mit auffälligen Einzelblüten
Schafgarbe	*Achillea millefolium/filipendula*	VI–IX	40/60 cm	Rot/Gelb	große zusammengesetzte Blütendolden
Türkenmohn	*Papaver orientale*	V–VII	40/80 cm	Rot, Orange, Weiß	einfache Becherblüten
Sonnenauge	*Heliopsis helianthoides var. scabra*	VI–IX	70/170 cm	Gelb	einfache oder gefüllte Korbblüten
Sonnenhut	*Rudbeckia fulgida*	VIII–X	60/100	Gelb bzw. Rot mit schwarzem Hut	einfache Korbblüten

Zwiebelpflanzen zum Verwildern					
Art	**Botanischer Name**	**Höhe**	**Blütezeit**	**Blütenfarbe**	**Besonderheiten**
Anemone	*Anemone nemorosa*	ca. 20 cm	II–IV	Weiß mit gelbem Auge	braucht feuchte Plätze
Blausternchen	*Scilla sibirica*	ca. 25 cm	III–V	Blau	leicht giftig
Maiglöckchen	*Convallaria majalis*	ca. 15 cm	V–VI	Weiß	immergrüne Blätter, sehr giftig
Schneeglöckchen	*Galanthus nivalis*	ca. 15 cm	II–IV	Weiß	leicht giftig
Traubenhyazinthe	*Muscari armeniacum*	ca. 20 cm	IV–V	Blau	giftig
Wildkrokus	*Crocus vernus*	ca. 10 cm	II–IV	Gelb und andere Farben	leicht giftig
Wildtulpe	*Tulipa in Arten*	ca. 30 cm	IV–V	Rot und andere Farben	auch für Beete und Steingärten geeignet

bis fünf verschiedenen Arten in ausreichendem Abstand und bedecken den Boden anschließend mit einer 5 cm dicken Mulch- oder Moderschicht aus altem Laub.

Zwiebeln und Knollen pflanzen

► Zwiebelpflanzen kommen am besten in großen Gruppen, so genannten Tuffs, zur Geltung. Ein Tuff besteht je nach Größe der Pflanzen aus etwa 15 bis 30 Exemplaren.
► Sie können die Tuffs einzeln im Garten verstreuen, sodass sie wie verwildert wirken. Oder Sie kombinieren mehrere Tuffs an einem Platz miteinander, sodass ein geordnetes Beet entsteht.
► Sommerblühende Zwiebel- und Knollenpflanzen kommen am besten in einem Staudenbeet zur Geltung.
► Pflanzen Sie Zwiebeln nur an geeignete Standorte. Bei der Pflanztiefe können Sie sich nach den Angaben auf der Packung richten.
► Zwiebelpflanzen vertragen keine Staunässe. Sorgen Sie deshalb mit Sand, Kies oder Bauschutt für einen ausreichend durchlässigen Boden.
► Zwiebelpflanzen sind vor allem durch Wühlmäuse gefährdet. Entsprechende Schutzkörbe gibt es im Fachhandel.
► Lassen Sie die einziehenden Blätter nach der Blüte stehen und düngen Sie die Pflanzen erst nach der Blüte. So können die Pflanzen die Nährstoffe für das nächste Jahr speichern und Sie sichern sich so schon vorab eine reiche Blüte.

Ein fröhlicher Saum von Tulpen entlang eines Weges.

Zwiebeln und Stauden kombinieren

Durch die einziehenden Blätter bieten Zwiebel- und Knollenpflanzen nach der Blüte keinen besonders schönen Anblick. Dies lässt sich aber durch eine geschickte Kombination von Zwiebeln und Stauden kaschieren, da das einziehende Laub der Zwiebelpflanzen zu diesem

Narzissen und Magnolien.

Zeitpunkt von den gerade austreibenden Stauden verdeckt wird.

► Im Staudenbeet können Sie mittelhohe Stauden und Sommerblumen in und um die Zwiebelpflanzentuffs platzieren.

► Im Rosenbeet können Sie reichlich einjährige Sommerblumen wie Vergissmeinnicht und Goldlack dazwischen pflanzen, die sich von selbst aussamen. Eine andere Möglichkeit sind noch die typischen Rosenbegleiterstauden Salbei und Lavendel (Seite 95).

► Im schattigen Bereich unter Bäumen können Sie schattenverträgliche Wildstauden (Seite 76) und Farne zwischen die Tuffs setzen. Hier sollten Sie allerdings darauf achten, dass schwächere Pflanzen nicht verdrängt werden.

Farne

Diese urzeitlichen Pflanzen beeindrucken nicht wie Stauden und Sommerblumen durch eine auffällige Blüte, sondern durch ihre ruhige Gesamterscheinung. Sie können einzeln als Solitärs oder in Gruppen von drei bis sieben Pflanzen gesetzt werden. Sehr eindrucksvoll ist aber auch eine Pflanzung mit mindestens drei verschiedenen Farnarten.
Farne verbreiten sich nicht durch Samen oder Zwiebeln, sondern über Sporen, die sich an den Unterseiten der Farnwedel entwickeln. Die meist einjährigen Wedel färben sich im Herbst in unterschiedlichen Farben und schützen die jungen Wedel, die schon im Herbst in Schneckenform aufgerollt angelegt werden.

► Mit ihrer anmutigen Schönheit passen Farne sehr gut in moderne, frei gestaltete Gärten, Bauerngärten und naturnahe Gärten.

► Die aufrecht wachsenden Farnwedel kommen optimal zur Geltung,

Wurmfarn an Trittplatten.

wenn Sie sie in niedrig wachsende Wildstaudenflächen wie etwa Taubnessel, Waldmeister oder Efeu setzen.

► Eine sehr schöne jahreszeitliche Ergänzung sind frühjahrsblühende Zwiebelpflanzen, die zum Verwildern neigen (Seite 82) und bereits blühen, wenn von den Farnen noch nicht viel zu sehen ist.

► Anstelle einer gemischten Wildstaudenpflanzung können Sie auch nur Farne miteinander kombinieren und damit eine formale, ruhige Wirkung erzielen. Durch geschicktes

Achtung: Manche Farne neigen bei geeignetem Standort zum Wuchern.

Die schönsten Farne

Name	Botanischer Name	Höhe in cm	Standort/Boden	Besonderheit	Stück/m²
Frauenfarn	*Athyrium filix-femina*	70–90	humoser Boden	robuster, heimischer Farn mit fein gefiederten hellgrünen Wedeln	3
Frauenradfarn (Hufeisenfarn)	*Adiantum pedatum*	50	leicht saurer, frischer bis feuchter Boden	wirkt durch die fein gefiederten, hufeisenförmig gebogenen Wedel sehr zierlich	7
Hirschzungenfarn	*Phyllitis scolopendrium*	40	humoser Boden	glänzend, immergrün, robust; trägt seinen Namen, weil das Blatt im Gegensatz zu anderen Farnen nicht gefiedert ist	8
Königsfarn	*Osmunda regalis*	120–180	schwach saurer, leicht feuchter Moorboden (Seite 191)	langlebig; trägt seinen Namen wegen seiner großen, eindrucksvollen Gestalt	1–3
Trichterfarn	*Matteucia struthiopteris*	80	liebt hohe Luftfeuchtigkeit und fühlt sich daher in Wassernähe wohl, breitet sich an geeigneten Standorten stark aus	bildet mit den Wedeln schlanke Trichter, die bei Trockenheit häufig gewässert werden müssen, damit sie nicht welken und dann knicken	3
Tüpfelfarn	*Polypodium vulgare*	20	leicht saurer Boden, wächst auch auf Bäumen	im Winter ein hübscher Anblick, da er wintergrün ist	12
Weicher Schildfarn	*Polystichum setiferum*	40–60	benötigt milde Winter (Weinbauklima) und hohe Luftfeuchtigkeit, deshalb idealer Standplatz an Teich oder Bachlauf	immergrün	7
Wurmfarn ☠	*Dryopteris filix-mas*	100	humoser Boden	hat seinen Namen von der Wirkung der Wurzeln, die gegen Bandwürmer helfen; beliebter, robuster, hoher Farn, der größere Bestände bildet; die Pflanze ist schwach giftig!	3

Platzieren von einigen großen Findlingen (Seite 184), Trittplatten aus Naturstein (Seite 127) und Moospolstern lässt sich der Effekt noch verstärken.

► Noch strenger und konstruierter wirkt die etwas bizarre Kombination von Farnen mit schattenverträglichen Waldgräsern wie Japansegge, Marbel oder Breitblattsegge.

► Besonders schön sind auch die winter- und immergrünen Farne, die aufgrund ihrer Winterwirkung am besten im Vorgarten oder nahe der Terrasse platziert werden.

Der richtige Standort

Als Waldpflanzen im lichten Schatten von Bäumen – manche Arten vertragen auch direkte Sonne – benötigen Farne einen stets feuchten, humosen Moderboden. Hilfreich ist außerdem eine leichte Mulchschicht, die die Feuchtigkeit bewahrt.

► Farne gedeihen im Gegensatz zu den meisten anderen Pflanzen auch an schattigen Plätzen, beispielsweise an schattigen Häuserecken, an Nordseiten von Häusern und in dunklen Nischen und Winkeln.

Zu enger Stand: Farne und Funkien.

► Der Erfolg einer Farnpflanzung hängt maßgeblich vom gewählten Standort ab, wobei Wurmfarn, Hirschzungenfarn und Frauenfarn noch weitgehend unproblematisch sind. Bei anderen Arten ist es aber wichtig, die jeweiligen Standortansprüche genau zu beachten.

Gräser am Ufer im Kiesbett schaffen eine spirituelle Atmosphäre.

Farne pflanzen und pflegen

► Farne stellen exakt die gleichen Ansprüche an den Boden wie Zwiebelpflanzen zum Verwildern (Seite 82). Wenn der Boden nicht ausreichend mit Humus versorgt ist, können Sie ihn mit Rindenhumus, Torf und Kompost aufbessern.

► Achten Sie bei der Pflanzung auf ausreichenden Abstand (ca. 80 cm), damit sich die hohen Pflanzen möglichst wenig berühren.

► Lassen Sie die alten Wedel den Winter stehen und schneiden Sie sie erst im Frühjahr ab. Das garantiert neuen kräftigen Wuchs.

► Bestimmte Farnarten neigen zum Wuchern, sodass Sie diese Pflanzen hin und wieder teilen und umsetzen sollten (Seite 79).

Hoch aufragende Farne in natürlicher Umgebung.

Ziergräser

Die zarte, filigrane Wirkung der Ziergräser entsteht durch ihre lanzettlichen Blätter und die feinen Halme mit den schlanken Blütenrispen. Zwar sind nicht alle Gräser immergrün, im Gegensatz zu den meisten anderen Pflanzen wirken sie aber auch im Winter ausgesprochen dekorativ im Garten.

► Im Staudenbeet bildet ihre strenge, gediegene Erscheinung einen angenehmen optischen Ruhepunkt zum oft diffusen Erscheinungsbild der Stauden.

► Auch Teiche und Kiesbeete erhalten durch Gräser – in Ergänzung zu Stauden und kleinen Gehölzen – einen attraktiven filigranen Blattschmuck.

Schöne Ziergräser für den Garten

Name	Botanischer Name	Höhe in cm	Licht-/Bodenverhältnisse	Farbe/Aussehen/Besonderheit	Blütezeit	Stück/qm
Blauschwingel	*Festuca cinerea*	25–50	Sonne bis Halbschatten, trockener Boden	blaues Laub, wächst weniger hoch, dafür aber lockerer als der Blaustrahlhafer	V–VII	12
Breitblattsegge	*Carex plantaginea*	25–40	braucht leichten, frischen Boden im Halbschatten bis Schatten	wintergrünes Gras mit 2 cm breiten, hellgrünen Blättern	V–VI	12
Lampenputzer-gras	*Pennisetum compressum* ›Hameln‹	60	Sonne, verträgt keine lange Trockenheit	sehr schöne Blüten in Form weißer Ähren, die erst im Spätsommer/Herbst erscheinen und an Flaschenbürsten erinnern	IX–X	5
Pampasgras	*Cortaderia selloana*	80–200	Sonne, nährstoffreicher, durchlässiger Boden, reichlich Wasser, im Winter trocken halten	Gras aus der südamerikanischen Pampa mit großen, silbrig weiß schimmernden Blütenbüscheln; um den Wurzelballen im Winter vor starkem Bodenfrost zu schützen und Niederschläge abzuleiten, die Halme im Winter oben zusammenbinden; Solitärpflanze	IX–X	1
Reitgras	*Calamagrostis x acutiflora* ›Karl Förster‹	100–150	Sonne bis Halbschatten, mäßig trockener bis frischer Boden	nach der Blütezeit (schöne Blüten!) folgt schöne Herbstfärbung in warmen Gelb- und Brauntönen	VII–VIII	3
Schneemarbel	*Luzula nivea*	20–40	Halbschatten, humoser Waldboden	reinweiße Blütenstände, die lockeren, großen Schneeflocken ähneln; feines, immergrünes Laub	VI–VIII	12
Waldmarbel	*Luzula sylvatica*	20–40	Halbschatten, humoser Waldboden	einheimische Waldart mit mehreren Sorten: ›Marginata‹ mit schmalen, weißen Blatträndern, ›Tauernpass‹ bildet breitere Horste	V–VI	12

► Durch die Kombination von verschiedenen Gräsern kann sogar eine richtige Graslandschaft entstehen, die durch die Verwendung von Kies und größeren Steinen zusätzlich betont wird.

► Sehr auffällig sind Riesengräser wie Chinaschilf, Pampasgras und Reitgras, die 1 bis 2 m hoch werden. Diese Gräser brauchen wegen ihrer Größe einen Einzelstand und können ebenso imposant wie ornamentale Stauden wirken (Seite 76).

► Die Farbpalette der Gräser variiert und reicht von Grün und Beige bis hin zu Bräunlich, manche Arten sind aber auch bläulich oder rot gefärbt. Außerdem findet bei den Gräsern je nach Witterungsverhältnissen oder Jahreszeit häufig auch ein leichter Farbwechsel von Grün- zu Braun- bzw. Rottönen statt.

Lampenputzergras.

Blauschwingelgras.

Der richtige Standort

Gräser sind genauso wie Wildstauden an verschiedene Standorte angepasst und besiedeln je nach Art ebenso schattige Waldränder oder feuchte Wiesen und Ufer wie auch trockene, steppenähnliche Regionen. Aus diesem Grund können die Pflanzen auch im Garten sehr vielseitig eingesetzt werden:

► Für trockene Standorte und Steingärten eignen sich Bärenfellschwingel, Blauschwingel, Perl- und Schillergras, die einen sehr durchlässigen Boden brauchen (Seite 13).

► In schattigen, feuchten Lagen gedeihen Marbeln, Breitblattsegge und Japansegge. Ebenso wie Farne benötigen sie einen feuchten, humosen Moderboden, am besten mit einer leichten Mulchschicht, die die Feuchtigkeit bewahrt. Einen humusarmen Boden können Sie durch Einbringen von Rindenhumus, Torf und Kompost aufbessern.

► Im Staudenbeet wachsen Lampenputzergras, Reitgras, Rutenhirse, Schillergras und Süßgras, die etwas trockener gehalten werden sollten als die Stauden.

Mit Gräsern gestalten

Durch ihre Vielseitigkeit lassen sich Ziergräser im Garten mit unterschiedlichen Pflanzen kombinieren:

► Im Staudenbeet passen Ziergräser gut zu entsprechend hoch wachsenden Stauden. Setzen Sie aber nicht mehr als drei Pflanzen pro m^2.

► Im Rosenbeet kommen Gräser wie Bärenfellschwingel, Blaustrahlhafer und Lampenputzergras gut zur Geltung. Dort sollten sie aber nicht alleine stehen, sondern von Sommerblumen und Stauden begleitet werden.

► Im lichten Schatten unter Bäumen können Sie wie bei Zwiebeln zum Verwildern (Seite 82) mehrere Tuffs aus verschiedenen Arten pflanzen. Wichtig ist, dass sich die Pflanzen dabei nicht berühren.

Pflanztipp
Gräser

Getreide einmal anders

Gräser sind eine sehr alte und sehr einfache Pflanzenordnung, mit meist einjährigem Zyklus und Windbestäubung. Alle unsere Getreidearten wie Reis, Roggen, Gerste, Hafer, Weizen, Mais und Hirse wurden aus Wildgräsern gezüchtet. Getreide macht sich auch im Staudenbeet gut und wächst sehr schnell. Geeignetes Saatgut erhalten Sie im Fachhandel für die Landwirtschaft. Die getrockneten Halme mit den Fruchtständen (Rispen) eignen sich hervorragend für Trockensträuße. Aus den Halmen lassen sich zudem zu Ostern schöne Osternester basteln.

Gräser pflanzen und pflegen

► Je nach Art ziehen die Ziergräser im Herbst ihr Laub ein oder bekommen eine kräftige Färbung, die oft den ganzen Winter anhält. In letzterem Fall sollten Sie die alten Blätter erst im Frühjahr entfernen, da sie den Wurzelstock im Winter schützen.

► Gräser entwickeln sich je nach Art in drei bis sieben Jahren. Dann beginnen die Pflanzen abzubauen und sollten geteilt werden (Seite 79).

Chrysanthemum ist eine allseits beliebte Trogbepflanzung.

Einjährige Sommerblumen

Einjährige Sommerblumen entwickeln im Gegensatz zu Stauden keinen winterharten Wurzelstock, aus dem sie sich regenerieren. Sie sterben nach der Blüte bzw. mit den ersten Frösten ab. Stattdessen wird die Erhaltung der Art über eine rasche Blüte und eine ausgiebige Samenproduktion gesichert. Der Grund: Zahlreiche Sommerblumen kommen ursprünglich aus Ländern mit ausgeprägten Trockenzeiten, und nach einem Regen keimen dort viele Samen aus, die in der Erde überdauert haben. Allerdings bleibt den jungen Pflanzen nicht viel Zeit für ihre Entwicklung, denn die nächste Trockenzeit folgt bald. Deshalb wachsen und blühen bzw. fruchten sie besonders schnell. In einer solchen Umwelt hätte es also keinen Sinn, einen festen Wurzelstock zu bilden – er würde in der nächsten Dürreperiode vertrocknen. Stattdessen entwickeln Einjährige ein ausgiebiges Geflecht aus Faserwurzeln, um sich rasch mit Nährstoffen zu versorgen.

Kräftiges Rosa einer Malve.

Strahlende Sonnenblume.

Gestalten mit Sommerblumen

Vor allem in naturnahen und mediterranen Gärten, aber auch in Bauerngärten, in denen viel mit Farbe gespielt wird, sind Sommerblumen am besten aufgehoben:

► In frisch angelegten Staudenbeeten können Sommerblumen – solange die jungen Stauden noch nicht zusammengewachsen sind –, unschöne Lücken schließen.

► Durch kriechende Sommerblumen, die als Bodendecker in neue Staudenbeete gesetzt werden, lässt sich außerdem verhindern, dass der nackte Boden zwischen den Stauden austrocknet oder sich an diesen Stellen Unkraut ansiedelt.

► Zudem eignen sich Sommerblumen ideal für die Bepflanzung von Ampeln, Trögen und Töpfen. Sie müssen zwar jedes Jahr neu gepflanzt werden, haben aber im Vergleich mit den ausdauernden Stauden eine erheblich längere Blütezeit. Manche Einjährige wie Tagetes, Ringelblume und Vergissmeinnicht vermehren sich durch Samen so stark, dass sie bald überall im Garten auftauchen, vor allem in den Beeten. Solange sie keine anderen Pflanzen bedrängen, können sie dort als kostenlose Bodendecker bleiben, und störende Pflanzen lassen sich durch Herausziehen ganz einfach beseitigen.

Kapuzinerkresse eignet sich hervorragend, um Zäune zu beranken.

Pflanztipp
Sommerblumen

Eigene Anzucht

Einjährige Sommerblumen werden im Handel nur kurz von April bis Mai angeboten, sodass das Angebot schnell ausverkauft ist. Die Restbestände werden dann spätestens im Juni abgeräumt, wenn die rasch wachsenden Pflanzen aus den kleinen Töpfen herausgewuchert sind. Wenn Sie sich also intensiver mit Sommerblumen beschäftigen wollen, lohnt sich die eigene Anzucht, zumal das Saatgut im Fachhandel für wenig Geld zu haben ist. Außerdem können Sie dann meist sogar unter verschiedenen Sorten wählen, was bei vorgezogenen Pflanzen nicht immer der Fall ist.

Vielseitige Sommerblumen

Sommerblumen bestechen durch ihre ebenso üppige wie lang anhaltende Blüte: Ob im Beet, an der Hauswand, am Zaun, an der Pergola oder auf dem Balkon – überall dort, wo Raum für einen Farbklecks ist, lassen sich Sommerblumen überaus vielseitig einsetzen:

► **Kriechende und hängende Arten** eignen sich als Bodendecker in Beeten und Pflanzscheiben. In Trögen und Ampeln umspielen sie den Gefäßrand.

► **Halbhohe Arten** (bis 100 cm) lassen sich gut in ein Staudenbeet oder eine kleine Pflanzscheibe einfügen, eignen sich aber auch für Tröge und Kästen.

► **Hoch wachsende Arten** (über 100 cm) wie die Sonnenblume wirken sehr ornamental und brauchen einen Einzelstand mit ca. 3 m² Platz. An Zäunen oder einer Wand kommen sie am besten zur Geltung.

► **Kletternde Arten** sind zur schnellen Begrünung von Spalieren, Zäunen, Säulen und Wänden geeignet und benötigen je nach Art eine geeignete Kletterhilfe.

Pflanzinsel im Pflasterbelag.

Vorkultur auf der Fensterbank

Empfindliche Sommerblumen wie Prunkwinde und Fleißiges Lieschen sind kälteempfindlich und vertragen keine Nachttemperaturen unter 5 °C. Aus diesem Grund müssen diese Sommerblumen ab Februar auf der Fensterbank vorgezogen werden (Seite 112).

Natürlich können aber auch robuste Arten vorkultiviert werden. Auf diese Weise verfrüht sich deren Blüte um ungefähr drei bis vier Wochen.

Sommerblumen pflanzen

Sommerblumen bevorzugen einen frischen, humosen, nährstoffreichen Boden, sodass sie im Garten am besten im Beet aufgehoben sind. Etwas schwieriger wird es, wenn Sie Tröge und Balkonkästen mit Sommerblumen bepflanzen wollen, da den Pflanzen dann nur sehr wenig Erde zur Verfügung steht. Aus diesem Grund sollten Sie nur qualitativ hochwertige Erde für Kästen und Tröge verwenden, sodass der Preis für hochwertige Balkonkastenerde entsprechend hoch ist. Hochwertige Balkonkastenerde enthält neben Torf noch Rindenhumus, Kompost, Ton oder Holzfasern. Empfehlenswert ist deshalb bei Sommerblumen, die ins Gartenbeet gepflanzt werden, eine Grunddüngung, die das Anwachsen der Pflanzen sichert.

Prachtvolle Kosmos mit Besucher.

Sommerblumen pflegen

Da Sommerblumen ausgesprochen schnell wachsen, ist ihr Bedarf an Wasser und Nährstoffen dementsprechend groß:

► Dünger sollte den Sommer über in mehreren Gaben verteilt werden. Dies gilt vor allem für Sommerblumen in Balkonkästen.

► Die Blühfreudigkeit der Pflanzen erhöht sich, wenn Sie verblühte alte Blüten abschneiden. Damit wird die Samenreifung verhindert, und die Pflanze spart Kraft, die sie in neue Blüten investieren kann.

► Sommerblumen machen ihrer Bezeichnung »krautige Pflanzen«, alle Ehre, denn über ihre zahlreichen Blätter verdunsten sie so viel Wasser, dass tägliches Gießen im Sommer nötig sein kann, in Balkonkästen eventuell sogar zweimal täglich. Lassen Sie die Pflanzen unter keinen Umständen austrocknen, denn sie erholen sich davon nur sehr langsam – im schlimmsten Fall gar nicht!

Kriechende und kletternde Einjährige				
Art	**Botanischer Name**	**Höhe**	**Blütenfarbe**	**Besonderheiten**
Duftsteinrich	*Lobularia maritima*	ca. 10 cm	Weiß	honigsüßer Duft
Duftwicke	*Lathyrus odoratus*	bis 200 cm	meist gemischtfarbig	duftend, leicht giftig
Japanischer Hopfen	*Humulus japonica*	bis 600 cm	Weißlich	auch für Nordseiten geeignet
Männertreu	*Lobelia erinus*	ca. 20 cm	Blau, auch Weiß und Rot	gut für Tröge und Kästen geeignet
Prunkwinde	*Ipomoea tricolor*	bis 300 cm	Blau, Weiß, Rot	Verwechslung mit der weißblühen den Ackerwinde möglich, die leicht zum Unkraut werden kann
Schleierkraut	*Gypsophila elegans*	30–100 cm	Weiß, Rosa	gut als Lückenfüller geeignet

Halbhohe und hohe Einjährige				
Art	**Botanischer Name**	**Höhe**	**Blütenfarbe**	**Besonderheiten**
Bechermalve	*Lavatera trimestris*	ca. 60 cm	Rosa, Weiß	die Trichtermalve hat ähnliche Blüten, wird aber ca. 100 cm hoch
Enziansalbei	*Salvia patens*	ca. 60 cm	Enzianblau	auffällige Blütenrispen
Kornblume	*Centaurea cyanus*	ca. 70 cm	Weiß, Rosa, Blau	lange Blütezeit, für Bauerngärten geeignet
Schmuckkörbchen	*Cosmos bipinnatus*	ca. 100 cm	Weiß, Rottöne	sollte gestützt werden
Sonnenblume	*Helianthus annuus*	200–300 cm	Gelb	schöner Blickfang oder Sichtschutz
Studentenblume	*Tagetes patula Hybriden*	ca. 25 cm	Gelb, Orange, Rotbraun	problemloser Dauerblüher

Sommerblumen aussäen

Die Anzucht von robusten Sommerblumen wie Ringelblume, Schmuckkörbchen, Sonnenblume, Kapuzinerkresse, Feldrittersporn oder auch Vergissmeinnicht ist in der Regel sehr einfach.

► Alle Angaben zu Pflanzabstand und Pflanztiefe finden Sie auf den Samentütchen, die Sie sicherheitshalber immer aufheben sollten.

► Sie können die Samen je nach Pflanzenart ab Mitte/Ende April direkt im Freien in ein vorbereitetes Beet (Seite 104) aussäen. Kleine Samen streuen Sie breitwürfig aus und harken sie leicht unter, größere Samen werden einzeln und etwas tiefer in den Boden gesteckt und mit Erde bedeckt. Die Erde sollte immer leicht feucht gehalten werden. Auch nach dem Aufgehen der Saat muss die Erde stets feucht und unkrautfrei gehalten werden.

► Überzählige Pflanzen entfernen Sie am einfachsten durch Herauszupfen, was in der Fachsprache »Vereinzeln« genannt wird. Auf diese Weise wird der richtige Abstand zwischen den Pflanzen (ist auf dem Samentütchen angegeben!) eingehalten. Das ist wichtig, denn bei einem zu dichten Stand sterben die Sommerblumen ab.

Samen ernten

Ihre Sommerblumen werden reichlich Samen produzieren, den Sie ausreifen und im nächsten Jahr wieder verwenden können:

Die schlichte Schönheit einer Winde.

► Lagern Sie die Pflanzensamen an einem kühlen, dunklen und trockenen Platz.
► Machen Sie vor der Ansaat eine Keimprobe in einem Töpfchen. Geht die Hälfte der Samen auf, lohnt sich das Aussäen.
► Bei selbst geernteten Samen gibt es häufig Überraschungen, da der »Nachwuchs« in der Regel anders aussieht als die »Eltern«: Gekauftes Saatgut sind oft Hybriden, die aus zwei verschiedenen Arten zusammengesetzt sind, sodass die Nachfolgepflanzen wieder das Aussehen der Großelterngeneration annimmt.

Einjährige Wildblumen

Einjährige Wildblumen wie etwa die Winde werden in der Regel als Unkraut bezeichnet, was in Stauden- und Gemüsebeeten sicher zutrifft. An extremen Standorten – sehr schattig und feucht oder sehr trocken und heiß – macht sich ihre »Spezialisierung« dagegen bezahlt: Unter Gehölzen, in Ritzen auf Terrassen und Wegen oder an anderen schwierigen Standorten sind sie eine kostenlose und zugleich äußerst pflegeleichte Begrünung.
► Verwechseln Sie die einjährigen Wildkräuter jedoch nicht mit den dauerhaften Wurzelunkräutern. Während sich diese Einjährigen durch Ausreißen dauerhaft beseitigen lassen, ist dies bei Wurzelunkräutern nicht möglich. Durch Ausreißen gelingt es nämlich selten, die Wurzelgeflechte oder Pfahlwurzeln vollständig zu entfernen, sodass die Pflanzen immer wieder austreiben und so ganze Pflanzungen ruinieren können. Solche Wurzelunkräuter sind z. B. Giersch, Ackerwinde und Quecke, aber auch Löwenzahn und kriechendes Fünffingerkraut können lästig werden.
► Die einjährigen Wildkräuter können Sie unter anderem daran erkennen, dass sie keinen Wurzelstock ausbilden, sondern viele feine, meist weiße Faserwurzeln. Wenn Sie im Staudenbeet Unkraut zupfen, können Sie es auch daran erkennen, dass es sich schon bei leichtem Ziehen lockert.

Leicht zu überwintern und robust: Engelstrompete (Datura).

ZWEIJÄHRIGE SOMMERBLUMEN

Zweijährige Sommerblumen nehmen eine Zwitterstellung zwischen den Einjährigen und den Stauden ein, bei denen es viele fließende Übergänge gibt: Manche Pflanzen können sich als Einjährige, als Zweijährige oder auch als Staude ausbilden.

Zweijährige Sommerblumen

Zweijährige Sommerblumen wie beispielsweise Gänseblümchen oder Goldlack haben einen zweijährigen Lebenszyklus. Das bedeutet, sie bilden im ersten Jahr nur ihre Blätter aus, überwintern anschließend, und erst im zweiten Jahr folgt dann der Blütenschub, bevor die Pflanze im Herbst in der Regel abstirbt. Das Überleben der Art wird wie bei den Einjährigen durch eine üppige Samenproduktion gesichert. Oft sind die Samen sogar schon im Sommer reif und bilden ausgekeimt die Blütengeneration für das nächste Jahr, sodass es keine Unterbrechung bei der Blütezeit gibt.
► Zweijährige Sommerblumen, die im Handel in großer Sortenvielfalt angeboten werden, sind z. B. Stockrose, Marienglockenblume, Vergissmeinnicht, Bartnelke, Fingerhut, Nachtkerze, Hornveilchen und Stiefmütterchen.

Mediterrane Kübelpfanzen

Kübel und Tröge sind Struktur- und Schmuckelemente im Garten. Schon zwei bis drei solitäre Kübelpflanzen können eine Terrasse verzaubern, ein Zierbecken einrahmen. Da die Gefäße mit den Pflanzen transportabel sind, können Sie mediterrane Pflanzen wie Zitrusbäumchen und Palmen einsetzen. In der kalten Jahreszeit bringen Sie sie dann in geeignete Quartiere um überwintern.

Mediterrane Kübelpflanzen in ausgewählten Terracottagefäßen.

Geeignete Gefäße

► Holzgefäße sind je nach Imprägnierung fünf bis zehn Jahre haltbar, bis sie ausgetauscht werden müssen. Dabei können Sie zwischen runden Behältern oder Kastenformen wählen.

► Tongefäße gibt es in verschiedensten Formen und Qualitäten. Dabei unterscheidet man zwischen den etwas teureren offenporigen Terracottatöpfen und den günstigeren, glasierten Töpfen. Wenn die Gefäße im Winter draußen bleiben sollen, muss das Material frostfrei sein.

► Holz- und Tontöpfe haben ein hohes Eigengewicht, sodass größere, mit Erde gefüllte Gefäße kaum noch transportiert werden können. Hier sind qualitativ hochwertige Plastikgefäße eine preisgünstige und leichtgewichtige Alternative. Sie wirken wie Terracotta und sind etwa fünf bis acht Jahre haltbar.

► Betonkübel sind noch schwerer als Holz und Tontöpfe und eignen sich deshalb kaum für den Privatgarten oder Balkon. Um empfindliche Beläge wie Holz oder helle Natur- bzw. Betonsteinplatten zu schützen, sollten Sie die Gefäße nur auf Untersetzer wie etwa Pflastersteine stellen, damit kein Bodenkontakt entsteht.

Winterquartiere

Das ideale Winterquartier ist ein leicht beheizbarer Wintergarten, in dem es höchstens 8 bis 12 °C warm und sehr hell sein sollte. Doch auch andere Plätze im und am Haus wie Treppenhäuser, ungeheizte Schlaf- oder Gästeräume oder kühle Kellerräume mit ausreichend Lichteinfall (kein Heizungskeller!) lassen sich als Winterquartier nutzen, solange sie frostfrei und ausreichend hell sind. In milderen Lagen können mediterrane Kübelpflanzen auch im Freien überwintern. Als Winterschutz eignen sich z. B. ein Gartenhäuschen mit Fenstern, geschützte Nischen am Haus, die mit Schilfrohrmatten ausgestattet sind, oder selbst gebaute Holzgestelle, die über die Pflanzen gestülpt werden.

Kübelpflanzen

Überwintert werden meist südländische Gehölze, aber auch viele Balkon- und Terrassenpflanzen wie Strauchmargerite, Fuchsie und sogar Geranien, die bei uns meist nur eine Saison gehalten werden. Vor allem bei den kostspieligen Hochstämmchen und großen Solitärpflanzen lohnt sich das Überwintern.

► Mediterrane Kübelpflanzen, die ein Winterquartier brauchen, sind Palmen, Oleander, Lorbeer, Feigenbaum, Zitrusbaum, Engelstrompete, Agave, Granatapfel, Hibiskus und Olivenbaum.

► Balkon- und Terrassenpflanzen, die sich leicht überwintern lassen, sind Wandelröschen, Strauchmargerite, Fuchsie, Schönmalve, Indisches Blumenrohr, Schmucklilie, Bleiwurz oder Bougainvillea.

► Schneiden Sie die Pflanzen im Herbst um etwa ein Drittel zurück. Das spart Platz im Quartier und sorgt für starken Austrieb im Frühjahr.

Die Rose – Königin der Blumen

Rosen betören uns mit ihren zarten Blüten und ihrem unvergleichlichen Duft, sind jedoch in der Regel sehr anspruchsvoll hinsichtlich Standort, Boden und Pflege. Sie sollten sich also genau überlegen, ob Sie die nötige Zeit und Sorgfalt für Rosen in Ihrem Garten aufbringen möchten bzw. können.
Die empfindlichen Arten gedeihen nur auf frischem, humos-lehmigem Boden, der sonnig, aber nicht zu heiß gelegen sein sollte. Inzwischen gibt es allerdings in jeder Kategorie auch neue Züchtungen – vor allem bei den Strauch- und Kletterrosen –, die wesentlich robuster sind und die mit etwas weniger Pflege bzw. ungünstigeren Boden- und Lichtverhältnissen auskommen.

Teehybride gibt es in den schönsten Farben: in warmen Gelbtönen…

Der richtige Standort

In formal gestalteten Gärten werden Rosenbeete als Rabatte, d. h. als Begleitpflanzung von Wegen und Sitzplätzen angelegt, da diese Standorte meist windoffen, sonnig und nicht zu heiß sind – ideale Bedingungen für Rosen also. Bei frei gestalteten Gärten werden Rosenbeete nach anderen Gesichtspunkten gestaltet, wobei Sie jedoch einige Regeln beachten sollten:

- Ein Rosenbeet sollte sonnig – im Sommer mindestens sechs Stunden täglich –, aber nicht zu heiß sein. Vermeiden Sie die Nähe von Hauswänden, da sie Wärme abstrahlen.
- Im Schatten von großen Gehölzen können Rosen dagegen nicht gedeihen, da sich durch die hohe Luftfeuchtigkeit zu viele Pilzkrankheiten ausbreiten, dem Hauptproblem aller Rosenliebhaber.
- Eine Südostlage hat den Vorteil, dass die Pflanzen in der Morgensonne schneller abtrocknen und weniger feucht stehen. Auch windoffene

…zartem Pink…

…oder leuchtendem Rot…

Lagen sind besser als windstille Standorte, da die Pflanzen dann ebenfalls schneller abtrocknen.

Der richtige Boden

Rosen brauchen einen frischen, tiefgründigen und ausreichend mit Humus, Lehm und Nährstoffen versorgten Boden. Dabei sind die Anforderungen an den Boden in einem Rosenbeet am höchsten, weil hier viele Rosen auf engstem Raum stehen.
Bei der Neuanlage eines Rosenbeets können Sie den Boden folgendermaßen aufbessern, wobei sich die Mengenangaben auf 2 m^2 beziehen:

- 1 Schubkarre Reifekompost (aus dem Kompostwerk) bis 20 cm Tiefe in den Boden einarbeiten.

► 1/2 Schubkarre Lehm (aus dem Ziegelwerk) bis 20 cm tief in den Boden einarbeiten.
► 1/4 Schubkarre Pferdemist (aus dem Reiterhof) zerkleinern und leicht in den Boden einarbeiten.
► Zum Schluss können Sie auch noch 200 g organischen Dünger (Hornspäne) einarbeiten.

Lassen Sie das Beet anschließend mindestens noch eine Woche ruhen, bevor Sie es bepflanzen.

Bodenmüdigkeit bei Rosen

Zu der großen Familie der Rosengewächse gehören fast alle Obstbäume und Obststräucher, deren Zierformen wie Zierkirsche und -apfel sowie Weiß- und Rotdorn, Strauchmispel, Zierquitte, Felsenbirne und Spireen. Diese Pflanzen beanspruchen den Boden nicht nur sehr stark, sondern reichern ihn zudem mit Stoffen an, die für sie selbst unverträglich sind. Deshalb sollten Sie Rosen nicht in Böden setzen, in denen zuvor schon Rosengewächse standen, bzw. ihn ausreichend verbessern.
► Arbeiten Sie reichlich Kompost (1 Schubkarre/m^2) in den Boden ein.
► Pflanzen Sie in den ersten zwei bis drei Jahren einjährige Sommerpflanzen wie z. B. Tagetes, Sonnenblumen oder Ringelblumen zwischen die Rosen, denn diese verbessern den Boden gründlich.

Pflanztipp
Rosen

Rosen in Töpfen

Rosen können Sie auch auf der Terrasse oder auf dem Balkon in Töpfen halten. Da die Pflanzen tief wurzeln, sollte der Topf etwa 40 cm hoch sein und nur mit bester Pflanzerde gefüllt werden.

Harmonische Farbgestaltung in einem Rosenbeet.

Klassisches Rosenbeet

Das klassische Rosenbeet – also ein Beet, das ausschließlich mit Rosen bepflanzt wird –, ist ein wichtiges Gestaltungselement in formal gestalteten Gärten:
► Je nach Größe des Beets können Sie Beetrosen, Strauchrosen und Bodendeckerrosen zusammen pflanzen.
► Platzieren Sie größere Rosen am besten in den Hintergrund. Bodendeckerrosen sollten möglichst nicht am Rand stehen, da sie dort nicht zur Wirkung kommen. Weisen Sie ihnen stattdessen lieber kleine Teilflächen zwischen den anderen Rosen zu.
► Als Begleitpflanzen eignen sich punktuelle Pflanzungen aus Salbei und Lavendel, in wärmeren Regionen auch Rosmarin.
► Gut passen auch in Form geschnittene Gehölze wie Buchs und Eibe (Seite 72), die am besten in symmetrischer Anordnung wirken.

Gemischte Pflanzung

Bei einer freien Gartengestaltung können Sie das Rosenbeet auch mit geeigneten Stauden auflockern, indem Sie einzelne Rosen- und Staudenhorste miteinander kombinieren. Wegen der unterschiedlichen Wuchshöhen und Farben ist es jedoch ratsam, sich vorher einen genauen Pflanzplan zu machen.
► Bewährte Begleitstauden für ein Rosenbeet sind Rittersporn, Schafgarbe, Glockenblume und Sommersalbei.
► Auch Gräser wie Blauschwingel, Lampenputzergras oder das monumentale Riesen-Chinaschilf kommen zusammen mit Rosen hervorragend zur Geltung.
► Als einjährigen Unterwuchs können Sie auch Goldlack, Vergissmeinnicht und Maßliebchen aussäen (Seite 89). Diese Einjährigen sollten Sie allerdings auf wenige Horste vereinzeln, damit die Rosen nicht von ihnen überwuchert werden.

Farben und Farbkombinationen

Bei Rosen können Sie aus einer großen Farbpalette auswählen, sodass sich zahlreiche Farbkombinationen zusammenstellen lassen. Ihre Farben sind zudem so fein aufeinander abgestimmt, dass sich für die Farbauswahl keine allgemein gültigen Kriterien aufstellen lassen, sodass letztlich Ihr Geschmack entscheidet. Einige Grundsätze sind aber doch zu beachten:

► Wenn Sie ausschließlich Rosen miteinander kombinieren, liegen Sie mit dem klassischen Farbverlauf von Gelb über Orange zu Rot auf alle Fälle richtig.

► Etwas schwieriger sind aufeinander abgestimmte Farbtöne von nur einer Farbe.

► Bei der Auswahl der Pflanzen sollten Sie sich allerdings nicht auf die Fotos auf der Packung verlassen, denn diese geben die wirklichen Farben in der Regel nicht genau wieder. Wenn Sie auf Nummer sicher gehen wollen, sollten Sie sich die Originale in Baumschulen, botanischen Gärten und Rosengärten anschauen, denn vor Ort lässt sich die echte Farbausprägung der Rosenblüten erheblich besser einschätzen. Im Idealfall sehen Sie sich Rosen im Zusammenspiel mit ansprechenden Kombinationen an.

► Relativ leicht zu kombinieren sind Stauden und Rosen. Sie haben dabei wie im Staudenbeet die Möglichkeit, entweder viele Farben zu mischen oder auch nur einige wenige Töne miteinander zu kombinieren. Für den Anfänger bietet beispielsweise die Kombination roter, blauer und gelber Stauden mit roten und gelben Rosen sichere Erfolgsaussichten für ein schönes Erscheinungsbild.

Stark gefüllte Blüten von Bodendeckerrosen.

Einfache Blüte von Wildrosen.

Früchte von Wildrosen: Hagebutten.

WILDROSEN

Wildrosen, die Urform aller Edelrosen, blühen nur einmal pro Saison und eignen sich besonders gut für naturnahe Gärten oder Bauerngärten.
Im Herbst beeindrucken Wildrosen außerdem durch ihre reizvolle Blattfärbung und ihre hübschen Früchte, die Hagebutten.

► Ton-in-Ton-Kombinationen von Rosen und Stauden in Weiß, Rosa oder Rot können eine romantische Atmosphäre in Sinngärten (Seite 222) und mediterrane Gärten (Seite 220) zaubern.

► Weiße Rosen eignen sich hervorragend für ein harmonisches Zusammenspiel mit blaublühenden Stauden und grünen Blattschmuckstauden.

Rosenarten

Keine andere Pflanze ist züchterisch so stark verändert worden und hat so viele verschiedene Arten hervorgebracht wie die Rose. Man schätzt, dass es weltweit über 30.000 Rosensorten gibt! Für diese vielen verschiedenen Rosenarten gibt es keine genaue Klassifizierung, sondern nur eine relativ grobe Unterteilung, die über ihre mögliche Verwendung Auskunft gibt.

BLÜTEZEIT VON ROSEN

Nur wenige Rosen verfügen über eine lang anhaltende Blüte, meist beschränkt sich der Höhepunkt der Blüte auf die Zeit von Juni bis Juli.
Manche Züchtungen setzen aber auch nach der ersten Blüte sofort wieder neue Knospen an, sodass es im August oder September dann zu einem zweiten Blütenschub kommt.

Bodendeckerrosen (bis 50 cm)

Im Handel werden inzwischen sehr robuste Sorten mit einer Wuchshöhe bis 50 cm angeboten. Diese niedrigen Strauchrosen eignen sich ganz ausgezeichnet als Bodendecker für sonnige bis halbschattige Flächen (auch an Hängen), sie können aber durchaus auch einzeln zu Wildstauden und als Solitärs an Extremstandorte gepflanzt werden, und kommen so ebenfalls gut zur Geltung.

► **Tipp:** Bedenken Sie bei einer großflächigen Pflanzung mit Bodendeckerrosen, dass entstehendes Unkraut nur sehr mühsam zwischen den langen, bedornten Ruten gejätet werden kann.

Beetrosen (80–100 cm)

In formal gestalteten Gärten sind Beetrosen die klassischen Rabattenpflanzen. Beetrosen begleiten Wege oder rahmen Sitzplätze ein. Eine Begleitpflanzung aus Stauden und Kleingehölzen wie etwa Lavendel wird hier sehr sparsam eingesetzt.
Zu den Beetrosen gehören beispielsweise die sehr pflegeaufwändigen Teehybriden, die nur jeweils eine Blüte pro Stiel tragen. Aus diesem Grund kommen Teehybriden auch nur in großen Gruppen im Rosenbeet angemessen zur Geltung, wobei etwa drei bis sechs Pflanzen pro m^2 gesetzt werden.
Wesentlich pflegeleichter als die empfindlichen Teehybriden sind die büschelblütigen Rosen mit mehreren Blüten an einem Stiel. Sie finden ebenfalls im Rosenbeet Platz, können aber ebenso gut in Staudenbeete integriert werden oder auch einen Einzelstand bekommen.

► **Tipp:** Zu den büschelblütigen Rosen gehören auch einige so genannte »Englische Rosen«. Bei diesen Rosen handelt es sich um eine Züchtung aus historischen und modernen Rosen.

Historische Beetrose.

Wildrosen mit leicht gefüllter Blüte.

Strauchrosen (150–300 cm)

Strauchrosen sind wesentlich höher und breiter als Beetrosen und werden einzeln, in Dreiergruppen und gelegentlich auch als Hecken gepflanzt. Einmal blühende Strauchrosen sind meist alte Züchtungen aus Wildrosen mit üppiger Blüte. Sie passen gut in mediterrane Gärten und Bauerngärten. Öfter blühende Strauchrosen sind in der Regel moderne Züchtungen, meist robust und mit üppigem Wachstum. Da sie relativ pflegeleicht sind, werden sie oft in modern gestalteten Gärten und Bauerngärten verwendet.

► **Tipp:** Da diese Rosen sehr breit wachsen, sollten Sie 1 bis 4 m^2 Platz pro Pflanze einplanen.

Edles Ambiente durch eine Kletterrose.

Kletterrosen (200–400 cm)

Die hoch wachsenden Kletterrosen brauchen eine Kletterhilfe, um sich daran emporzuranken, beispielsweise Spaliere, Zäune, Gitter, Pergolen, Wände und Säulen. Durch ihren bizarren Wuchs schaffen sie eine verspielte Atmosphäre und sind ein »Muss« im Bauerngarten.
Auch unter den Kletterrosen gibt es viele Spezialisten und robuste Vertreter, die mit extremer Hitze oder feuchtem Halbschatten zurechtkommen (diese Sorten sind im Handel entsprechend gekennzeichnet!) und die zu jeder Gartengestaltung passen.
Kletterrosen werden aufgrund ihrer unterschiedlichen Wuchs- und Blüheigenschaften in Climber- und Ramblerrosen unterteilt.
► **Tipp:** Bedenken Sie bei Ihrer Planung, dass Kletterrosen ihre Blütenfülle erst in etwa 2 m Höhe entfalten.

Hochstammrosen (100–150 cm)
Hochstammrosen besitzen einen Stamm, auf dem die Krone in etwa 70 bis 100 cm Höhe ansetzt. Sie werden vor allem in Bauerngärten im Staudenbeet platziert und benötigen viel Pflege und Geduld.
► **Tipp:** In Gegenden mit rauem Klima sollten Sie Hochstammrosen unbedingt mit einem Winterschutz aus Reisig vor großer Kälte schützen.

Rosenkrankheiten und -schädlinge

Alle züchterisch stark bearbeiteten Pflanzen entwickeln leider eine große Anfälligkeit für spezifische Krankheiten und Schädlinge. Auch Rosen werden davon nicht verschont, und diese Krankheiten können Ihnen die Freude an der Königin der Blumen ziemlich schnell verderben.
Pilzkrankheiten wie der Rosenrost, Mehltau und Sternrußtau sind fast unvermeidlich. Diese Krankheiten können nur durch einen geeigneten Standort, eine geschickte Kulturführung und vorbeugende Pflanzenschutzmaßnahmen unter Kontrolle gehalten werden.
Sichtbare Rosenschädlinge sind in erster Linie Blattläuse, die sich aber durch Abstreifen bzw. Abspritzen auf einfache Weise reduzieren lassen.
Eingerollte Blätter weisen auf einen Befall durch Larven der Rosenblattwespe und der Blattrollwespe hin.
Aufhellungen an den Rosenblättern sind auf die Saugtätigkeit von Rosenzikadenlarven rückzuführen. In heißen Sommern können auch Spinnmilben die Verursacher sein.
► **Tipp:** Wenn Sie den Schädling oder die Krankheit nicht selbst bestimmen können, wenden Sie sich mit einer Probe an die Pflanzenschutzabteilung eines Gartencenters oder des Fachhandels. Dort werden Sie Rat und – falls möglich – auch Tipps für Abhilfe bekommen.

Stimmungsvoller Raureif: Einige Rosen blühen bis in den späten Herbst.

Rosen, die auch Halbschatten vertragen

›Bonica 82‹; Beetrose
›Elmshorn‹; Strauchrose
›Alberic Barbier‹; Rambler-Rose
›Schneewittchen‹; Strauchrose
›Sommerwind‹; Beetrose
›New Dawn‹; Rambler-Rose
›The Fairy‹; Beetrose
›Super Dorothy‹; Rambler-Rose
›Centenaire de Lourdes‹; Strauchrose
›The Queen Elizabeth Rose‹; Beetrose
›Märchenland‹; Beetrose
›Kiftsgate‹; Rambler-Rose

Rosen, die auch heiße Standorte vertragen

›Chorus‹; Beetrose
›Schneewittchen‹; Strauchrose
›The Fairy‹; Beetrose
›New Dawn‹; Rambler-Rose
›Sommerwind‹; Beetrose
›Rosarium Uetersen‹; Climber-Rose
›Centenaire de Lourdes‹; Strauchrose
›Westerland‹; Strauchrose
›Friesia‹; Beetrose
›Graham Thomas‹; Englische Strauchrose

Rosen, die schön in Pflanztrögen aussehen

›Bonica 82‹; Beetrose
›Duftwolke‹; Beetrose
›Graham Thomas‹; Englische Strauchrose
›The Fairy‹; Beetrose
›Rose de Resht‹; Beetrose
›Rosarium Uetersen‹; Climber-Rose
›Sommerwind‹; Beetrose
›Chorus‹; Beetrose
›Super Dorothy‹; Rambler-Rose
›Gruß an Aachen‹; Beetrose
›Margaret Merril‹; Beetrose
›Super Excelsa‹; Rambler-Rose
›Friesia‹; Beetrose
›Schneewittchen‹; Strauchrose
›New Dawn‹; Rambler-Rose
›Bernstein-Rose‹; Beetrose
›Westerland‹; Strauchrose

Besonders pflegeleichte Rosen

›Bonica 82‹; Beetrose
›New Dawn‹; Rambler-Rose
›Märchenland‹; Beetrose
›Whisky‹; Beetrose
›Sommerwind‹; Beetrose
›Abraham Darby‹; Strauchrose
›Schneewittchen‹; Strauchrose
›The Queen Elizabeth Rose‹; Beetrose
›The Fairy‹; Beetrose
›Rosarium Uetersen‹; Climber-Rose

Rosen mit schönen Hagebutten

›Märchenland‹; Beetrose
›The Queen Elizabeth Rose‹; Beetrose
›Schneewittchen‹; Strauchrose
›New Dawn‹; Rambler-Rose
›Bonica 82‹; Beetrose

Rosen mit besonders schönem Duft

›Whisky‹; Beetrose
›Alchymist‹; Climber-Rose
›Duftwolke‹; Beetrose
›Alberic Barbier‹; Rambler-Rose
›Rose de Resht‹; Beetrose
›Kiftsgate‹; Rambler-Rose
›Elmshorn‹; Strauchrose
›Jacques Cartier‹; Strauchrose
›Amber Queen‹; Beetrose
›Sympathie‹; Climber-Rose

Obst und Gemüse aus eigenem Anbau

Frischer Genuss von Obst, Gemüse und Kräutern aus dem eigenen Garten? Mit etwas Know-how und wenig Aufwand können Sie bald selbst ernten.

Ernten im eigenen Garten

Ein prächtiger Apfelbaum kann das Zentrum eines Gartens bilden.

Zu einem vollständigen Nutzgarten gehören nicht nur Obst, Gemüse und Salate, sondern auch alle verwertbaren Wildfrüchte und alle Gewürz-, Aroma-, Färbe- und Heilpflanzen. Mit dem Begriff »Nutzgarten« verbindet sich bei den meisten Menschen die Vorstellung von mühsamer Arbeit. Richtig ist zwar, dass ein intensiver Obst- und Gemüseanbau einigen Aufwand mit sich bringt und auch gewisse Kenntnisse erfordert – doch keine Angst vor jungem Gemüse und frischen Früchten aus eigenem Anbau! Sie müssen ja nicht gleich zum Gemüsebauer werden, sondern können sich langsam an die Materie tasten. Mit einfachem Gemüse wie Tomaten oder Meerrettich und ebenso schmackhaften wie dekorativen Wildfrüchten oder Beerenobst lernen auch Anfänger die Technik einer erfolgreichen Kulturführung ohne größere Mühe.

Vom Anfänger zum Profi

Unter »Kulturführung« versteht man alle Maßnahmen, die von der Anzucht bis zur Ernte erforderlich sind, damit der Anbau von Obst, Gemüse und Kräutern gelingt. Dabei werden Sie sehen, dass der Aufwand weniger groß ist, wie oft angenommen wird – wichtig ist vor allem, dass Sie Ihre Pflänzchen anfangs durch regelmäßige Kontrollgänge überwachen. Ist Ihnen der Anbau einiger Gemüsearten dann einige Jahre gelungen, können Sie sich als »Fortgeschrittener« ohne weiteres auch an schwierigere Kulturen heranwagen und Ihre Anbauflächen schrittweise vergrößern. Und wenn dann noch alle Familienmitglieder etwas mithelfen, sind Sie bald Selbstversorger aus dem eigenen Garten! Ein weiterer Vorteil ist, daß Ihr eigenes Obst und Gemüse praktisch ungespritzt und ohne künstliche Düngung entsteht, und im Gegensatz zum Biomarkt fast nichts kostet.

Erster Schritt: Pflegeleichte Obstgehölze & Kräuter

Wenn Sie bislang noch nie mit Nutzpflanzen zu tun hatten, ist es sinnvoll, schrittweise vorzugehen. Dazu gehört auch, dass Sie schon bei der Planung Ihres Gartens einige Vorüberlegungen anstellen sollten:

Ein Johannisbeerhochstämmchen fügt sich überall harmonisch ein.

► Ein erster Einstieg in den Nutzgarten könnten etwa Wildobststräucher (Seite 148) sein. Sie sind ebenso dekorativ wie Ziergehölze und bringen zudem verwertbare Früchte, ohne dass sie auf nennenswerte Pflege angewiesen sind.

► Auch jedes Ziergehölz bis 150 cm Höhe lässt sich durch Beerenobststräucher ersetzen. Außerdem können Sie anstelle von Zierbäumen entsprechende Obstbäume pflanzen, deren Blüte im Frühjahr ebenso imposant ist wie ihr Fruchtbehang im Herbst. Bei Obstbäumen können Sie wählen zwischen Spindelbüschen, die nur 3 m hoch werden, und Hochstämmen mit über 8 m Höhe. Lassen Sie sich am besten in einer nahe gelegenen Baumschule beraten, welche Arten und Sorten in Ihrer Region am besten gedeihen.

► Wenn Sie in Ihrem Garten einen Steingarten oder ein Staudenbeet haben, können Sie auch ganz einfach Kräuter und Gewürze (Seite 116) ziehen. Auf der Terrasse und dem Balkon können Sie Kräuter und Gewürze auch in Pflanzkästen (ca. 80 x 20 x 20 cm) und Töpfen halten. Pflanzen Sie jeweils eine Kombination von vier bis fünf verschiedenen Kräutern zusammen.

Zweiter Schritt: Pflegeleichtes Gemüse für Balkon und Terrasse

Wild- und Beerenobstgehölze sind sehr robuste, langjährige Pflanzen, die nur wenig Pflege benötigen. Etwas empfindlicher sind dagegen alle einjährigen Gemüsepflanzen – sie machen den Großteil der verwertbaren Pflanzen aus –, da sie sehr schnell wachsen und in dieser Zeit entsprechend intensiv gepflegt werden müssen.

► Wenn Sie keine Lust oder Zeit für die Boden- und Beetpflege bzw. noch keinerlei Erfahrung im Gemüseanbau haben, können Sie viele einjährige Gemüsepflanzen durchaus

Radieschen ziehen ist ein Kinderspiel.

auch in Töpfen und Trögen kultivieren. Auf diese Weise fällt außer regelmäßigem Gießen und etwas Düngen kaum Pflege an.

► Für die Haltung in Töpfen und Trögen eignen sich Erdbeeren, Zucchini, Salate in allen Varianten, sämtliche Kohlarten, Tomaten, Radieschen, Paprika, Lauch, Zwiebeln, Knoblauch und Gurken (für Fortgeschrittene). Diese Gemüsearten werden auch als Jungpflanzen im Handel angeboten.

► Bei der Topfhaltung sollte die verwendete Gartenerde bzw. das Substrat qualitativ sehr hochwertig sein. Außerdem brauchen die Pflanzen je nach Größe genügend Wurzelraum: Tomaten benötigen ungefähr 10 l Erde, für Kohl und Salate genügen dagegen bereits 3 l.

Stadien von Sämlingen

Stadium	Bezugsquellen	Bezugsform	Wärmeansprüche
Saatgut	Fachhandel, Gartencenter, eigene Ernte	Tütchen, Saatbänder	je nach Art gering bis sehr hoch
Sämlinge	eigene Anzucht, größere Mengen aus dem Fachhandel	Plastikpflanzschalen	mittel bis hoch
Jungpflanzen	Fachhandel, Gartencenter, eigene Anzucht	Plastikpflanzschalen oder kleine -töpfe	mittel

Einkaufstipp
Gemüsepflanzen

Jungpflanzen

Einjährige Gemüsepflanzen müssen Sie nicht unbedingt selbst ansäen, denn bestimmte Gemüsearten werden von etwa April bis Juni auch als vorgezogene Jungpflanzen im Fachhandel (Gärtnerei, Gartencenter) angeboten. Dabei richten sich Angebotszeitpunkt und -menge nach dem jeweiligen Wetterverlauf im Frühjahr, sodass die Pflänzchen unter Umständen schnell ausverkauft sind. Informieren Sie sich deshalb rechtzeitig über das zu erwartende Pflanzenangebot bzw. die Verkaufstermine.

► Tomaten und Paprika sollten nach Möglichkeit keinen Regen abbekommen. Sie eignen sich deshalb ausgezeichnet für Terrassen und Balkons mit Dachüberhang, wo sie auch noch eine angenehme Nebenwirkung entfalten. Der Geruch hilft, lästige Mücken fernzuhalten.

Kräuter lassen sich ganz einfach in Töpfen und Trögen ziehen.

Dritter Schritt: Eigene Ansaat

Da bestimmte Gemüsejungpflanzen kaum oder gar nicht erhältlich sind bzw. der Verkauf gängiger Gemüsepflanzen zeitlich sehr eingeschränkt ist, können Sie sich durch eigene Ansaaten vom Angebot des Fachhandels unabhängig machen und Ihr Gemüsebeet zudem intensiver nutzen. Erste Erfahrungen mit Aussaat und Keimung lassen sich gut mit Kresse und Feldsalat machen:

► Für Kresse genügt eine Blumenschale mit Erde, auf der Sie die Samen ausstreuen und gut feucht halten. Bald können Sie ernten und dann immer wieder neu aussäen, sodass Sie ganzjährig immer frische Kresse haben. Auf die gleiche Weise können Sie übrigens auch jedes andere Gemüsesaatgut durch eine Keimprobe auf seine Tauglichkeit testen.

► Feldsalat braucht dagegen eine kleine Beetfläche im Freien, wobei schon 1 bis 2 m^2 ausreichen. Er ist kaum frostempfindlich und kann deshalb fast ganzjährig ohne großen Aufwand angebaut werden: Streuen Sie die Samen einfach auf den vorbereiteten Boden, dann bedecken Sie die Samen nur ganz leicht mit Erde und halten Sie den Boden stets leicht feucht und unkrautfrei. Geerntet wird mit Messer oder Schere. Nach der Ernte lockern Sie den Boden leicht mit der Grabgabel und versorgen ihn mit ausreichend Bodenverbesserungsmitteln. Danach glätten Sie den Boden mit dem Rechen und können dann erneut aussäen. Sie werden zudem bemerken, dass jede Saat entsprechend der Temperatur seine individuelle Zeit bis zur Erntereife benötigt.

Vierter Schritt: Ein Gemüsebeet anlegen

Im Freiland lässt sich Gemüse noch effektiver anbauen als in Töpfen, wobei schon ein kleines Beet von 10 bis 12 m^2 genügt, um beachtliche Erfolge zu erzielen:

► Wählen Sie den Standort so, dass das Beet sonnig und geschützt liegt. Vorteilhaft ist die Nähe zur Küche oder zur Terrasse, damit Sie Ihre Schützlinge immer vor Augen haben.

► Das Beet sollte zudem möglichst so plaziert werden, dass Sie es später nach Bedarf vergrößern können.

► Sehr ratsam ist eine schneckensichere Einfassung der Beetfläche, etwa mit einem Schneckenzaun (aus dem Fachhandel), da die gefräßigen Schädlinge schnell ganze Pflanzungen zunichte machen können.

Tomaten sind ideal für den Balkon.

Das Beet vorbereiten

► Graben Sie den Erdboden ungefähr 20 bis 30 cm tief mit einer Grabgabel um und zerschlagen Sie in diesem Arbeitsgang auch alle groben Erdschollen.

► Entfernen Sie als nächstes alle größeren Steine und arbeiten Sie anschließend ein Bodenverbesserungsmittel ein.
► Planieren Sie das Beet zuerst grob mit einem Krehl und dann fein mit einem Rechen.
► Richten Sie auf der Beetfläche kleine Trittwege mit 40 cm Breite ein und legen Sie die einzelnen Teilbeete etwa 120 cm breit an, damit Sie sie bequem von allen Seiten erreichen können. Als Belag dienen Trittsteine, Bretter oder Mulchmaterial.
► Lassen Sie das Beet möglichst noch einige Tage ruhen, bevor Sie es bepflanzen oder aussäen.

Das Saatgut auswählen

► Saatgut bekommen Sie im Gartenfachhandel oder im Gartencenter – entweder als Einzelsamen in Tütchen oder auch aufgeklebt auf Saatbänder. Bei Saatbändern sind die Samen bereits im richtigen Abstand angebracht.
► Auf dem Samentütchen finden Sie alle wichtigen Kulturdaten: den richtigen Zeitpunkt für die Aussaat, die erforderlichen Abstände zwischen den künftigen Pflanzen und die korrekte Aussaattiefe. Wichtig ist, dass Sie diese Daten schon beim Einkauf berücksichtigen, denn vor allem bei Salaten, aber auch bei vielen anderen Gemüsearten gibt es Sommer- und Herbstsorten, die nicht verwechselt werden sollten.
Wenn Sie z. B. bei Salat eine Sorte zum falschen Zeitpunkt aussäen, bildet er keinen Kopf aus, sondern beginnt gleich zu blühen, d. h., die ganze Kraft der Pflanze geht in die Blüten- anstatt in die Kopfbildung.

Saatbänder sind leicht handzuhaben.

Die Saat ausbringen

Beginnen Sie am besten mit frostharten Gemüsearten wie Lauch, Rettich, Radieschen, Wurzelpetersilie und Schwarzwurzel, die Sie bereits ab März direkt ins Beet aussäen können. Bei allen anderen Gemüsen sollten Sie bis Ende April bzw. bis nach den Eisheiligen (Mitte Mai) warten.
► Gemüsesamen werden mit Ausnahme von Spinat und Feldsalat, die breitwürfig ausgesät werden, in Reihen gesät, die parallel zum Beetrand verlaufen. Dafür ziehen Sie mit einem Besenstiel oder einem speziellen Rechen etwa 2 cm tiefe Rillen, in die Sie das Saatgut legen und anschließend leicht (1 cm) mit feiner Erde bedecken.
► Der Abstand der Reihen richtet sich nach der Größe des Gemüses: Bei Salat und Kohl etwa sollte er 30 bis 40 cm betragen.
► Der Abstand der Pflanzen innerhalb einer Reihe ist für jede Gemüseart auf den Samentütchen angegeben. Da jedoch nicht alles Saatgut keimt, sollten Sie vorsichtshalber

Gemüse in Reih und Glied.

doppelt so dicht aussäen und später überzählige Pflanzen durch Herauszupfen (Vereinzeln) wieder entfernen, bis der richtige Abstand zwischen den Pflanzen erreicht ist.

Das Beet pflegen

Der durchschnittliche Pflegeaufwand für eine 10 m^2 große Beetfläche beträgt etwa eine Stunde pro Woche. Dies betrifft eine Reihe von Arbeiten, die im Beet stetig, aber nicht unbedingt jeden Tag erledigt werden müssen. Das bedeutet, dass Sie je nach Witterung auch einmal ein paar Tage aussetzen können. Sie sollten dann aber auf eine ausreichende Schneckenvorbeugung bzw. -bekämpfung achten.
► **Gießen:** Wenn Sie das Saatgut in Reihen ausgesät und mit Erde bedeckt haben, ist es wichtig, die Samen mit einer feinen Brause stetig feucht zu halten. Achten Sie aber darauf, dass Sie die Samen dabei nicht wegschwemmen. Bis zur Ernte sollten Sie die Pflanzen morgens und abends mit Wasser versorgen.

► **Unkraut bekämpfen:** Zusammen mit dem Gemüse keimen auch Unkräuter aus, die Sie aber zwischen den Reihen leicht erkennen und durch Zupfen entfernen können. Wenn Sie das Unkraut gar nicht erst wachsen bzw. aussamen lassen, werden Sie es leicht in den Griff bekommen.

► **Vereinzeln (Pikieren):** Ist die Saat aufgegangen, ist es wichtig, überzählige, schwache Pflänzchen herauszuzupfen, bis der richtige Abstand innerhalb der Reihen stimmt.

► **Schnecken bekämpfen:** Junge Gemüsepflänzchen sind begehrte Leckerbissen von Schnecken. Mithilfe von Schneckenzäunen oder -fallen, aber auch durch Absammeln der Tiere oder – falls das alles nicht hilft – durch Bekämpfung mit dem chemischen Schneckenkorn lässt sich dieses Problem meist gut in den Griff bekommen.

► **Düngen:** Beim Düngen Ihrer Pflanzen haben Sie die Wahl zwischen chemischem Kunstdünger und organischem Dünger. Letzterer ist zwar doppelt so teuer wie Kunstdünger, dafür aber sicherer in der Handhabung und zudem wesentlich schonender für Boden und Pflanzen. Die erforderliche Düngermenge und Düngehäufigkeit ist für jede Kultur auf den Packungen angegeben.

► **Boden pflegen:** Durch Regen wird der Boden schnell verschlämmt und damit die Wurzelatmung der Pflanzen behindert. Lockern Sie deshalb die oberste Bodenschicht zwischen den einzelnen Beetreihen mit einer Ziehhacke, einem Kultivator oder einem Sauzahn regelmäßig leicht auf. Dadurch werden gleichzeitig auch mögliche Unkräuter beseitigt.

► **Mulchen:** Als »Mulchen« bezeichnet man das Bedecken des Bodens mit Kompost, Stroh oder Mulchfolie, wodurch sich weniger Unkraut bildet und der Boden weniger schnell verschlämmt. Außerdem werden die Pflanzen auf diese Weise besser mit Wasser versorgt, und das Bodenleben wird angeregt.

Ein gefährliches Wurzelunkraut: Giersch.

Leicht handzuhaben: Aussaatschalen.

Was tun bei Problemen?

Nicht jedes Gemüse wächst in jedem Beet, und sicherlich wird auch nicht jede Aussaat gleich den gewünschten Erfolg bringen. Lassen Sie sich davon aber nicht entmutigen – das passiert sogar professionellen Gärtnern! Versuchen Sie stets, die Ursachen für den Misserfolg zu ergründen und zu beheben. Wenn dies nicht gelingt, konzentrieren Sie sich am besten auf »funktionierende« Gemüsearten und stellen Sie die schwierigen Kulturen erst einmal zurück. Hier finden Sie eine kleine Problemlösungsliste:

► Die Pflanzen gedeihen schlecht, das Beet liegt zu kalt, zu windig, zu heiß, zu nass: Standort verändern (Seite 104).

► Der Boden ist zu wenig lebendig: Bodenverbesserungsmaßnahmen vornehmen.

► Das Saatgut keimt nicht: Vor der nächsten Aussaat eine Keimprobe machen (Seite 92).

► Das Wetter ist zu kalt/zu nass: Maßnahmen zur Ernteverfrühung ergreifen (Seite 109); Aussaat- oder Pflanztermin verschieben.
► Pflanzen wurden durch Pilze geschädigt (fallen um): Saatgut wechseln; Bodenaustausch bzw. Bodenverbesserungsmaßnahmen vornehmen oder den Standort verändern (Seite 104).
► Schädlinge fressen Pflanzen oder Pflanzenteile: In der Pflanzenschutzabteilung eines Gartencenters beraten lassen und entsprechende Vorbeuge- bzw. Bekämpfungsmaßnahmen ergreifen.
► Krankheiten schwächen die Pflanzen: Beetpflege verändern; eventuell Pflanzenschutzmittel einsetzen.
► Pflanzen leiden an Kümmerwuchs ohne erkennbare Ursachen: Düngemenge- und -häufigkeit überprüfen und eventuell verändern.

BODENMÜDIGKEIT

So genannte »Bodenmüdigkeit« wirkt sich in Form von Kümmerwuchs der Pflanzen bis hin zum Gesamtausfall der Ernte aus. Mögliche Ursachen können sowohl eine Anreicherung von schädlichen Organismen wie Pilzen oder Bakterien im Boden sein als auch – wie bei den Rosengewächsen (Seite 95) – nicht selbstverträgliche Ausscheidungen der Pflanzen. Werden z. B. Kohlgewächse immer an der gleichen Stelle angebaut, nimmt die Wuchskraft der Pflanzen im Lauf der Zeit ab und ihre Anfälligkeit für Krankheiten wie Kohlhernie wächst. Abhilfe kann ein Fruchtwechsel (Anbau einer anderen Gemüseart) oder eine Mischkultur schaffen. In schlimmen Fällen sind intensive Bodenverbesserungsmaßnahmen bis hin zum Austausch des ganzen Bodens erforderlich.

Quadratisch, praktisch, gut: Anzucht von Jungpflanzen in Schalen.

Versetzter Anbau und Mischkultur

Um die Beetfläche noch intensiver zu nutzen, können Sie Gemüse versetzt oder in Mischkultur anbauen. So lassen sich Erträge stark steigern:

Versetzter Anbau

Schon nach den ersten Ernten werden Sie merken, dass es wichtig ist, Gemüse in gestaffelter Reihenfolge zu pflanzen. Wenn sie z.B. Ihren Bedarf an Blumenkohl in einem Satz anlegen, wird er auch zur gleichen Zeit erntereif. Die Folge ist eine Schwemme, die Sie gar nicht bewältigen können. Stattdessen können Sie Ihren Blumenkohl in verschiedene Sätze aufteilen, d. h. zeitlich gestaffelt um jeweils zwei bis drei Wochen versetzt anbauen, wodurch sich die Erntezeit über einige Monate streckt. Pflanzen Sie dabei aber nicht immer dieselbe Gemüseart an die gleiche Stelle, damit der Boden nicht geschwächt wird.

Mischkultur statt Monokultur

Bei einer Mischkultur werden im Gemüsebeet nicht wie bei einer Monokultur nur ein einziges Gemüse, sondern gleichzeitig mehrere Gemüsearten angebaut. Diese Technik wurde in den alten Bauerngärten kultiviert, um die gesamte Familie bei maximaler Ausnutzung des Platzes mit Gemüse zu versorgen, und nutzt die unterschiedlichen Wuchsgeschwindigkeiten und Verträglichkeiten von Gemüsearten:

Einträgliches Miteinander: Mischkultur.

Mischkultur

	Bohnen	Zichoriensalate*	Erbsen	Fenchel	Gurken	Knoblauch	Kohlarten	Lauch	Mangold	Möhren	Radieschen/Rettich	Rote Beete	Kopfsalat**	Sellerie	Spinat	Tomaten	Zwiebeln	Spargel	Erdbeeren	Kartoffeln	Petersilie
Bohnen			–	–	+	–	+	–			+	+	+	+			–				
Zichoriensalate*				+						+			+			+	+				
Erbsen	–			+	+	–	+	–		+	+		+			–	–			–	
Fenchel	–	+	+		+						–		+			–					
Gurken	+		+	+		+	+	+			–	+	+	+		–	+	+			
Knoblauch	–		–		+		–			+		+	+			+		–	+		
Kohlarten	+		+		+	–		+	+		+	+	+	+	+	+	–		+	–	
Lauch	–		–		+		+			+		–	+	–		+			+		
Mangold							+			+	+										
Möhren		+	+			+		+	+		+		+	+		+	+				
Radieschen/Rettich	+		+	–	–		+		+	+			+	+	+	+	+		+		+
Rote Bete	+				+	+	+	–					+	–	+		+			–	
Kopfsalat**	+	+	+	+	+	+	+	+		+	+	+		–		+	+	+	+		–
Sellerie	+				+		+	–				–	–			+				–	
Spinat							+				+	+				+				+	
Tomaten		+	–	–	–	+	+	+		+	+		+	+	+			+		–	+
Zwiebeln	–	+	–		+		–			+		+	+					–	+		
Spargel					+	–							+			+	–				
Erdbeeren						+	+	+			+		+				+				
Kartoffeln			–				–					–		–	+	–					
Petersilie											+		–			+					

Legende:

– : hemmende Kombination

+ : förderliche Kombination

* : Endivien, Zuckerhut, Chicorée, Radicchio

** : auch Pflück- und Schnittsalat

► Wegen des notwendigen Reihenabstandes etwa zwischen Salat- und Kohlpflanzen bleibt noch genügend Raum, um Radieschen, Lauch oder Möhren dazwischen zu pflanzen. Durch die unterschiedlichen Wuchsformen behindern sich die Pflanzen einander in ihrem Wachstum nicht.
► Da der Boden somit nicht nur von einer Gemüseart, sondern von unterschiedlichen Pflanzen beansprucht wird, wird einer Bodenmüdigkeit vorgebeugt.
► Ein weiterer Effekt der Mischkultur ist, dass die Kombination bestimmter Gemüsearten eine wachstumsfördernde und/oder schädlingshemmende Wirkung hat oder dass umgekehrt bestimmte Gemüsekombinationen sich in ihrem Wachstum gegenseitig behindern. So schützt z. B. die Nachbarschaft von Rettich und Kohl die Pflanzen vor einem Befall mit Gemüsefliegen und anderen Schädlingen. Diese Wirkung können Sie auch für Ihr Gemüsebeet nutzen, wobei Sie günstige bzw. ungünstige Partnerschaften in der nebenstehenden Übersicht finden.

Ein Gemüsebeet planen

Um Ihr Gemüsebeet optimal zu nutzen, sollten Sie im späten Winter einen gezielten Anbauplan erstellen, bei dem Sie Ihre bisherigen Erfahrungswerte einfließen lassen:
► Nach ungefähr zwei bis drei Jahren wissen Sie, welche Gemüsearten auf Ihrem Boden gedeihen bzw. welche Arten mit Ihrem regionalen Klima zurecht kommen und welche nicht. Daraus folgt, dass Sie sinnvollerweise nur die »funktionierenden« Gemüsearten anbauen.
► Nach einigen Jahren wissen Sie auch, wie lange die jeweiligen Gemüsearten im Frühjahr, im Sommer oder im Herbst von der Ansaat bis zur Erntereife brauchen, d. h. wie lange die Beetfläche belegt ist. Diese Kulturzeiten können in den verschiedenen Jahreszeiten sehr unterschiedlich ausfallen. Ein Satz Salat etwa braucht im Frühjahr fast doppelt so lange wie im Sommer und beansprucht die Beetfläche dementsprechend länger.
► Außerdem kennen Sie Ihren individuellen Gemüsebedarf. Achten Sie deshalb bei der Auswahl Ihrer Gemüse auf einen ausgewogenen Anbau mit mehreren Arten, damit Sie nicht in einer »Gemüseschwemme« untergehen. Eine Woche lang täglich Spinat ist wahrscheinlich kein reiner Genuss, es sei denn, Sie können den Überschuss einfrieren. Mit diesen Kriterien und etwas Erfahrung können Sie einen effektiven Pflanzplan erstellen, der eine ständige und zugleich abwechslungsreiche Ernte garantiert. In Gartenfachzeitschriften werden dafür Pflanzpläne angeboten. Dort können Sie sich den für Sie und Ihren Garten passenden Plan heraussuchen und nach Ihren eigenen Bedürfnissen abwandeln. Gartenprofis wetteifern beim Erstellen solcher Pläne z. B., wie sich eine Familie mit einer 30 m² großen Beetfläche ganzjährig mit den verschiedensten Gemüsensorten versorgen kann.

Länger und besser ernten

Für das Wachstum der Pflanzen spielt vor allem die Bodenwärme eine entscheidende Rolle. Mit einer wärmespeichernden Abdeckung beispielsweise können Sie früher ansäen bzw. pflanzen und bis spät in den Herbst ernten. Die Erntezeit lässt sich weiterhin auch durch vorgezogene Jungpflanzen und abgedeckte Aussaaten verlängern.

Vlies schützt Jungpflanzen wirksam gegen Frost.

Aussaat-, Pflanz- und Erntetermine

	Aussaatzeit	Aussaatort	Pflanzzeit	Erntezeit
Blattgemüse				
Blumenkohl früh	Mitte Februar	Gewächshaus, Fensterbrett	Ende März–Anfang April	Mitte Juni–Mitte Juli
Blumenkohl mittel–spät	Ende März–Mitte Juni	Gewächshaus, Fensterbrett	Ende April–Mitte Juli	August–November
Brokkoli früh	Mitte Februar	Gewächshaus, Fensterbrett	Ende März–Anfang April	Mitte Juni–Mitte Juli
Brokkoli mittel–spät	Anfang April–Mitte Juni	Freiland	Anfang Mai–Ende Juli	Ende Juli–November
Chinakohl (Pak Choi)	Ende Juli	Freiland	Mitte August	Oktober–Dezember
Grünkohl	Mitte Mai–Mitte Juni	Freiland	Ende Juni–Ende Juli	November–März
Knollenfenchel	Mitte Juni–Mitte Juli ›Zefa Fino‹ Mitte April–Mitte Juli	Freiland	–	September–Oktober
Kohlrabi früh	Mitte Februar	Gewächshaus, Fensterbrett	Ende März–Anfang April	Mitte Juni–Mitte Juli
Kohlrabi mittel–spät	Mitte April–Ende Juli	Freiland	Mai–Mitte August	August–Oktober
Kopfkohl (Weißkohl, Rotkohl, Wirsing, Butterkohl) früh	Mitte Februar	Gewächshaus, Fensterbrett	Ende März–Anfang April	Mitte Juni–Mitte Juli
Kopfkohl (Weißkohl, Rotkohl, Wirsing, Butterkohl) mittel	März	Freiland (unter Glas oder Folie)	Ende April–Anfang Mai	Ende Juli–September
Kopfkohl (Weißkohl, Rotkohl, Wirsing, Butterkohl) spät	April	Freiland	Ende Mai–Anfang Juni	Ende Oktober–November
Lauch Sommer	Mitte Januar	unter Glas oder Folie/Mistbeet, Gewächshaus, Fensterbrett	Anfang April–Mitte April	Juli–August
Lauch Herbst	Mitte März	Freiland	Ende Mai–Juni	Anfang September–Dezember
Lauch Winter	Juni	Freiland	August	April–Mai
Löwenzahn	Mitte Mai–Ende Mai	Freiland	–	Oktober–November (März–April)
Mangold	Ende April–Anfang Juli	Freiland	–	Juni–Oktober
Neuseeländer Spinat	Ende April–Mitte Mai	Gewächshaus, Fensterbrett	Ende Mai–Mitte Juni	Juli–September
Rosenkohl	Anfang April–Mitte Mai	Freiland	Mitte Mai–Mitte Juni	Oktober–Februar
Lauchzwiebeln	April–August	Freiland	–	Mai–Juni
Sähzwiebeln	März–April/Juli–August	Freiland	–	Mai–Juni/Juni–August
Spinat Frühjahr	Mitte Februar–Ende April	Freiland (unter Glas oder Folie)	–	April–Juni
Spinat Herbst	August	Freiland	–	September–Dezember
Spinat Winter	Mitte September–Oktober	Freiland (unter Glas oder Folie)	–	April–Mai
Stangensellerie	April–Mitte Mai	Gewächshaus, Fensterbrett	Mitte Mai–Anfang Juli	August–Oktober
Winterportulak	März–April/August–September	Freiland	–	April–Juni/Oktober–März
Zuckerhut	Ende Juni–Mitte Juli	Freiland	–	September–Dezember

Aussaat-, Pflanz- und Erntetermine

	Aussaatzeit	Aussaatort	Pflanzzeit	Erntezeit
Fruchtgemüse				
Aubergine	Mitte März–Ende März	Gewächshaus, Fensterbrett	Ende Mai	Anfang August–September
Dicke Bohne	Mitte März–Anfang April	Freiland (unter Glas oder Folie)	–	Ende Juni–Juli
Freilandgurke	Mitte Mai–Anfang Juni	Freiland	–	Juli–September
	Anfang Mai	kurze, geschützte Vorkultur in Töpfchen	Ende Mai	
Kürbis	Mitte Mai–Anfang Juni Anfang Mai	Freiland kurze, geschützte Vorkultur in Töpfchen	– Ende Mai	September–Oktober
Markerbse	Mitte April	Freiland	–	Juni–Juli
Palerbse	Ende März–Anfang April direkt	Freiland	–	Mai–Juni
Paprika	Mitte März	Gewächshaus, Fensterbrett	Ende Mai–Anfang Juni	Anfang August–September
Tomate	Mitte März–Ende März	Gewächshaus, Fensterbrett	Mitte Mai–Ende Mai	Mitte August–Ende September
Zucchini	Mitte Mai Anfang Mai	Freiland kurze, geschützte Vorkultur in Töpfchen	– Mitte Juli–September	Ende Mai
Zuckermais	Mitte Mai Anfang Mai	Freiland kurze, geschützte Vorkultur in Töpfchen	– August–September	Ende Mai
Wurzelgemüse				
Chicorée	Mitte Mai–Ende Mai	Freiland	–	Ende Oktober–Mitte November
Frühkartoffeln	–	Freiland	Mitte April	Ende Juni–Ende Juli
Knollensellerie	Mitte März–Mitte April	Gewächshaus, Fensterbrett	Ende Mai–Mitte Juni	Oktober–November
Kohlrüben Herbst	Juni	Freiland	Juli	Ende Oktober–Mitte November
Möhre früh	März	Freiland (unter Glas oder Folie)	–	Juni–August
Möhre mittel	Juni	Freiland	–	Ende Oktober–Mitte November
Möhre spät	Mitte April–Anfang Mai	Freiland	–	September–November
Pastinake	März–Juni	Freiland	–	Oktober–März
Radieschen (Eiszapfen)	Anfang März	Freiland (unter Glas oder Folie)	–	Mitte April
Rettich Frühjahr	März–Mai	Freiland (unter Glas oder Folie)	–	Ende April–Juni
Rettich Sommer	Mai–Juli	Freiland	–	Juni–August
Rettich Herbst	Juli–August	Freiland	–	August–Oktober
Rettich Winter	Mitte Juli–Ende Juli	Freiland	–	Ende Oktober–Mitte November
Rote Bete	Ende April–Mitte Juni	Freiland	–	August–Mitte November
Schalotte	–	Freiland	März–Anfang April	August–Oktober
Schwarzwurzel	Mitte März–Mitte April	Freiland	–	Ende Oktober–Mitte November
Speiserüben (Mairüben, Herbstrüben, Teltower Rübchen)	März–Mai/Juli–Anfang August	Freiland	–	April–Juni/Oktober–November
Steckzwiebel	März–April/Ende September–Anfang Oktober	Freiland	–	Mai–Juni/Juni–September
Wurzelpetersilie	Mitte März–Mitte April	Freiland	–	Mitte Oktober–November

Vorgezogene Jungpflanzen

Wenn Sie zwischen Ende April bzw. nach den Eisheiligen (Mitte Mai) vorgezogene Jungpflanzen in Ihr Gemüsebeet setzen, wird die Beetfläche dadurch erheblich kürzer beansprucht, als wenn Sie die Samen direkt ins Beet aussäen. Auf diese Weise können Sie dann entsprechend mehr Gemüse pflanzen.
Um Jungpflanzen selbst zu ziehen, brauchen Sie nicht unbedingt ein Gewächshaus oder ein Frühbeet, sondern es genügt schon eine ausreichend große Fensterbank. Auf diese Weise können Sie je nach Kulturform zwischen zwei und vier Wochen Zeit gewinnen:

► Verwenden Sie für die Aussaat am besten Keimschalen und nur hochwertige Anzuchterde (aus dem Fachhandel).

► Im Fachhandel bekommen Sie alle gängigen Gemüsesamen. Auf den Samenpackungen sind die richtige Saattiefe und der korrekte Aussaatzeitpunkt angegeben.

► Setzen Sie die Sämlinge etwa zehn Tage nach der Aussaat entweder ins Frühbeet (Seite 113) oder ins Beet und schützen Sie sie mit Vliesen oder Folien bis etwa Mitte Mai vor den letzten Nachtfrösten.

► Wenn Sie viel Platz haben, können Sie noch früher mit der Aussaat beginnen, indem Sie die Sämlinge pikieren. Dafür nehmen Sie die Pflänzchen mit einem Löffel oder Pikierholz vorsichtig aus der Keimschale, setzen sie in größere Gefäße um und lassen sie auf der Fensterbank noch weitere zwei bis drei Wochen wachsen, bevor Sie sie ins Beet umsetzen.

Die Mulchfolie erspart alle lästigen Bodenarbeiten.

Folien und Vliese

Folien und Vliese speichern die erste Sonnenwärme im Frühjahr bzw. halten die letzte Wärme im Herbst. Durch eine Abdeckung der Pflanzen mit diesen Materialien lassen sich die Aussaat- und Pflanztermine um etwa zwei bis drei Wochen vorziehen bzw. die Erntetermine im Herbst um etwa vier Wochen verlängern. Ein weiterer Vorteil ist, dass auf diese Weise lästige Schädlinge – vor allem die gefräßigen Gemüsefliegen – ferngehalten werden.

► Schlitz- und Lochfolien bestehen aus durchsichtigem Kunststoff bzw. Mulchfolien aus schwarzem Kunststoff und sind mit Öffnungen für die Wasser- und Luftzirkulation versehen und dehnen sich mit zunehmender Größe der Pflanzen aus.

► Vliese werden aus milchig weißem, gespinstartig verwobenem Kunststoffmaterial hergestellt, das die Wärme besonders gut speichert.
Folien und Vliese werden locker über die Ansaat bzw. die Jungpflanzen gelegt und seitlich leicht eingegraben. Eine Seite beschweren Sie am besten mit einem Brett, damit Sie die Abdeckung zum Gießen, Düngen

Mehr Wärme durch den Gewächshauseffekt

Was im Hinblick auf unser globales Klima unerwünscht ist, nutzt man im Gartenbau aus, indem man durch Abdecken der Pflanzen mit einem Folientunnel oder einem Frühbeet aus Plexiglas mehr Wärme gewinnt: Dabei durchdringt das kurzwellige Sonnenlicht das durchsichtige Abdeckmaterial und erwärmt den Boden, der diese Wärme als langwellige Strahlung nachts wieder abgibt. Da diese aber im Gegensatz zum Licht die Folie bzw. das Plexiglas nicht durchdringen kann, sondern im Innenraum gespeichert wird, können Gewächshäuser mit geringem Heizaufwand im Winter frostfrei gehalten werden.

und Unkrautjäten jederzeit öffnen können. Je nach Witterung können Sie die Abdeckung bis zur Ernte liegen lassen bzw. sie zur Verlängerung der Erntezeit im Herbst bei den ersten Frösten wieder auflegen.

Folientunnel

Wegen des Gewächshauseffekts sind Folientunnel noch besser geeignet, die Sonnenwärme zu speichern als die vergleichsweise lose aufliegenden Folien und Vliese. Die weiteren Vorteile eines Folientunnels sind weniger Unkrautwuchs durch Samenanflug sowie ein geringerer Schädlingsbefall und demzufolge auch weniger Pflegearbeiten.

► Ein Folientunnel besteht aus einem mit Folie bespannten Draht- oder Kunststoffgestell, das im Fachhandel in Form von fertigen Stecksystemen in unterschiedlichen Beetbreiten und -längen angeboten wird. Einen Folientunnel können Sie aber auch leicht selbst bauen und so Ihren individuellen Bedürfnissen anpassen. Wichtig ist dabei vor allem, dass sich die Folie seitlich hochziehen lässt, damit Sie bequem an die Pflanzen herankommen.

► Der Zeitgewinn bei der Anwendung eines Folientunnels beträgt etwa drei bis vier Wochen. Weil er zudem sehr einfach zu versetzen ist, können Sie ihn je nach Witterungsverlauf für verschiedene Kulturen verwenden.

Selbst gebaute Folientunnel.

Frühbeetkästen bieten sicheren Schutz für zarte Jungpflanzen.

Frühbeetkasten

Noch stabiler, dafür etwas unbeweglicher als ein Folientunnel ist ein Frühbeetkasten, der sich bei einer Grundfläche von etwa 2 m^2 aber immer noch mit wenigen Handgriffen versetzen lässt. Aufgrund der relativ geringen Größe eignet sich ein Frühbeetkasten allerdings nur für die Aussaat und Anzucht von Jungpflanzen, wobei schon zwei bis drei Keimschalen genügen, um ein ganzes Frühbeet zu füllen.

► Im Handel stehen verschiedene Fertigsysteme aus Holz, Leichtmetall, Kunststoff oder Betonplatten zur Auswahl. Die Abdeckung besteht meist aus Plexiglas und lässt sich zum Lüften kippen, damit sich die Hitze während der Mittagszeit nicht staut. Teurere Ausführungen sind mit Lamellenfenstern oder selbstlüftenden Systemen ausgestattet.

► Der Zeitgewinn bei einem Frühbeet beträgt etwa zwei bis vier Wochen, d. h., Sie können zuerst in Keimschalen auf der Fensterbank aussäen und die Sämlinge dann nach etwa drei Wochen in den Frühbeetkasten pikieren (Seite 106).

► Ab April ist der Boden warm genug, um direkt in das Frühbeet auszusäen. Säen Sie die Samen aber nicht direkt in die Erde, sondern wie auf der Fensterbank in Saatschalen (Seite 112).

► Vom Herbst bis in den Winter hinein kann der Frühbeetkasten schließlich zur Ernteverlängerung dienen, indem Sie das Gemüse darin lagern und ausreifen lassen.

► Ein Frühbeetkasten ist auch ein ausgezeichnetes Lager für Wintergemüse: Sellerie, Kohl, Rüben und Wurzelgemüse werden dabei leicht mit Erde, Sand oder Stroh bedeckt.

Kleingewächshaus

Erst bei intensivem Gemüseanbau lohnt sich die Anschaffung eines Kleingewächshauses, mit dem sich die Arbeit mit den Sämlingen und Jungpflanzen im Gegensatz zum Frühbeet erheblich erleichtern lässt, da Sie sich dabei nicht bücken müssen. Zudem ist es vielseitig nutzbar:

- ► Zur frühen Aussaat von frostempfindlichem Gemüse bzw. zur frühen Vorkultur von frostempfindlichen Jungpflanzen (der Zeitgewinn beträgt etwa vier Wochen).
- ► Zum beschleunigten und sicheren Anbau von regenempfindlichen Gemüsearten wie Tomaten, Paprika, Gurken und Auberginen.
- ► Zum verlängerten Anbau von frostempfindlichem Gemüse im Herbst.
- ► Zum Anbau im Spätherbst von frosthartem Gemüse wie Zuckerhutsalat, Rosenkohl, Feldsalat, Chinakohl und Lauch.
- ► Zum Überwintern von frostempfindlichen mediterranen Kübelpflanzen (Seite 93).

Standort eines Kleingewächshauses

Ein Kleingewächshaus sollte immer so aufgestellt werden, daß es mit dem Garten zusammen eine harmonische Einheit bildet. Achten Sie aber zusätzlich auf folgende Punkte:

- ► Günstig ist ein freier Standort mit ungehindertem Lichteinfall, also nicht im Schatten von großen Bäumen und Gebäuden.
- ► Dagegen sollte ein Anlehnhaus, das an einer Mauer platziert wird, nicht den ganzen Tag Sonne bekommen, sonst überhitzt es trotz guter Belüftung und Schattierung.
- ► Ein freier Standort kann aber auch stark dem Wind ausgesetzt sein, wodurch sich ein unzureichendes Pflanzenwachstum im Haus einstellt. Abhilfe schaffen eine Heckenpflanzung oder ein Zaun.
- ► Auch Standorte am Fuße eines Hanges oder neben Mauern sollten vermieden werden, da sich hier Kaltluft sammeln kann.
- ► Nutzen Sie das Haus vorwiegend im Sommer, ist eine Nord-Süd-Ausrichtung vorteilhaft.
- ► Wollen Sie bereits im zeitigen Frühjahr beginnen und bis in den Herbst arbeiten, ist der Lichteinfall bei einer Ost-West-Ausrichtung besser.
- ► Setzen Sie das Haus in jedem Fall auf Punktfundamente aus Beton oder auf eine ebene Pflasterfläche.
- ► Nahe liegende Anschlüsse von Wasser und Strom ersparen meterlangen Schlauch- bzw. Kabelsalat.

Baustoffe für Gewächshäuser

Als Baustoff dienen Holz und Aluminium, seltener verzinkter Stahl. Für die Verglasung können Sie Klarglas oder Kunststoffscheiben nehmen.

- ► Metallkonstruktionen sind nahezu wartungsfrei und sehr standstabil. Die Festigkeit des Materials erlaubt auch die Verwendung sehr schmaler Profile, wodurch sich der Lichteinfall erhöht.
- ► Ansehnlicher und leichter zu integrieren sind Konstruktionen aus Hart- oder Weichholz. Sie müssen aber regelmäßig mit entsprechenden Schutzmitteln versehen werden, damit sie nicht zu schnell verrotten.
- ► Klarglas wirkt sehr angenehm und natürlich. Es besitzt optimale Lichtdurchlässigkeit und hält die Wärme besser als Kunststoff. Es lässt sich leicht reinigen und verfärbt sich nicht. Nachteile von Klarglas: höheres Gewicht, geringere Festigkeit und schlechtere Handhabung bei Reparaturen.
- ► Kunststoffscheiben sind teurer und weniger haltbar als Glas. Sie verkratzen und verfärben sich im Laufe der Zeit, wodurch ein unansehnlicher Eindruck entsteht und sich die Lichtdurchlässigkeit weiter verringert. Trotzdem sind sie aufgrund des geringeren Gewichts und der kleineren Verletzungsgefahr eine oft verwendete Alternative.

Komfort im Kleingewächshaus

Kleingewächshäuser sind in vielen Größen, Ausführungen und den entsprechenden Preislagen erhältlich, sodass sich ein gründlicher Preisvergleich lohnt. Achten Sie auf folgende Punkte:

- ► Schiebetüren schlagen nicht bei Wind und sind angenehm zu handhaben, sollten aber mindestens 60 cm Breite aufweisen.
- ► Neben einer ausreichenden Dachlüftung sind Lüftungsklappen am Boden sehr vorteilhaft. Sie sorgen für einen Schornsteineffekt, bei dem die feuchte, heiße Luft oben austreten und kühlere von unten nachfließen kann.
- ► An sehr sonnigen Standorten sollten Rollos (außen) oder Sonnensegel (innen) schattiert werden können.
- ► Die Inneneinrichtung – Stellagen, Arbeitsplatz, Beet- und Stellflächen – sollte variabel ausgelegt sein.

››› *Ein derartiges Gewächshaus lohnt sich nur, wenn es intensiv genutzt wird.*

Pflanzen für die Sinne

Für den Blumengarten werden Pflanzen vorwiegend nach optischen Gesichtspunkten ausgesucht, im Nutzgarten dagegen vor allem nach ihrem Verwendungszweck. Es gibt aber noch eine ganz andere Möglichkeit, Pflanzen zu erfahren, nämlich bei den Zierpflanzen über den Geruchssinn, bei den Nutzpflanzen dagegen über das Aussehen und natürlich den Geschmackssinn.

Duftende Zierpflanzen

Duftpflanzen strömen ihren Geruch unmittelbar über ihre Blüten und Blätter aus, während Aromapflanzen berührt oder zerrieben werden müssen, damit sich der Geruch entfaltet. Duftende Blüten haben vor allem die Aufgabe, Insekten zur Bestäubung anzulocken. Im Gegensatz hierzu haben die Aromen von Blattpflanzen oft eine abschreckende Wirkung auf Insekten.

- Über duftende Blätter verfügen beispielsweise Efeu, Wacholder, Scheinzypresse, Holunder oder auch Buchs.

Duftgärtchen mit verschiedenen Aromapflanzen und Rosen

- Duftende Blüten haben Holunder, Sommerflieder, Flieder, Falscher Jasmin, Wildrosen, Rosen, viele Schneeballarten, Kirschlorbeer, Obstgehölze, Linde, Robinie.
- Duftende Kletterpflanzen sind Duftwicke, Loniceraarten (z. B. Jelängerjelieber), Hopfen (Staude), Kapuzinerkresse (einjährig).
- Duftende Kübelpflanzen sind Wandelröschen, Heliotrop, Duftpelargonie, Engelstrompete, Zitrusarten, Oleander.
- Beetstauden mit Blütenduft sind Pfingstrose, Madonnenlilie, Taglilie, Schwertlilie, Lavendel, Indianernessel, Phlox, Lupine, Nachtkerze.
- Wildstauden mit Aromen und Blütenduft sind Waldmeister, Duftveilchen, Waldanemone, Blausternchen, Krokus, Schlüsselblume.
- Einjährige/Zweijährige mit Blütenduft sind Goldlack, Ringelblume, Löwenmäulchen, Bartnelke, Wiesensalbei, Silberblatt, Ziertabak, Eisenkraut, Vergissmeinnicht.

Arznei-, Kräuter- und Gewürzpflanzen

In keinem Klostergarten durften früher Heilpflanzen fehlen. Deren stark aromatische ätherische Öle und viele andere Inhaltsstoffe sind heute noch wichtige Grundlage zahlreicher Medikamente. Auch die Kräuter- und Gewürzpflanzen verfügen über leicht medizinisch wirksame Inhaltsstoffe. Ihre Aromapalette reicht von milden, ätherischen Ölen (Thymian) bis hin zu scharf schmeckenden Glykosiden (Meerrettich).

- Einfache, zierende Arzneipflanzen sind Pfefferminze, Kamille, Zitronenmelisse, Diptam, Melisse, Lavendel, Latsche, Wacholder, Johannisbeere.

Schön und gut: Mangold.

► Einfach zu ziehende Kräuter für das Beet sind Schnittlauch, Petersilie, Dost, Borretsch, Süßdolde, Liebstöckel, Meerrettich.

► Einfache Kräuter für den Steingarten sind Salbei, Thymian, Dill, Oregano, Bohnenkraut, Dill.

Kräuterspirale

Bei den Kräuter- und Gewürzpflanzen gibt es ein- und mehrjährige Vertreter. Pflanzen Sie diese aber nicht zusammen, sondern in getrennte Beete, um die Pflege zu vereinfachen. Sehr bewährt hat sich eine Kräuterspirale, die Sie leicht selbst bauen können:

► Aus Bauschutt, grobem Kies und Steinen sowie guter Gartenerde im Verhältnis 70:30 einen 1 m hohen Kegel mit einem Durchmesser von 150 bis 200 cm formen.

► Am Fuß des Kegels beginnend mit kantigen Natursteinen (Seite 127) eine Spirale bilden, die sich nach oben dreht.

► In den Fugen und Ritzen des oberen Teils der Spirale sonnenliebende Gewürze pflanzen, da hier der Boden am durchlässigsten ist.

► An der Basis einheimische, kräftig wachsende Kräuter wie Liebstöckel

Stimmungsvolles Kräutergärtchen.

und Petersilie pflanzen, da an der Basis die Wasserversorgung optimal gewährleistet ist.

Kälteempfindliche Arten wie Rosmarin, Kresse oder Basilikum sollten Sie in jedem Fall in Töpfen kultivieren, damit sie bei Kälte im Warmen überwintern können (Seite 93).

Gemüse mit Überraschungseffekt

Von den Gemüsearten, die vor der Blüte gegessen werden, ist der Blütenstand meist unbekannt, aber dennoch eine Zierde nicht nur für naturnahe Gärten. Wenn Sie die Pflanze also nicht als Gemüse ernten, sondern aufblühen lassen, so werden Sie einige schöne Überraschungen erleben:

► Radieschen entwickeln bis zu 1 m hohe Blütenstängel. Sehr bizarr wirkt es, wenn Sie zehn Radieschen zusammen in einen Balkonkasten pflanzen und aufblühen lassen.

► Zierende Blüten haben auch Möhren, Lauch, Rettich, Spargel, viele Kohl- und Salatarten, Fenchel, Meerrettich, Senf, Zwiebeln, Knoblauch und Mangold.

► Kriechende Arten wie Zucchini oder Kürbis bedecken in kurzer Zeit eine ca. 3 m^2 große Fläche mit ihren großen Blättern.

► Kapuzinerkresse bildet fortlaufend essbare Blüten und kann wie Stangenbohnen einen Zaun beranken, sofern sie etwas geführt wird.

► Rhabarber ist eine ausgesprochen eindrucksvolle Blattpflanze für halbschattige Standorte. Neben den wechselnden Farben der Blätter wirkt er vor allem auch durch seine schönen Blüten.

► Auch die bunten Blätter des Zierkohls wirken sehr attraktiv vor allem in naturnahen Gärten.

► Bizarr wachsende Gemüsepflanzen wie Rosenkohl, Artischocke oder Schlangengurke setzen auch ohne auffällige Blüte interessante optische Schwerpunkte im Garten.

Zucchini blüht und fruchtet zugleich.

Wege und Terrassen

Sitzplätze und Wege strukturieren den Garten – befestigte Flächen lassen sich in vielen Formen und mit schönen Materialien gestalten.

FLÄCHEN – FUNKTIONAL UND SCHÖN

Der Kreativität bei der Gestaltung befestigter Flächen sind kaum Grenzen gesetzt.

Befestigte Flächen – dazu gehören beispielsweise Wege, Einfahrten, Terrassen und Sitzplätze – sind wichtige Strukturelemente in Ihrem Garten. Sie dienen zwar meist funktionalen Zwecken, können aber dennoch auchach ästhetischen Gesichtspunkten gestaltet und harmonisch in das Gesamtbild Ihres Gartens eingefügt werden. Grundlegendes über die Gestaltung und optische Wirkung von befestigten Flächen erfahren Sie im Kapitel »Kleines Einmaleins der Gartengestaltung« ab Seite 26. Da diese Pflasterflächen je nach Funktion unterschiedlichen mechanischen Belastungen und/oder Wettereinflüssen standhalten müssen, ist es wichtig, die geeigneten Materialien zu verwenden und sie entsprechend auf dem Untergrund zu befestigen. Wie dies im Einzelnen geschieht, erfahren Sie in diesem Kapitel.

Selber machen oder machen lassen?

Wenn Sie handwerklich geschickt sind, über die erforderliche Ausrüstung verfügen und genug Zeit haben, können Sie beim Befestigen Ihrer Gartenflächen vieles selbst machen und somit viel Geld sparen. Bedenken Sie aber, dass neben handwerklichem Geschick auch viel Logistik und Planung erforderlich sind und verschiedenste Materialien transportiert und bereitgestellt werden müssen. Auf kleinen Flächen wie Wegen und Terrassen spielt das noch keine große Rolle, bei Einfahrten kann aber erheblicher Aufwand entstehen. Bequemer, aber natürlich teurer ist es, wenn Sie die Arbeiten von einer Fachfirma ausführen lassen. Anhand eines Rechenbeispiels auf Seite 121f. können Sie sehen, mit welchen Kosten Sie z. B. für einen Unterbau rechnen müssen.

► **Tipp:** Bei größeren Arbeiten ist es sinnvoll, sich schon in der Planungsphase detaillierte Angebote und Referenzen von verschiedenen Gartenbaufirmen aus Ihrer Region einzuholen. Durch genaues Vergleichen können Sie später mit Sicherheit einiges Geld sparen.

Den Untergrund vorbereiten

Befestigte Flächen werden meist stark genutzt und sollten viele Jahre haltbar sein. Deshalb können gepflasterte Wege, Einfahrten oder Terrassen auch nicht einfach auf den Erdboden gesetzt werden, sondern benötigen einen Unterbau aus einem Sand-Kies-Gemisch bzw. Schotter (Seite 134). Die Stärke des Unterbaus richtet sich sowohl nach der Art der Belastung als auch nach der lokalen Froststärke. Was Sie dabei unbedingt beachten sollten: Je größer die Belastung und je stärker die durchschnittliche regionale Froststärke ist, desto solider muss der Unterbau angelegt werden.

► Der Unterbau muss zuerst mit Hilfe eines Stampfers oder einer Rüttelplatte verdichtet werden. Bei Schichtungen über 20 cm wird der Unterbau lagenweise aufgetragen und verdichtet.

► Erst darauf wird die eigentliche Verlegeschicht aus Splitt oder Brechsand mit einer Stärke von 3 bis 5 cm aufgebracht.

► Schon bei der Anlage des Unterbaus ist wichtig zu beachten, dass Pflasterflächen je nach Größe ein Gefälle von mindestens 2 Prozent haben sollten, damit das Oberflächenwasser keine Pfützen bildet und gut ablaufen kann. Das Gefälle sollte außerdem möglichst immer vom Haus wegführen (Seite 152). Größere Niveauunterschiede lassen sich durch Stufen bzw. Treppen ausgleichen (Seite 164).

Was kostet ein Unterbau?

Für eine Einfahrt soll eine Rasenfläche von 3 x 10 m = 30 m² befestigt werden. Der Unterbau soll 25 cm stark sein, die Verlegeschicht soll 5 cm betragen, die Steine haben eine Stärke von 6 cm. So ergibt sich eine Aushubtiefe von 25 + 5 + 6 cm = 36 cm. Auf die Fläche von 30 m² gerechnet, müssen etwa 10 m³ Erde ausgehoben und entsorgt werden. Bei solchen Mengen ist der Einsatz von Maschinen erforderlich. Je nachdem, wie viel Platz in Ihrem Garten ist, können Sie zwischen folgenden Möglichkeiten wählen:

► Am kostengünstigsten ist ein Lkw mit Ladekran, der den Aushub erstellt und sich selbst gleich aufladen kann. Die Kosten dafür betragen etwa 300,– DM.

► Ein Radlader erstellt den Aushub und bringt ihn zu einem bereitgestellten Lkw oder Container. Hier betragen die Kosten etwa 600,– DM.

► Ein Minibagger erstellt den Aushub, das Material wird per Schubkarre zu einem Container gebracht. Für diese Arbeiten müssen Sie etwa

Ansprechende Pflasterung eines Weges aus quadratischen Platten und Würfeln.

2000,– DM bezahlen. Anhand dieses Rechenbeispiels zeigt sich, dass die Kosten je nach Zugänglichkeit des Geländes sehr stark schwanken können. Planen Sie deshalb möglichst schon beim Bau Ihres Hauses, wenn die Zufahrt meist noch frei möglich ist, den Unterbau für die künftigen Pflasterflächen ein!

Die Steine verlegen

Zum Verlegen auf Splitt oder Sand eignen sich Klinker oder Natur- und Betonsteine.

► Natursteinwürfel und -bruchplatten sind unterschiedlich groß und dick. So lassen sich interessante Pflasterflächen mit unregelmäßigen Fugenbildern gestalten. Wegen der unterschiedlichen Höhe müssen die Steine einzeln per Hand mit einem Hammer in die vorbereitete Verlegeschicht gesetzt werden. 1 m² Verlegen kostet ab 120,– DM.

► Regelmäßig geformte Betonsteine und Klinker werden in einem gezielten Verband gelegt und erzeugen eine ebene, gleichmäßige Fläche. Das schnurgerade Fugenbild wirkt ausgesprochen streng.

► Die gleiche Höhe der Betonsteine erlaubt eine Verlegetechnik, bei der die einzelnen Steine schnell auf eine vorher planierte Splitt- oder Sandfläche aufgebracht werden können. 1 m² Verlegen kostet ab 40,– DM.

Kombination von zwei Steinarten, die großflächig verwendet werden.

Rechteckige Platten für einen Sitzplatz.

► Eine Ausnahme bilden gesägte und polierte Bahnenplatten aus sehr wertvollem Naturstein wie Marmor oder Granit. Ihre Stärke liegt bei nur 5 cm, was ein Verlegen auf Sand nicht mehr zulässt. Sie müssen sehr aufwendig in einem Mörtelbett mit einem soliden Betonuntergrund verlegt werden. 1 m² Verlegen kostet ab 180,– DM.

Steine selbst verlegen

Das Pflastern mit Natursteinwürfeln und die Verlegung von Steinen in einem Mörtelbett erfordern sehr viel Erfahrung und gehören deshalb in die Hände eines Fachmanns. Regelmäßig geformte Steine hingegen können Sie jedoch mit etwas handwerklichem Geschick ohne weiteres auch selbst in einem Sandbett verlegen:

► Eine kleine Rüttelplatte zum Verdichten des Untergrunds und einen Trennschleifer zum Schneiden der Platten können Sie für ungefähr 70,– DM bzw. 40,– DM pro Tag im Fachgeschäft ausleihen.

► Neben dem gängigen Gartenwerkzeug benötigen Sie weiterhin noch eine Richtlatte mit eingebauter Wasserwaage, einen Gummihammer,

zwei Wasserrohre, eine Kelle und ausreichend Schnur.
► Spannen Sie die Schnüre auf dem endgültigen Pflasterniveau und ermitteln Sie anschließend den Aufbau entsprechend dem auf Seite 121f. vorgestelltem Rechenbeispiel.
► Setzen Sie die Wasserrohre in die Verlegeschicht aus Sand oder Splitt mithilfe der Wasserwaage niveaugerecht ein und ziehen Sie darauf die Verlegeschicht mit einem Brett planeben ab.
► Bevor Sie die Steine auflegen, überlegen Sie gut, wo Sie am besten beginnen bzw. an welcher Stelle Sie aufhören werden.
► Beachten Sie dabei auch alle Nischen und Ecken, die ausgepflastert werden sollen.
► Alle nicht passenden Steine müssen zuvor mit einem Trennschleifer auf das richtige Maß zurechtgeschnitten werden.

Geeignetes Fugenmaterial
Jeder Untergrund »arbeitet« im Laufe der Jahre. Im Boden entstehen leichte Hebungen und Setzungen, die sich nicht vermeiden lassen. Damit sich die Steine dabei nicht aneinander reiben und die Ränder nicht ausbrechen, werden sie mit einer Fugenstärke von 0,5 bis 1 cm verlegt. Eine Ausnahme bildet hierbei das so genannte Rasenfugenpflaster (Seite 131), das mit einer Fugenstärke von bis zu 3 cm verlegt wird. Die beim Verlegen entstehenden Fugen können wahlweise mit folgenden Materialien gefüllt werden:
► Brechsand oder Splitt
► Kalkschlemme, einer Mischung aus Brechsand und Kalk, die Unkrautbewuchs verhindert.
► Humus-Splitt-Gemisch, das den Bewuchs mit Gras oder Wildstauden fördert.
► Mörtel bei Bahnenplatten.

Welches Material für welche Fläche?

Befestigte Fläche	Art der Belastung	Mögliche Beläge	Stärke des Unterbaus
Einfahrt	Pkw-Belastung	Natur- und Betonsteine ab 6 cm Stärke, Rasengittersteine, Rasenfugenpflaster, wassergebundene Wegedecke, Schotterrasen	40–50 cm
Terrasse	Trittbelastung	Natur- oder Betonstein, Holz, Kies	10–20 cm
Eingangsbereich	stark begangen	Natur- und Betonstein, Kiesweg	ca. 20 cm
Sitzplätze im Garten	Trittbelastung	Natur- oder Betonstein, Rasenfugenpflaster, Kiesdecke, Holzdecks, Rindenmulch, Rasen	ca. 10 cm
Wege im Garten	stark begangen	Stein, Holz, wassergebundene Wegedecke, Kies, Rindenmulch, Rasenfugenpflaster	ca. 10 cm
Wege im Garten	wenig genutzt	Rasen, Rindenmulch, Holz, Trittsteine	5–10 cm

Gelungene Kombination von altem Klinker und Granit-Großsteinen.

Die Wahl des Bodenbelags

Bevor Sie sich für einen Belag entscheiden, sollten Sie im Hinblick auf die künftige Belastung der Fläche anhand der folgenden Übersichtstabelle ermitteln, welcher Belag für Ihre Zwecke am besten geeignet ist, denn nicht jeder Belag hält jeder Belastung stand. Die Tabelle gibt auch Aufschluss über die jeweils benötigte Stärke des Unterbaus, der den Belag tragen soll.

Rutschfestigkeit
Ein weiterer Punkt, den Sie bei Ihrer Planung beachten müssen, ist die Rutschfestigkeit des Belages:
► Pflaster aus gesägten und polierten Natursteinen, Klinker und Holz

Tipp Steine

Der richtige Standort

Helle Steine verschmutzen sehr leicht und sollten aus diesem Grund möglichst nicht unter großen Bäumen, an Traufen, auf der Nordseite oder in Arbeitsbereichen verwendet werden, denn andernfalls bedürfen sie ständiger Pflege. Außerdem können helle Steine auf stark von der Sonne beschienenen Südseiten unangenehm blenden.

sind vor allem für ältere Menschen und kleine Kinder weniger empfehlenswert, weil diese Materialien bei Feuchtigkeit schnell rutschig werden und weil sich auf ihnen zudem sehr leicht Moos bildet.

► Im Gegensatz zu den genannten Bodenbelägen haben bruchraue Natursteine sowie alle sandgestrahlten Betonsteine und Waschbetonplatten eine recht griffige Oberfläche, sodass die Gefahr des Ausrutschens bei diesen Steinarten weit weniger groß ist.

Haltbarkeit und Pflege

Die Lebensdauer von Steinbelägen reicht von ungefähr 30 Jahren bei Betonsteinen bis zu mehreren Hundert Jahren bei Natursteinen, also fast für alle Ewigkeit. Holzbeläge müssen dagegen je nach Ausgangsmaterial und Behandlung (Seite 129) nach nur etwa 10 bis 20 Jahren ausgetauscht werden.

Für Sie bedeutet das, dass Sie den Belag keineswegs nur unter optischen und finanziellen Gesichtspunkten auswählen sollten, sondern im Hinblick auf seine Beständigkeit. Schließlich wird er Sie in Ihrem Garten lange Zeit begleiten.

► **Tipp:** Raue Oberflächen von Holz und Steinen nehmen Schmutz sehr leicht auf, sodass es schnell zu Verfärbungen oder auch zu Flechtenbewuchs kommt. Das ist allerdings keineswegs so tragisch, wie es klingt, denn diese normalen Verschmutzungen lassen sich meistens mit Schlauch und Bürste oder der einmal gewählte Bodenbelag mit einem Hochdruckreiniger leicht und wirkungsvoll beseitigen.

Legemuster für Trittsteine

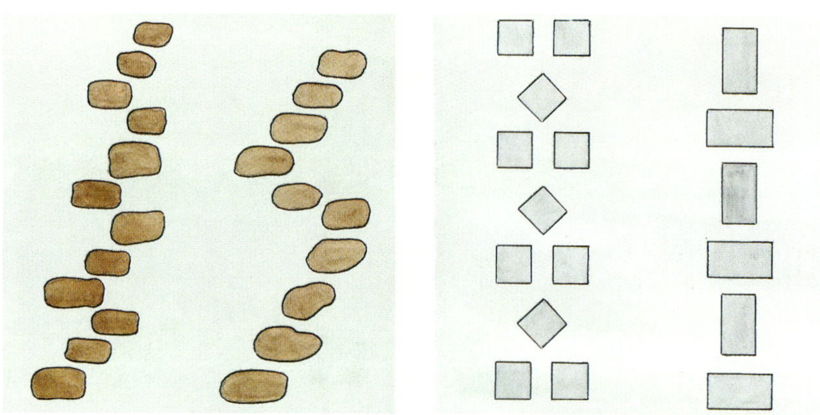

Legemuster von Trittsteinen in asiatischem und modernem Stil.

Wege aus Rindenmulch passen gut in naturnahe Gärten.

Farben

Bei Ihrer Entscheidung für ein Belagmaterial sollten Sie außerdem die unterschiedliche Farbwirkung der Beläge im Hinblick auf die daran angrenzenden Flächen berücksichtigen. Die Farben sollten möglichst miteinander korrespondieren, sodass ein harmonischer Gesamteindruck entsteht:

► Ein dunkler Weg aus Rindenmulch betont bunte Blumenbeete und hebt deren Farben hervor.

► Ein heller Plattenweg betont bzw. verstärkt die Farb- und Flächenwirkung von Rasenflächen.

► Sehr helle oder sogar reinweiße Platten bewirken eine deutliche Abgrenzung zwischen Haus- und Gartenbereich.

► Roter Porphyr oder Klinker sorgen bei Ziegelhäusern für einen fließenden, weichen Übergang zwischen Haus und Garten.

► Naturbelassenes Holz wirkt aufgrund seiner warmen Ausstrahlung sehr einladend. Sie können es aber auch lasieren (Seite 174) und auf diese Weise für stärkere Farbkontraste sorgen.

Größe und Verlegemuster

Das Erscheinungsbild von Pflasterflächen wird neben der Farbe auch durch die Größe der einzelnen Steine und das gewählte Verlegemuster bestimmt:

► Große Plattenformate verkleinern optisch eine Fläche, kleine Steine hingegen vergrößern sie etwas. Je kleiner die einzelnen Steinformate ausfallen, desto unauffälliger wirkt die nach dem Verlegen entstandene Pflasterfläche.

► Das Verlegemuster bestimmt, wie die Steine im Verband miteinander kombiniert werden, und erzeugt dadurch ein jeweils typisches und charakteristisches Fugenbild.

► Unregelmäßig geformte Steine (Bruchplatten) werden so verlegt, dass dabei möglichst kleine Fugen entstehen. Das entstehende Fugenbild sollte diffus wirken.

► Mosaiksteine, die kleinsten Natursteine, lassen sich in Rundbögen oder in geraden Zeilen verlegen.

► Bruchplatten und Mosaiksteine lassen sich gut miteinander kombinieren und ergeben ein abwechslungsreiches Erscheinungsbild.

Klinkerplatten mit Natursteinwürfeln.

Steinarten kombinieren

Eine Pflasterfläche muss nicht aus einem einheitlichen Belag bestehen, sondern kann aus verschiedenen Steinarten zusammengesetzt werden. Dabei gilt als Faustregel, dass Sie möglichst nicht mehr als zwei Steinarten miteinander kombinieren sollten, da das Erscheinungsbild sonst leicht zu unruhig wirkt. Besonders kunstvolle Pflasterarbeiten können zwar auch aus mehreren Materialien bestehen, erfordern aber auch großes Können.

► Sehr beliebt ist auch die Kombination von Betonplatten und Streifen aus Natursteinwürfeln oder Klinkersteinen. Man spricht bei dem so entstehenden Erscheinungsbild von so genannten »Zeilen«. Durch diese Methode wird das starre Verlegemuster unterbrochen, und es entsteht ein schöner Farbkontrast innerhalb der Steinoberfläche. Eintönige Betonpflasterflächen können auf diese Weise optisch ganz erheblich gewinnen.

Unterschiedliche Legemuster von regelmässig geformten Steinen (Klinker)

links oben: parkettartiger Verband.
links unten: verdoppelte Verlegung.

rechts oben: Fischgrätverband.
rechts unten: Bahnenverlegung.

Verlegemuster bei unterschiedlichen Steingrössen

Ein versetzter Verband wirkt eng verzahnt und homogen.

Bahnenverlegung wirkt relativ streng und formal.

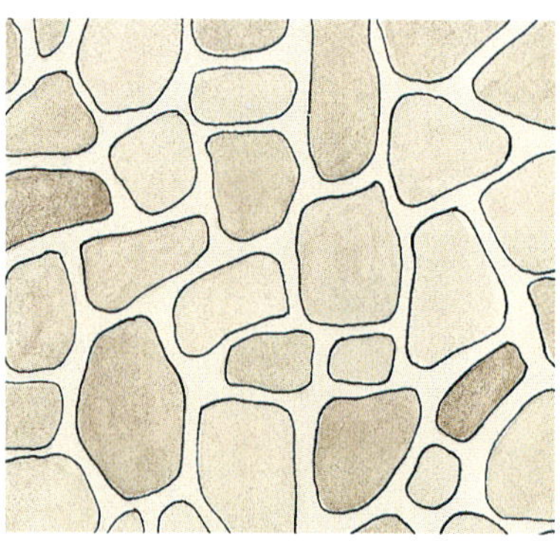
Ein Polygonalverband bei Naturstein-Bruchplatten erfordert viel Aufmerksamkeit beim Verlegen.

Kleine Natursteinwürfel werden einzeln und von Hand verlegt.

Rundbogenverlegung von Mosaiksteinen erfordert viel Geschick.

► Auch die Kombination von Klinker und Granit- bzw. Basaltwürfeln wirkt ansprechend. Durch den Farbkontrast wird das Rot des Klinkers abgeschwächt, und es entsteht eine sehr gediegene, ruhige Atmosphäre.

► Ein sehr hochwertiges und stabiles Pflaster ergibt die Kombination aus Natursteinbruchplatten und Mosaiksteinen. Hierbei werden die Fugen zwischen den Bruchplatten absichtlich groß angelegt und mit dem Kleinsteinpflaster ausgelegt.

Tipp: Für regelmäßig geformte Steine gibt es eine reiche Fülle von Verlegemustern, durch die die typischen Fugenbilder entstehen. Wenn Sie sich für einen wertvollen Pflasterbelag entscheiden, sollten Sie sich bei der Auswahl des Verlegemusters und des Fugenbildes von einem Fachmann beraten lassen, um Enttäuschungen zu vermeiden. Die Wirkung der einzelnen Muster kann sehr unterschiedlich ausfallen, wie die Abbildungen zeigen.

Optischer Fixpunkt: In Kreisform verlegte Natursteinwürfel.

Materialien zur Flächenbefestigung

Welches Material Sie für die Flächenbefestigung auswählen, hängt – wie Sie gesehen haben – nicht nur von Ihrem Geldbeutel ab. Auch die Beschaffenheit und Qualität, also Haltbarkeit, Zweckmäßigkeit und Aussehen sowie die Verarbeitungsfreundlichkeit des Befestigungsmaterials sollten bei Ihrer Entscheidung Berücksichtigung finden.

Betonsteine

Betonsteine werden in regelmäßigen Formen im Betonwerk gepresst. Sie haben zunächst eine schlichte, glatte graue Oberfläche, die jedoch durch verschiedene Techniken bearbeitet und aufgewertet werden kann:

► Durch das Einmischen von Natursteinmehl in die oberste Verschleißschicht entstehen interessante Farben und Strukturen, wodurch die Oberfläche lebendiger wird.

Tipp

Wenn Sie hochwertige Betonplatten beispielsweise auf Ihrer Terrasse verlegen wollen, dann lohnt es sich, die Angebote mehrerer Hersteller zu vergleichen: Da die Betonwerke bei der Herstellung auf jeweils bestimmte Verfahren spezialisiert sind, können Sie die ganze Palette der Möglichkeiten nur durch den Vergleich verschiedener Firmen kennen lernen.

► Mithilfe von Sand- oder Wasserstrahlen bekommen die Steine außerdem eine griffigere und ansehnlichere Oberfläche.

► Durch das so genannte Klunkern bzw. Rollen wird ein »gebrauchter« Eindruck vorgetäuscht.

► Die Preise variieren von ungefähr 30,– DM/m² für einfache, glatte graue Gehwegplatten bis hin zu 90,– DM und mehr für sehr elegante, aufwändig veredelte Platten.

► Betonsteine können wie Klinker in sehr unterschiedlichen Verlegemustern angeordnet werden. Somit entstehen immer wieder andere charakteristische Fugenbilder.

Einkaufstipp
Steine

Im Handel sind Natursteine aus Portugal oder sogar aus Indien erhältlich, die trotz des zum Teil weiten Transportweges preislich mit einheimischem Material konkurrieren können, da die Abbaukosten in diesen Ländern wesentlich geringer sind als in Deutschland. Aus diesem Grund wird einheimischer Naturstein seltener im Kleinhandel angeboten, sodass sich ein Blick in das Branchenbuch in jedem Fall lohnt.

► Bedingt durch die Herstellungsweise haben Betonsteine eine einheitliche Größe, die das Verlegen sehr vereinfacht. Die Formate sind in den meisten Fällen rechteckig, es gibt aber durchaus auch Sonderformen wie Sechsecke, Trapeze und Wellen. Dabei handelt es sich um Verbundsteine, die beim Verlegen durch ihre »Verzahnung« eine sehr stabile Pflasterfläche ergeben und deshalb meist in Einfahrten Verwendung finden.

Bei dieser Einfahrt wurden nur die Fahrspuren mit Platten belegt.

Natursteine

Naturstein stammt von Steinbrüchen aus der ganzen Welt, wobei man nach Art und Herkunft des Materials unterscheidet. So gibt es beispielsweise Granit aus dem Bayerischen Wald oder Diabas aus dem Hunsrück. Ganz nach Art und Härte der Steine werden die freigesprengten Blöcke entweder gespalten oder gesägt und poliert.

► Gesägte und polierte Steine haben eine äußerst glatte Oberfläche. Wegen der aufwändigen Herstellung bzw. Oberflächenbearbeitung sind die Steine relativ teuer, haben dafür eine konstante Plattenstärke mit einer Toleranz von höchstens 0,5 cm. Diese Bahnenplatten werden meist in einem Mörtelbett verlegt, um ihre Stabilität zu erhöhen.

► Durch die wesentlich gröbere Technik des Spaltens entstehen bruchraue, griffige Steine, deren Schwankungen 1 bis 3 cm betragen können. Diese Steine haben ein sehr natürliches Erscheinungsbild und eignen sich daher besonders gut für naturnahe Gärten.

Hart- und Weichsteine

Der Reiz von Natursteinen besteht darin, dass kein Stein dem anderen gleicht. Farbe, Farbverteilung und meist auch die Größe sind sehr unterschiedlich, sodass das dadurch entstehende, leicht diffuse Fugenbild sehr natürlich wirkt und dem Auge schmeichelt. Bei Natursteinen unterscheidet man grob zwischen Hart- und Weichgesteinen.

Hartgesteine

Zu den äußerst haltbaren Hartgesteinen, die heute noch in Europa abgebaut werden, gehören

- Granit, Gneis, Quarzit, die in vielen Farbausprägungen und Formaten in Form von Bruchplatten, Würfeln und Bahnenplatten erhältlich sind.
- Basalte, die meist einheitlich anthrazit oder schwarz gefärbt sind, werden hauptsächlich als Würfel oder Bahnen angeboten.
- Porphyr, ein rötlicher oder gelblicher bis grünlicher Stein, der in Form von Bruchplatten, Würfeln und Bahnenplatten im Handel ist.
- Daneben gibt es sehr exotisch anmutende Gesteine wie z. B. den auffallend grünen Diabas (Harz, Fichtelgebirge), den grau-grünrötlichen Melaphyr (Hunsrück) oder den markanten graugrünen Gabbro (Harz, Bayern).

Weichgesteine

Weichgesteine sind unterschiedlich witterungsbeständig. Einige Arten eignen sich deshalb auch nur für den Innenbereich. Sie kommen zwar in vielen europäischen Ländern vor, sind aber oft nur regional verbreitet:

- Kalkgesteine wie Muschelkalk (Maingebiet), Kalktuffe, Travertin und Marmor sind unterschiedlich belastbar. Das edle Material wird meist in Bahnenplatten verarbeitet, wobei die empfindlicheren Arten wie Muschelkalk und Travertin mehr im Innenbereich verwendet werden.
- Sandstein ist ein sehr häufiges Gestein, dessen Haltbarkeit stark vom jeweiligen Abbauort abhängt. Er ist in vielen Farben von Rotbraun bis Gelbgrün und in Form von Bahnen und Bruchplatten erhältlich.
- Auch bei den Weichgesteinen gibt es ausgefallene »Lokalmatadore« wie die dunkle Grauwacke (Harz, Bergisches Land, Elsass), den gelblichen Plattenkalk (Solnhofen) oder den gelblich grauen Nagelfluh aus gebirgsnahen Flusstälern.

Terrasse mit Pflasterung und Pergola.

Was bedeuten die Fachbegriffe?

Fachbegriff	Art des Materials	Eigenart/Verwendung
Kies	runde Steine, Korngröße 4/8 cm–32/64 cm	oberflächlich zur Zierde oder als Drainagematerial geeignet, da wasserdurchlässig
Schotter/Splitt	gebrochener Kies mit kantigen Flächen, Korngröße 2/5 cm–32/64 cm	durch Verzahnung und Verkantung entsteht eine tragfähige Schicht, als Abdeckung und Unterbau geeignet
Sand	gebrochener, kantiger Brechsand, Korngröße 0,3 mm, oder runder Fluss- oder Natursand, Korngröße 0,1–0,4 mm	Natursand als Spielsand, Brechsand als Verlegeschicht oder Fugenmaterial geeignet
Unterbau	Gemisch aus Kies und Sand, Korngröße 0/32 mm, oder grober Schotter, Korngröße bis 0/64 mm	lagenweise verdichtet als Untergrund für Wege, Mauern, Sitzplätze und Pflasterflächen genutzt
Fundament	Beton (20–60 cm)	als Unterbau für Pflasterungen oder als Trageschicht für Stützen, Mauern, Brücken, Trittsteine, Findlinge, Treppen geeignet
Beton	Gemisch aus Sand, Steinen, Zement und Wasser	als Fundamentträger und Ausgangsstoff für Betonteile geeignet
Mörtel	Gemisch aus Sand, Zement und Wasser	als Verlegeschicht oder Verfugungsmaterial geeignet

Klinker

Klinkersteine werden in gleichmäßiger Größe aus gebranntem Ton hergestellt und haben eine rötliche bis bräunlich blaue oder auch gelbliche Färbung.

► Einheitlich ziegelrote Klinker wirken sehr streng und haben ein architektonisch-formales Erscheinungsbild.

► Einen »gebrauchten« Eindruck vermitteln hingegen die »herbstbunten« Klinker, deren Farben zwischen Gelb, Rot und Braun variieren. Herbstbunte Klinker eignen sich besonders gut für naturnahe Gärten oder für Bauerngärten.

► Die meisten Klinkersteine sind quadratisch oder rechteckig, manche Hersteller bieten aber auch Klinker in Sonderformen wie etwa Sechsecken an.

► Bei Klinkerpflastern gibt es vielfältige Verlegemuster, wobei jedes Muster seinen ganz individuellen Reiz hat. Diese Muster lassen sich vor allem auf Wegen auch sehr gut miteinander kombinieren. Ein solcher Klinkerweg wirkt besonders interessant und abwechslungsreich, wenn Sie das Legemuster jeweils im Abstand von wenigen Metern etwas abändern. Übertreiben Sie es aber nicht, sonst erhalten Sie ein sehr unruhiges Erscheinungsbild.

► Kaufen Sie Klinker nur im Fachhandel und lassen Sie sich vom Händler die Frostsicherheit der Steine bestätigen: Nicht alle Klinker sind frosthart. Schon nach einem Winter kann die Oberfläche springen.

Quadratische Klinkersteine mit Fuge als Rasenfugenpflaster verlegt.

TRITTSTEINE

Für wenig begangene Wege im Rasen oder in Beeten eignen sich auch einzelne Trittsteine aus Natur- oder Betonstein. Sie können entweder einzelne, große Platten legen oder die Auftrittsfläche aus mehreren Kleinsteinen zusammensetzen.

► Ein Trittplattenweg muss nicht einem linearen Verlauf folgen. Die Schrittfolge kann auch dazu genutzt werden, um Wendungen so in den Weg einzubauen, dass sich dadurch neue Perspektiven im Garten eröffnen. Vor allem in asiatischen Gärten wird diese Kunst sehr gepflegt.

► Die Kosten für Trittplatten aus Naturstein halten sich in Grenzen, sodass Sie Ihren Garten mit diesen wertvollen Steinen aufwerten können, ohne dass Sie dafür tief in die Tasche greifen müssen.

Holzpflaster

Ein Holzpflaster besteht aus quergesägten Rund- oder Kanthölzern, dem so genannten Stirnholz, und wird auf die gleiche Weise verlegt wie ein Steinbelag. Wegen seiner warmen, rustikalen Ausstrahlung findet Holzpflaster gerne in Naturgärten Verwendung. Ein beachtenswerter Nachteil von Holzpflaster ist allerdings, dass es bei Regen und Feuchtigkeit sehr rutschig wird, sodass es sich eigentlich nur für besonders sonnige Lagen eignet.

Holzdecks

Holzdecks bestehen aus quer auf Kanthölzern angebrachten Brettern und sind eine sehr preisgünstige Alternative zu einem Steinpflasterbelag, vor allem bei großen Terrassen und Sitzplätzen.

► Mit einem Holzdeck lassen sich außerdem Höhenunterschiede sehr einfach überbrücken.

Gestaffeltes Holzdeck.

► Holzdecks sind ebenfalls sehr dekorativ, wenn sie frei schwebend über einem Teich angebracht werden (Seite 201).

► Holzdecks haben den Vorteil, dass sie sich schnell erwärmen und im Gegensatz zu einem Holzpflaster rasch wieder abtrocknen.

► Da ein Holzdeck vor allem auf Terrassen und Sitzplätzen intensiv genutzt wird, sollten Sie dafür entweder imprägnierte Fichte oder Kiefer bzw. naturbelassenes Holz wie Lärche, Kastanie oder Robinie mit hoher Witterungsbeständigkeit verwenden (Seite 163).

Ein Holzdeck selbst bauen

Als geschickter Bastler können Sie ein Holzdeck auch selbst erstellen. Für die meisten Arbeiten wird nicht einmal eine Hilfskraft benötigt.

► Entscheiden Sie zuerst, ob die Planken quer oder längs verlaufen sollen, und bestimmen Sie dann die Lage der Kanthölzer, auf denen die Planken aufliegen werden.

► Der Abstand zwischen den Kanthölzern (12 x 12 cm) sollte ca. 50 cm betragen, die einzelnen Planken (3 x 15 cm) werden im Abstand von höchstens 1 cm aufgeschraubt.

► Wenn Sie das Deck richtig geplant und vermessen haben, können Sie sich das Holz auf Ihre gewünschten Maße im Holzhandel zurechtschneiden lassen.

Decks gleichen Höhenunterschiede aus.

Ein Holzdeckweg wirkt sehr natürlich.

Holzdeck über Wasser

Die Balkenschuhe werden in Betonfundamente gesetzt, darauf werden die Kanthölzer befestigt. Die Planken werden aufgeschraubt bzw. angenagelt.

Terrassenbeläge

Auch bei Ihrem Terrassenbelag können Sie zwischen Holz und Stein wählen. Da die Terrasse direkt an das Haus anschließt, sollten Sie bei der Auswahl darauf achten, dass Material, Farbe, Format und Verlegemuster zum Stil Ihres Hauses passen. Für einen Steinbelag spricht, dass er wesentlich länger haltbar ist als Holz und außerdem die Wärme bis in die Abendstunden speichert, sodass Sie angenehm warme Füße behalten, wenn Sie abends länger auf der Terrasse sitzen. Für ein Holzdeck spricht, dass es wesentlich weniger kostet als ein Steinbelag und sich schon in der Morgensonne erwärmt.

► **Tipp:** An die Terrasse angrenzende Wohnräume lassen sich übrigens optisch vergrößern, wenn diese einen ähnlichen Belag wie die Terrasse haben, etwa indem Sie innen Klinkerplatten und außen Klinkerpflaster bzw. innen einen Parkettboden und außen ein Holzdeck in gleicher Farbe verlegen.

► Als Untergrund genügen kleine Betonfundamente (40 x 40 x 40 cm) für die Kanthölzer. Wenn Sie außerdem Balkenschuhe (Seite 174) als konstruktiven Holzschutz einsetzen, wird das Holzdeck vor Feuchtigkeit geschützt und bleibt länger haltbar.

Parkplätze aus Rasengittersteinen.

Rasenpflaster

Für Einfahrten, Parkplätze, Feuerwehrzufahrten sind Rasenpflaster und Schotterrasen eine Alternative zum Plattenbelag. Dafür stehen verschiedene Steinarten zur Verfügung:

► Rasengittersteine sind spezielle Betonsteine mit Hohlräumen, in die Humus eingefüllt wird. Je nach Hersteller gibt es verschiedene Ausführungen. Die Nachteile von Rasengittersteinen sind ihr hohes Eigengewicht beim Verlegen und die schlechte Begehbarkeit.

► Rasenfugensteine aus Beton werden in Einfahrten und für Wege verwendet und mit bis zu 3 cm breiten Fugen verlegt. In die Fugen wird Gras angesät, sodass die Betonfläche etwas aufgelockerter wirkt.

► Anspruchsvoller, aber auch teurer ist ein Großpflaster aus Naturstein (meist Granit), das mit 2 bis 4 cm breiten Fugen verlegt wird. In die Fugen wird ein Humus-Splitt-Gemisch eingekehrt und Rasen angesät. Dadurch kommt der Naturstein zwischen den vereinzelten Grasbüscheln gut zur Geltung.

Schotterrasen

Schotterrasen heißt eine etwa 15 cm starke Schicht aus grobem Splitt oder Schotter mit einer Korngröße von ca. 20 bis 40 mm (Seite 128),

Einkehren von Humus.

Harmonische Erscheinung: Rasenfugenpflaster aus Granit-Großsteinen.

in deren Hohlräume Humus eingefüllt und Rasen angesät wird.

► Schotterrasen ist eine sehr kostengünstige, aber leider nur recht selten verwendete Alternative zum Rasenpflaster. Er wirkt wie eine Magerwiese und hat eine natürliche, fast heimelige Ausstrahlung.

► Schotterrasen kann durch einen Unterbau so gesichert werden, dass sogar Fahrzeuge mit einem Gewicht von bis zu 40 Tonnen ohne weiteres darauf fahren können.

► Schotterrasen kann außerdem als Gartenweg oder Spielfläche dienen. Der Pflegeaufwand ist sehr gering und beschränkt sich auf gelegentliches Mähen.

Tipp

Vor allem an längeren Einfahrten entstehen schnell sehr große, nüchterne Pflasterflächen. Hier bietet es sich an, nur die Fahrspuren als Rasenfugenpflaster anzulegen, während der Mittel- und die Randstreifen mit einer Rasenfläche bzw. Stauden- oder Kiesbeeten verschönert werden.

Naturnaher Kiesweg.

Wassergebundene Wegedecke

Als preisgünstige Alternative zu Pflasterbelägen wird in Parks häufig auch eine so genannte wassergebundene Wegedecke verwendet. Sie besteht aus einem verdichteten Sand-Kies-Gemisch, die dem Unterbau von Pflasterbelägen entspricht. Die Oberfläche sollte leicht gewölbt sein, damit sich bei Regen auf dem Weg keine Pfützen bilden.

► Die Nachteile einer wassergebundenen Wegedecke sind, dass es nach Regenfällen eine Weile dauert, bis sie abgetrocknet ist, und dass sie im Abstand von einigen Jahren wieder neu verdichtet werden muss.

► Damit der Belag schneller abtrocknet, kann die Wegedecke auch mit Kies der Korngröße 4/8 cm angelegt werden. Eine solche Wegedecke entspricht dem klassischen Belag für Barockgärten, der aber auch in Bauerngärten gut zur Wirkung kommt. Eine edle Wirkung erzielen Sie, wenn Sie weißen Kies verwenden, beispielsweise aus Marmor.

► Wenn der Weg mit einer Kiesdecke angelegt wird, ist eine erhöhte Randbefestigung wichtig, damit sich der Kies nicht verläuft.

TIPP

Der einfachste und am häufigsten genutzte Belag für einen Sitzplatz im Garten ist eine Rasenfläche, auf der Sie Ihren Sitzplatz nach Belieben »wandern« lassen können. Der Nachteil eines solchen Rasenplatzes besteht allerdings darin, dass er nach Regenfällen nicht gleich wieder benutzbar ist. Dagegen hilft eine Befestigung, wobei Sie zwischen den unterschiedlichsten Belägen aus diesem Kapitel wählen können.

Weg aus Kleinsteinpflaster (Marmor).

Weg aus Rindenmulch.

Schmaler Trittplattenweg.

Rindenmulchweg

Rindenmulch mit seinem betörenden Geruch ist ein angenehm begehbarer Belag für Wege und eignet sich ausgezeichnet für Naturgärten oder Bauerngärten. Er trocknet allerdings nicht so schnell ab wie eine Kiesfläche und sollte wie diese unbedingt eingefasst werden (Seite 135).

► Bei einem Rindenmulchweg reicht bereits ein etwa 10 cm starker Unterbau, auf den Sie die Rinde 10 cm hoch ausbringen.

► Anschließend brauchen Sie den Belag nur noch alle paar Jahre durch Nachfüllen von Rinde aufzufrischen.

Rasenweg

Für Gärten mit üppigen Beet- und Gehölzpflanzungen ist auch ein Weg aus Rasen denkbar. In der Regel entspricht er einer lang gezogenen Rasenfläche bzw. er kann in eine Rasenfläche auslaufen. Rasenwege wirken immer großzügig und einladend und passen ebenso gut in formal wie in frei gestaltete Gärten. Das Besondere an einem Rasenweg ist, dass er beliebig breit angelegt sein kann und trotzdem immer wie ein Weg wirkt.

››› *Romantischer Sitzplatz mit Rundpflaster unter alten Bäumen.*

Vergleich von Wege- und Terrassenbelägen

Ausgangsmaterial	Formate/Stärken	Verwendung in Reihenfolge	Materialkosten/m²	Verlegekosten/m² ohne Unterbauarbeiten
Betonstein; Betongartenplatten mit verschiedenen Oberflächen	40 x 40 cm–60 x 40 cm/ 6–8 cm	Terrassen, Eingänge, Wege, Einfahrten	35–70 DM	50–70 DM
Betonstein; Betonverbundsteine mit grauer, glatter Oberfläche	Knochen, Wellen, Trapez etc./6–10 cm	Einfahrten	30 DM	50 DM
Betonstein; Betonkleinstein mit verschiedenen Oberflächen	8/11 cm–24/32 cm/ 6–8 cm	Eingänge, Einfahrten, Wege	40–70 DM	ab 40 DM
Naturstein; Natursteinplatten gesägt und dadurch glatt	Bahnen mit 40 cm Breite/ 40–100 cm Länge/4–6 cm	Terrassen, Eingänge	ab 100 DM	ab 140 DM
Naturstein; Natursteinbruchplatten (Granit, Quarz, Schiefer) mit rauer Oberfläche	kleinster (mind. 30 cm/ 4–8 cm)	Terrassen, Eingänge, Wege	ab 70 DM	ab 100 DM
Naturstein; Mittel- bis Großstein: Granit (grau), Porphyr (rötlich), Basalt (schwarz)	ab 10/12 cm–24/32 cm/ ab 10 cm	Eingänge, Wege; Terrassen	ab 70 DM	ab 120 DM
Naturstein; Mosaik- und Kleinstein (Granit, Porphyr, Basalt)	5/7 cm–9/11 cm/Stärke entsprechend	Terrassen, Eingänge, Wege	ab 90 DM	ab 160 DM
Klinker; Kunststein aus Ton gebrannt	2/24 cm–26/26 cm/5–8 cm	Terrassen, Wege, Eingänge, Einfahrten	ab 60 DM	ab 60 DM
Rasenfugenstein; Beton, Klinker, Naturstein (Granit)	ca. 16/16 cm/8–10 cm	Einfahrten, Wege, Sitzplätze	30 DM (Beton) – 90 DM (Naturstein)	40 DM (Beton) – 140 DM (Naturstein)
Schotterrasen; verdichteter grober Schotter (20–40 mm) und Humus	beliebig/ab 10 cm	Einfahrten, Wege, Feuerwehrzufahrten	ab 20 DM	ab 30 DM
Trittstein; Natur- oder Betonstein	Platten (ca. 40 x 40 x 5 cm) oder Fläche aus Pflasterwürfeln (ca. 14/16 cm)	Wenig begangene Wege 120 DM (Naturstein)	20 DM (Beton)–	ab 40 DM
Kiespflaster; flache Kieselsteine in Mörtelbett	6–12 cm/ca. 10 cm	Tote Winkel, Uferbefestigungen, als Gestaltungselement	20 DM	ab 60 DM
Holz; Holzpflaster (Stirnholz)	15–40 cm/ca. 15 cm	Wege, Sitzplätze, Treppen	ab 50 DM	ab 60 DM
Holz; Holzdecks aus Kanthölzern und Brettern	Kanthölzer ca. 12 x 12 cm, Bretter ca. 3 x 15 cm	Terrassen, Stege, Sitzplätze, Wege	ab 45 DM	ab 40 DM
Wassergebundene Wegedecke/ Kiesweg; Schotter/Brechsand (zuzüglich Kies bei Kiesweg)	beliebig/5–10 cm	Einfahrten, Wege, Sitzplätze	ab 15 DM	ab 35 DM
Rindenmulch; zerkleinerte Rinde auf einem Unterbau	beliebig/bis 10 cm	Wege, Sitz- und Spielplätze	5 DM	ab 10 DM

Flächenbegrenzung

Wege und Terrassen können ebenerdig in Rasen- oder Beetflächen übergehen oder von diesen durch eine Abgrenzung getrennt werden. Auch Beete lassen sich so einfassen. So rutscht der Pflasterbelag nicht ab und der Belag ist länger haltbar.

► Die Einfassung sollte fast ebenerdig oder geringfügig erhöht (bis 5 cm) angebracht werden; bei losen Belägen wie Kies oder Rinde wird so das Abwandern des Belagmaterials in die angrenzenden Flächen verhindert.

► Ein ebener Übergang in Rasenflächen erleichtert die Pflege, da Sie die Rasenbegrenzung nicht mit der Kantenschere nachschneiden müssen.

► Zu gerade Kanten und unschöne Betonbeläge können Sie durch eine Randbepflanzung mit Steingartengewächsen auflockern bzw. verdecken.

Kantensteine

Grenzen Pflasterflächen an das Erdreich, können sie sich im Lauf der

Geschwungener Trittplattenweg.

Zeit am Randbereich absenken. Das lässt sich mit Betonkeilen vermeiden. Eine solide Lösung sind Kantensteine aus Beton oder Granit, die für gerade Wege verwendet und direkt am Belag auf Punktfundamenten in Beton gesetzt werden. Sie eignen sich auch zur Einfassung eines Traufstreifens aus Kies am Haus und verhindern das Abwandern der Steine.

► Im Straßenbau werden manchmal teure Kantensteine aus Granit verwendet, vor allem bei Gehwegkanten zur Straße hin. Werden sie ebenerdig im Garten gesetzt, geht aber die Schönheit des Natursteins verloren.

Eingewachsener, gerader Weg.

► Schwächere und dadurch unauffälligere Ausführungen werden auch als Betonbretter bezeichnet.

Pflastersteinkanten

Eine edlere, aber auch teurere Einfassung sind Pflastersteinkanten aus Natursteinen oder Klinker, die in der Fachsprache Pflasterzeilen heißen. Für Pflasterzeilen werden Steine mit einer Kantenlänge von 14 bis 24 cm verwendet, mit denen sich nicht nur schlichte Betonflächen aufwerten lassen. Mit ihnen können Sie auch jede andere Pflasterfläche abgrenzen und betonen.

Pflasterfläche mit unterschiedlichen Begrenzungen

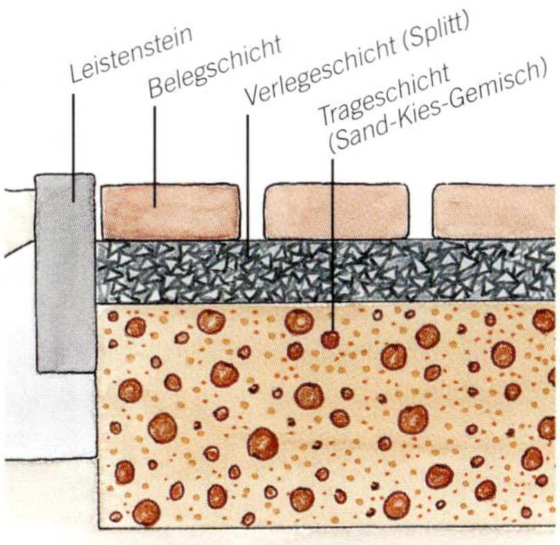

Leistensteine sichern den Randbereich und ziehen eine klare Grenze zu angrenzenden Rasenflächen.

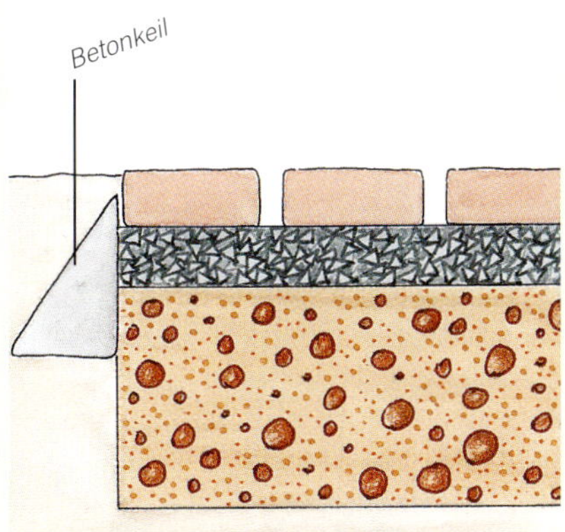

Ein einfacher Betonkeil bleibt unsichtbar und vermeidet ein Absinken des Pflasters im Randbereich.

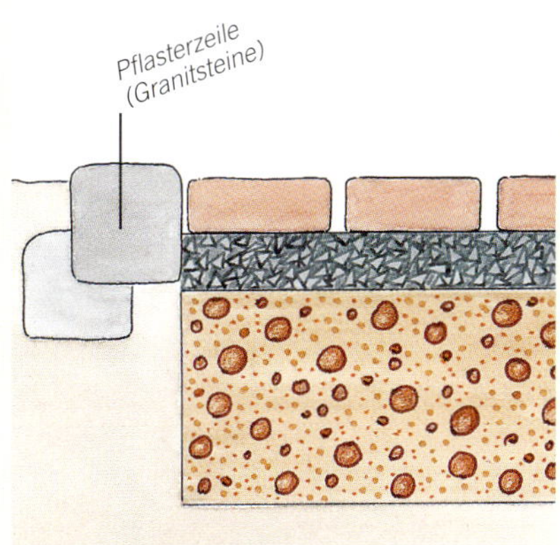

Pflasterzeilen aus Granitsteinen wirken edel. Ihre raue Oberfläche passt gut zu naturnahen Gärten.

Paradiese für Kinder

Herumtoben, Spaß haben und Spielen – das wünschen sich alle Kinder! Verwandeln Sie Ihren Garten in einen »Abenteuerspielplatz«!

Kinder erobern den Garten

Kinder wollen im Garten vor allem eins: Spaß haben – und nicht nur im Sommer!

Vor allem für Stadtkinder bietet ein Garten – egal ob groß oder klein – viele Möglichkeiten, etwas von der Natur zu erfahren und eine erste Beziehung zu Pflanzen und Tieren zu entwickeln. Bereits Babys lassen sich im Kinderwagen durch die Bewegung der Blätter, das Rauschen des Windes und die unterschiedlichen Vogelstimmen beruhigen und anregen, und für Krabbel- und Kleinkinder ist der Garten ein wahres Entdeckerparadies. Allerdings ist diese Zeit für die Eltern einer der schwierigsten Abschnitte, da Kinder bis etwa drei Jahren gerne alles in den Mund nehmen.

Spätestens im Alter von drei Jahren ist der Garten dann vollständig erforscht, und die Kinder können essbare Früchte wie Erdbeeren oder Johannisbeeren von anderen unterscheiden. Jetzt können Sie ihnen eigene, zur Straße hin abgegrenzte Plätze anbieten, wo sie sich austoben können. Allerdings sollten die Spielzonen von kleineren Kindern möglichst in nächster Nähe zur Terrasse oder Küche liegen, damit Sie nicht ständig nach dem Rechten sehen müssen.

Bei einem älteren Kindergartenkind wird der Bewegungsradius langsam größer, wobei aber schon ein kleines Rasenstück von etwa 40 m^2 für einfache Spiele genügt. Jetzt werden die klassischen Spielgeräte wie Sandkasten, Schaukel und Rutsche zum

Spielplatz im Vorgarten

Für kleinere Kinder sind ein abgegrenzter Vorgarten und der Eingangsbereich mit Treppe und Pflasterflächen gut zum Spielen geeignet, ohne dass sie dabei ständig beaufsichtigt werden müssen. Außerdem kommen die Kinder dort leichter mit den Nachbarskindern in Kontakt als im separaten Garten.

zentralen Mittelpunkt im Garten, und im Sommer ist das Plantschbecken ein unwiderstehlicher Magnet. Beim Schulkind nimmt der Bewegungsdrang dann immer mehr zu, sodass eine Rasenfläche unter 100 m² für Ballspiele bald zu klein ist.

Vorsicht bei Giftpflanzen!

Wenn Sie kleinere Kinder haben, ist für einen Zeitraum von einigen Jahren erhöhte Vorsicht bei Giftpflanzen geboten! In unseren Gärten gibt es zwar nur wenige stark giftige Pflanzen, dafür aber zahlreiche leicht giftige Gehölze und Blumen, die – auf das geringe Körpergewicht von Kindern gerechnet – schon in kleinen Mengen gesundheitsschädigend sein können.

► **Tipp:** Sofern Sie giftige Pflanzen in Ihrem Garten belassen wollen, ist es wichtig, dass Ihre Kinder rechtzeitig lernen, nur das in den Mund zu nehmen, was ihnen erlaubt ist – alles andere sollte absolut tabu sein!

Erste Entdeckungen im Garten.

Giftpflanzen im Garten

Gering giftige Pflanzen	Giftige Pflanzen	Sehr giftige Pflanzen
Akelei	Aronstab	Bilsenkraut
Anemone	Bärenklau	Christrose
Azalee	Blauregen (Glyzine)	Eisenhut (Echter Sturmhut)
Berberitze	Efeu	Engelstrompete
Besenginster	Eibe (Nadeln und Samen, nicht die Beeren)	Fingerhut
Besenstrauch	Heckenkirsche	Giftsumach
Blausternchen	Kartoffel (oberirdische Teile)	Goldregen (besonders Schoten und Samen)
Buchs	Liguster (Beeren)	Herbstzeitlose
Butterblume	Lupine (Samen)	Maiglöckchen
Eberesche (Vogelbeere)	Milchstern	Seidelbast
Edelwicke	Narzisse	Stechapfel
Eicheln	Oleander	Tollkirsche
Geißblattarten	Petunie	Tollkraut
Gänseblümchen, Maßliebchen	Pfaffenhütchen	Wunderbaum (Christuspalme)
Heckenkirsche, rot und schwarz	Robinie	
Hyazinthe	Rosenlorbeer	
Jungfer im Grünen	Russenkraut	
Kirschlorbeer	Sadebaum	
Klatschmohn	Salomonssiegel	
Krokus	Spindelstrauch	
Küchenschelle	Stangen-, Busch- und Feuerbohne, roh	
Liguster	Thuja (Lebensbaum)	
Löwenzahn	Traubenhyazinthe	
Rhododendron	Warzenkraut	
Rosskastanie	Wolfsmilcharten	
Schneeballarten	Ziertabak	
Schneebeere (»Knallerbsen«, ab fünf Stück)		
Schneeglöckchen		
Strauchmispel (Cotoneaster)		
Stechpalme		
Traubenholunder		
Tulpe		
Wacholder		
Wurmfarn		

Fingerhut ist sehr giftig…

…Maiglöckchen ebenfalls.

Die klassischen Spielgeräte

Kinder brauchen keine ungewöhnlichen Spielgeräte im Garten. Nach wie vor sind die Klassiker – Sandkasten, Klettergerüst, Rutsche, Schaukel, Wippe und Plantschbecken – unwiderstehlich für alle Kinder.

Sandkasten

Der einfachste Sandkasten ist eine schlichte mit Sand gefüllte Grube, die in die Rasenfläche übergeht:

► Die Grube sollte mindestens 3 m^2 groß sein und bis etwa 30 cm unter Bodenniveau ausgehoben werden, damit sich der Untergrund nicht mit dem Sand vermischt.

► Testen Sie, ob sich in der Grube das Regenwasser staut. Wenn das der Fall ist, legen Sie eine 10 cm tiefe Drainage aus Kies und einem Schutzvlies (aus dem Baumarkt) an, damit das Wasser abfließen kann.

► Sinnvoll ist außerdem ein Holzaufsatz, der das Sandvolumen vergrößert und den Kindern zum Sitzen und als Spielfläche dient. Ein solcher Aufsatz lässt sich auf einfache Art selbst bauen. Wenn Sie nur wenig Zeit haben und sich die Mühe nicht machen wollen, können Sie aber auch auf einen fertigen Bausatz aus dem Baumarkt oder Fachhandel zurückgreifen. Diese Sandkästen sind in vielen verschiedenen Formen und Größen erhältlich – ein quadratischer Sandspielplatz mit 150 cm Kantenlänge reicht in der Regel aus.

Der richtige Sand
Beim Sand sollten Sie auf keinen Fall sparen, sondern nur erste Qualität nehmen. Kaufen Sie ausschließlich gewaschenen Natursand, nicht jedoch Brech-, Quetsch- oder Schweißsand, die nicht zum Spielen geeignet sind. Hinsichtlich der Größe der Sandkörner hat sich die Korngröße 0/4 mm bewährt, was besagt, dass im Sand nur noch Steinchen bis höchstens 4 mm Durchmesser enthalten sind. Noch bindiger und damit noch besser zum Spielen geeignet ist die Körnung 0/1 mm. Dieser Sand bleibt jedoch leicht an Kleidern und Händen kleben, sodass die Kinder vor dem Betreten des Hauses möglichst erst abgebürstet werden sollten, damit sie den Sand nicht überall hintragen.

Die richtige Abdeckung
Decken Sie die Sandspielkiste nach Gebrauch bzw. abends grundsätzlich immer zu, damit der Sand nicht durch Tierkot von frei laufenden Hunden, Katzen oder Kleintieren bzw. durch andere organische Stoffe verunreinigt wird. Als Abdeckung genügt bereits eine reißfeste Folie, die Sie nach dem Auflegen an den Rändern mit Steinen beschweren, damit sie bei Wind nicht gleich wegfliegt, oder ein selbst gebauter Holzrahmen, der mit wasserdurchlässigem

KINDERTIPP

Kaufen oder selbst bauen?
Fertige Spielgeräte sind optisch meist sehr einfach gestaltet, sodass sie sich nur schlecht in eine anspruchsvolle Gartengestaltung integrieren lassen und deshalb meist allein stehen. Für geschickte Handwerker stellt sich daher die Frage, ob eine Pergolakonstruktion mit integrierter Schaukel und Klettersprossen nicht die bessere und schönere Lösung ist (Seite 170). Auch ein großer Baum kann eine Schaukel tragen, sofern er in ausreichendem Sicherheitsabstand steht.

Sandkasten mit Einfassung zum Sitzen und Spielen.

Kunststoffgewebe bespannt wird. So können Ihre Kinder den Sand jahrelang verwenden.

► **Tipp:** Unbrauchbar gewordenen Sand können Sie zur Bodenverbesserung für schwere Böden in Beeten oder auf dem Rasen verwenden.

Schaukeln und Klettergerüste

Als Spielgeräte haben sich Kombimodelle aus Holz oder Leichtmetall sehr bewährt. Diese bestehen meistens aus ein bis zwei Schaukeln, einem Klettergerüst und/oder einer Rutsche. Ein wichtiges Thema bei diesen Spielgeräten ist die Standsicherheit. Inzwischen gibt es zwar auch Konstruktionen, die nicht mehr im Boden versenkt werden müssen, sondern einfach nur auf den Rasen gestellt werden und trotzdem sehr kippfest sind. Sicherer sind aber in jedem Fall solche Spielgeräte, bei denen die Schaukelfüße tief in den Boden eingegraben bzw. in Beton gesetzt werden. So sind vor allem größere Kinder besser vor Unfällen geschützt, denn sie loten gerne die Grenzen von Spielgeräten aus.

Schaukel und Strickleiter.

► Kaufen Sie Spielgeräte ausschließlich beim Fachhändler und achten Sie unbedingt auf (TÜV-)geprüfte Sicherheit (GS).

► Da es bei Spielgeräten große Preisunterschiede gibt, lohnt sich der Vergleich mehrerer Angebote .

► Achten Sie bei der Auswahl eines geeigneten Standplatzes darauf, dass der Abstand zu Wegen und Baulichkeiten mindestens 4 m vor und 4 m hinter der Schaukel betragen sollte, damit andere Menschen durch schaukelnde Kinder nicht gefährdet werden.

Selbst gebaute Wippe als Blickfang.

Fallschutz für spielende Kinder

Ein Fallschutz soll schaukelnde Kinder bei Stürzen vor Verletzungen schützen. In der Regel genügt für eine Schaukel schon eine Rasenfläche als Fallschutz bei Stürzen bis aus 2 m Höhe.

Wird die Schaukel jedoch von vielen Kindern und/oder sehr häufig genutzt, dann leidet die Rasennabe sehr schnell unter dem ständigen Schleifen der Kinderfüße, und es entsteht besonders nach Regenfällen eine unansehnliche und unangenehme »Matschkuhle«. Auf

Was kosten Spielgeräte

Spielgerät	Material	Sicherheitsbereich	Materialkosten	Aufstellkosten
Einzelschaukel	Holz	vorne 4 m/hinten 4 m	ca. 300,– DM bis 1000,– DM	ca. 200,– DM
Doppelschaukel	Holz	vorne 4 m/hinten 4 m	ca. 400,– DM bis 2000,– DM	ca. 300,– DM
Doppelschaukel	Metall	vorne 4 m/hinten 4 m	ab 400,– DM	einfacher Zusammenbau
Rutsche für Kleinkinder	Kunststoff	2 m	ab 400,– DM	ca. 200,– DM
Spielhaus für Kleinkinder	Holz	2 m	ab 500,– DM	einfacher Zusammenbau
Spielhaus für Schulkinder	Holz	2 m	ab 800,– DM	ca. 300,– DM
Spielturm mit zwei Ebenen	Holz	2 m	ab 700.– DM	ca. 300,– DM

Fallschutzmaterial

Material	Art/Schichtdicke	Bezugsquellen	Materialkosten/m²	Vor- und Nachteile
Sand	Natursand, ca. 20 cm	Kiesgrube, Baustoffhandel	5,– DM	Verdichtungen können durch gelegentliches Umgraben auf einfache Weise beseitigt werden
Kies	Korngröße 4/8, ca. 20 cm	Kiesgrube, Baustoffhandel	5,– DM	verdichtet sich nicht
Rindenmulch/ Holzhäcksel	Nadelholzrinde oder Holz, 20–30 cm	Erdenwerke, Kompostwerke, Gartencenter, Baustoffhandel	20,– DM	trocknet nicht so schnell ab wie Sand, neigt zum »Wandern« und muss gelegentlich nachgefüllt werden
Fallschutzplatten	recycelter Kunststoff, 50 x 50 x 5 cm	Spielgerätehandel, Baustoffhandel	ca. 100,– DM	Verlegung auf 5 cm starkem Splitt- oder Sandbett notwendig

Spielplätzen in öffentlichen Anlagen werden als Untergrund für Schaukeln meist Sand, Kies, Rindenmulch oder auch Fallschutzplatten verwendet. Diese sind bei starker Belastung auch für Privatgärten sinnvoll und werden im Schleifbereich der Füße unter der Schaukel, also in etwa 1 bis 2 m² Größe, auf etwas Splitt oder Sand verlegt. Auf diese Weise lässt sich die Matschkuhle unter der Schaukel wirkungsvoll vermeiden.

Wippen und Rutschen

Rutschen werden oft in Kombination mit einem Spielturm oder einer Schaukelanlage angeboten. Einfache Modelle bestehen aus glasfaserverstärktem Kunststoff (GfK-Modelle) und sind aufgrund ihrer Bremswirkung nur für Kleinkinder bis 6 Jahre attraktiv. Rasanter spielt es sich auf Rutschen aus Edelstahl, die aber teuer sind (ab 1000,– DM).

Unauffällige Schaukel an einem größeren Pergolasystem.

Die Installation einer Rutsche ist einfach: Oben wird sie an dem Aufstieg angeschraubt, am Boden wird

Kinder lieben Rutschen.

sie auf einem kleinen Fundament (ca. 40 x 40 x 20 cm) befestigt. Wippen werden von Kindern bis 10 Jahren bespielt. An der Achse und den äußersten Punkten entsteht eine erhebliche Quetschgefahr für die Finger. Die Konstruktion der Achse sollte deshalb so offen beschaffen sein, dass keine Extremitäten eingeklemmt werden können. Die Enden der Wippe sollten weich auf alten Autoreifen oder Schaumstoffquadern aufsetzen. Bei Kleinkindern bis 4 Jahre ist es ratsam, dass sie die Wippe nur unter Aufsicht von Erwachsenen benutzen.

Spielhäuser

Spielhäuser eröffnen Kindern eine eigene Welt im Garten, und dieses Terrain wird von ihnen meist gut bewacht – hüten Sie sich deshalb vor »ungefragten« Eingriffen in dieses Refugium! Spielhäuser gibt es zwar im Fachhandel als fertige Bausätze in unterschiedlichsten Größen und Ausführungen, den größeren Reiz aber haben improvisierte Bauten, die die Kinder selbst errichten: Schon mit wenigen einfachen Mitteln lässt

Massives Spielhaus.

sich ein Unterschlupf befestigen, und mit wenigen Änderungen wird aus dem Spielhaus im Handumdrehen ein Piratenschiff, ein Schloss oder eine Räuberhöhle.

Bohnenstangenzelt.

Aufwändig ausgestattetes Baumhaus mit umlaufendem Balkon.

Bohnenstangenzelte

Eine sehr beliebte Variante des Spielhauses ist ein Zelt aus Bohnenstangen – kaum ein Kindergarten kommt inzwischen ohne ein solches Zelt aus! Mittels rasch wachsender Kletterpflanzen wie Bohnen und Winden (einjährig) oder Knöterich (mehrjährig) entsteht aus den Bohnenstangen schnell ein abgeschlossenes Zelt.
► **Tipp:** Eine andere Variante sind Steckhölzer aus Weidenruten, die im Kreis eingesteckt und oben zusammengebunden werden. Solche Ruten wachsen leicht an und treiben wieder aus. Diese Neutriebe werden dann einfach miteinander verflochten und bilden so die Zeltwand.

Plantschbecken

Aufblasbare Plastikplantschbecken sind günstig und für Kinder im Sommer eine echte Attraktion. Da die Gefahren in einem solchen Becken gering sind, ist es – unter Aufsicht! – schon für kleinere Kinder geeignet.
► Stellen Sie das Plantschbecken auf Sand oder kurz geschorenen Rasen, damit es auf weichem Grund steht. Auf dem Rasen sollten Sie die Position allerdings spätestens alle drei Tage ändern, damit das Gras darunter nicht abstirbt. Das Wasser aus dem Becken können Sie dabei ruhig in den Garten fließen lassen.

Sommerspaß am Plantschbecken.

Kinder und Wasser

Jede Wasserstelle im Garten – ein Brunnen, ein kleines Becken oder ein großer Teich – übt eine starke Anziehungskraft auf Kinder aus, dort können sie stundenlang »pritscheln« oder die Natur beobachten.

Die Abdeckung der Wasserfässer schützt Kinder und auch Tiere.

Fast alle Wasserstellen »beleben« sich schnell: Schon in einem Eimer mit abgestandenem Wasser entwickeln sich bald Mückenlarven und andere Insekten, die sich mit etwas Geduld gut beobachten lassen.

► **Tipp:** Je größer ein Gewässer ist, desto mehr Tiere werden davon angelockt. Die Krönung für Kinder ist ein Naturteich mit einer artenreichen Tier- und Pflanzenwelt und als Zugabe fließendes Wasser, etwa ein ruhiger Bachlauf oder ein plätschernder Gebirgsbach (Seite 206), mit dem sich herrlich spielen lässt.

Matschgrube

Eine andere Spielart der Wasserstelle ist eine Matschgrube, die mit nassem Lehm (nicht Ton!) gefüllt wird. Für Kinder ist schon das »Barfuß-Hineinhüpfen« und dabei den Matsch zwischen den Zehen durchdrücken ein ganz besonderes Erlebnis! Der uralte Baustoff Lehm ist aber auch ein ausgezeichnet formbares Spielmaterial, das sich je nach Feuchtigkeit für verschiedenste Basteleien eignet.

► Zum Spielen genügt schon eine etwa 30 cm tiefe und 1 m^2 große Matschgrube.

► Den Lehm können Sie aus dem Ziegelwerk oder dem Fachhandel (Branchenbuch) beziehen.

► Um die Kinder nach dem Spielen wieder sauber zu bekommen, können Sie den Lehm je nach Wetterlage mit dem Wasserschlauch abspritzen oder ihn im trockenen Zustand einfach abklopfen.

► Sind die Kinder dann größer und spielen nicht mehr mit der Matschgrube, können Sie den Lehm zur Bodenverbesserung von leichten Böden verwenden, z.B. für Rosen- oder Gemüsebeete.

Das Nonplusultra: eine Matschgrube.

Vorsicht bei Wasser!

Teiche und Zierbecken sind eine Gefahrenquelle für Kinder. Sogar in einem Wasserfass können Kinder ertrinken, wenn sie kopfüber hineinfallen. Eine sichere Abdeckung für alle mit Wasser gefüllten Gefäße im Garten ist also Pflicht, sofern Sie kleine Kinder haben oder Ihr Garten frei zugänglich ist. Beachten Sie dazu bitte auch die Sicherheitshinweise auf Seite 209.

Ein Zierbecken hat unwiderstehliche Anziehungskraft für Kinder.

Abenteuerspielplatz Garten

Je vielseitiger und abwechslungsreicher ein Garten gestaltet ist, desto mehr Spielbereiche ergeben sich für Ihre Kinder! Ein nicht besonders aufwändig gestalteter Garten mit einer Rasenfläche und einer Thujenhecke rundherum ist zwar eine schöne Spielwiese, kommt aber dem vielseitigen Spieltrieb der Kinder nicht unbedingt entgegen. Eine abwechslungsreiche Gestaltung mit Wasser, Gehölzpflanzungen und Steingarten ist dagegen wesentlich interessanter. Sogar in einem kleinen Reihenhausgarten lassen sich mit ein paar einfachen Mitteln verschiedene Spiel- und Entdeckerzonen für Kinder schaffen. Strukturieren Sie Ihren Garten, indem Sie die Spielwiese abgrenzen und neue Spielräume schaffen. Anregungen hierzu finden Sie auch im Abschnitt »Naturnahe Gärten« (Seite 218).

An Kletterbäumen schulen Kinder ihren Gleichgewichtssinn.

Wasser lädt zu Entdeckungsreisen ein.

► **Strauch- und Baumpflanzungen:** Große Sträucher und Bäume (Seite 61) können im Garten als Eingrenzung dienen, Blumenbeete vor Kinderfüßen schützen, aber auch zum Klettern einladen und schöne Verstecke bieten. Ideal zum Versteckspielen eignen sich Gehölze wie beispielsweise Hängebirke, Hängeesche, Bambus, Buddleia, Haselnuss, Gunnera, Kerrie, Pampasgras oder auch Kirschlorbeer.

► **Findlinge und Baumstämme:** Verschiedene Gartenelemente aus Holz und Stein üben eine starke Anziehungkraft aus und regen die Phantasie der Kinder zu unterschiedlichsten Spielen an.

► **Kiesflächen und Steingärten:** Runde Steine verschiedener Größe sind ein schöner »Spielplatz« vor allem für kleinere Kinder. Wegen der glatten Formen kann es hier auch kaum zu ernsteren Verletzungen kommen.

► **Wald im Garten:** Lebendigen Anschauungsunterricht zu Wildgehölzen bieten Sie Ihren Kindern, wenn Sie am Grundstücksrand eine Art Waldsaum mit interessanten Wildgehölzen (Seite 69) pflanzen, der nur etwa 3 bis 4 m^2 benötigt und mit den Kindern mitwächst.

Kindertipp

Bodenmodellierung

Bodenmodellierungen (Seite 152) in Gärten mit Hanglage schaffen neue Ebenen und somit auch für Kinder ein neues, interessantes Terrain. Aber auch ohne Terrassierung lässt sich eine Hanglage durch Pflanzungen in unterschiedliche Bereiche gliedern und für Kinder attraktiv gestalten, beispielsweise durch leichte Vertiefungen im Garten, die mit Sträuchern eingefasst neue Spielräume ergeben.

Spielzeug aus der Natur

Vielerorts in Deutschland sind während der letzten Jahre in Modellversuchen neue Kindergärten entstanden, die kein gekauftes Spielzeug mehr verwenden. Stattdessen spielen die Kinder mit dem, was die Natur hergibt. Entsprechend bisher gewonnener Erfahrungen lässt sich inzwischen sagen, dass die Phantasie dieser Kindergartenkinder ausreicht, um auf gekauftes Spielzeug vollständig verzichten zu können und dass schon nach kurzer Zeit der scheinbare Verlust ihres gewohnten

Welches Kind kennt ihn nicht: den Nasenzwicker?

Spielzeugs keine Rolle mehr spielt. Dafür lernen die Kinder, mit den natürlichen Materialien aus Wald und Garten zu spielen, die in beliebiger Menge vorhanden sind, sodass Neid, Missgunst und Streit um die vermeintlich schöneren »Besitztümer« anderer Kinder in den Naturkindergärten relativ selten sind. Diesen natürlichen Spieltrieb können Sie auch bei Ihrem Kind fördern. Sand alleine verliert zwar auf Dauer seinen Reiz, doch für die Phantasie eines Kindes sind schon ein paar Hölzer oder einige flache Kieselsteine ein universelles Spielzeug, aus dem Autos, Schiffe und vieles mehr entstehen können. Ein gekauftes Spielzeugauto bleibt dagegen immer ein Auto – es fördert die Phantasie des Kindes nicht unbedingt, sondern schränkt sie vielleicht sogar ein.

Faszinierendes Naturspielzeug.

- Steine und Kies gibt es in unterschiedlichsten Formen, Größen und Farben, die Sie bei einem Ausflug an einen Fluss oder See, im Natursteinhandel oder bei einem aufregenden Besuch in einer Kiesgrube finden.
- Holz, Rinde, Zapfen und andere Waldfrüchte lassen sich bei einem Waldspaziergang sammeln. Auch Moor- und Heideflächen sind eine Fundgrube für Naturspielzeug.

Spielzeug aus Resten

Bei Kindern sehr beliebt sind auch Reste aus Holz, Leder, Filz oder Pappe, mit denen sich Garten und Spielplatz nach eigenem Geschmack umgestalten lassen: So kann schon ein altes Brett in einer Astgabel zu einem »Baumhaus« werden, bilden bereits ein paar in die Erde gesteckte Stöcke den Zaun oder wird die selbst gebaute Höhle aus alten Brettern oder Pappe zu einem größeren Abenteuer als eine »fertige« Schaukel oder ein von Papa oder Mama errichtetes Baumhaus.

Spielzeug aus Pflanzen

Vor allem Früchte von Ziergehölzen oder -pflanzen üben einen großen Reiz auf jüngere Kinder aus: Welches Kind sammelt nicht im Herbst

Erste Erfahrungen im Umgang mit Säge, Hammer und Nägeln.

Bastelspaß mit Kürbissen, und das nicht nur zu Halloween.

Berge von glänzenden braunen Kastanien, um damit zu spielen und zu basteln? Eicheln, Bucheckern und andere Früchte eignen sich ebenfalls sehr gut für phantasievolle Basteleien:

- Sehr fein sind auch die filigranen Früchte des Silbertalers oder die Blütenstände von Gräsern, die zudem eine wunderbare Dekoration auf einer Sandburg im Sandkasten abgeben.
- Nasenzwicker (Ahorn), Lampionblume, Wollziest, Rohrkolben, Kürbis, Strohblumen, Schneebeere oder Sonnenblume sind ebenfalls ideal zum Spielen und Basteln geeignet.
- Viele Sträucher liefern außerdem schöne Stöcke. Besonders beliebt bei Kindern sind etwa Haselnussruten und Bambusstöcke. Aufgrund der nicht unerheblichen Verletzungsgefahr sollten Sie längere Stöcke allerdings erst größeren Kindern überlassen.

Ein Baumstamm wird zum Krokodil.

Naschobst

Die heimlich gepflückte Birne vom Ast des Nachbarbaums, der über das eigene Grundstück hängt, schmeckt den meisten Kindern wahrscheinlich besser als die exotischste Frucht aus der Obstschale. Denn an ihr wie auch an den anderen Obstarten im Garten können Kinder den Prozess des Blühens und Fruchtens beobachten und lernen, dass Früchte in verschiedenen Reifestadien auch unterschiedlich schmecken. Gekaufte Haselnüsse beispielsweise werden immer vollreif gepflückt und besitzen deshalb nicht den süßen Geschmack der Milchreife, den Nüsse frisch vom Strauch Anfang September haben. Weiterhin können Kinder erkennen, dass nicht nur sie Interesse an den Früchten des Gartens haben, sondern auch andere Lebewesen: Ein Loch in der Haselnuss oder eine angebissene Zwetschge sind Spuren aus der Tierwelt, die die Kinder am »lebenden Objekt« lesen und unterscheiden lernen.

Aus diesen Blüten wird bald Obst.

Kindertipp

Riechen, tasten, raten

Wenn Sie aromatische Pflanzen in Ihrem Garten haben (Seite 116), können Sie mit Ihrem Kind (und beim nächsten Kindergeburtstag auch mit den Gastkindern) einmal folgendes Ratespiel spielen: Das Kind bekommt seinem Alter entsprechend ein kleines Blattstück von einer Aromapflanze zum Riechen. Dann soll es sich – vielleicht mit etwas Unterstützung von Ihnen – ohne Augenbinde durch den Garten »riechen« und die entsprechende Pflanze finden. Eine Variante: Sie verbinden dem Kind die Augen, führen es ein paar Mal im Kreis herum und lassen es eine markante Pflanze berühren (vorher selbst testen!). Dann nehmen Sie dem Kind die Binde ab, und es soll die Pflanze im Garten wieder finden.

Das Setzen von Salatpflänzchen ist eine kinderleichte Arbeit, die sichtlich Spaß macht.

Beliebtes Naschobst

Pflanzenname (Botanischer Name)	**Wuchshöhe/Platzbedarf nach 7 Jahren**	**Erntezeit**	**Besonderheiten**
Felsenbirne (*Amelanchier lamarckii*)	5 m/6 m^2	VI/VII	Blütenstrauch, kupferrote Herbstfärbung, süße Früchte, braucht sonnigen Standort, sehr pflegeleicht
Haselnuss (*Corylus avellana*)	8 m/12 m^2	IX	gelegentlich auslichten
Apfelbeere (*Aronia melanocarpa*)	1,5 m/4 m^2	VIII	herb-süßer Geschmack ähnlich Heidelbeeren, duftende weiße Blütenrispen, rotes Herbstlaub, gelegentlich auslichten
Holunder (*Sambucus nigra*)	7 m/9 m^2	VIII	Blüten und Früchte essbar
Mispel (*Mespilus germanica*)	7 m/9 m^2	XI	große weiße Blüten, Früchte erst nach dem ersten Frost genießbar
Stachellose Kletterbrombeere (*Rubus spec.*)	2 m/3 m^2	VII	aromatisch süß, braucht ein Spalier zum Klettern und etwas Sonne
Wildpflaume (*Prunus spec.*)	5 m/15 m^2	VIII	blaue und gelbe Sorten mit kleinen, aromatischen Früchten, sehr robust und anspruchslos

Das erste eigene Beet

Wenn Ihr Kind den Wunsch nach einem eigenen Beet äußert, lassen Sie es mit rasch wachsenden, pflegeleichten Arten beginnen, die einen schnellen, sichtbaren Erfolg versprechen. Und wenn Ihr Kind dann noch etwas zum Essen ernten kann, ist der erste Schritt zur »Gärtnerkarriere« sicher ein schönes Erfolgserlebnis.

► Für ein erstes Kinderbeet genügt ein Streifen von etwa 50 x 50 cm, wobei eine saubere Umrandung aus Rasen, Kies, Brettern oder Pflastersteinen (Seite 135) das Säen, Pflanzen und Pflegen sehr erleichtert.

► Anregungen für Pflanzenauswahl und Anbau finden Sie im Kapitel zum Nutzgarten (Seite 103).

► Sind die Kinder mit dem Umgang von Pflanzen schon etwas vertraut, können sie zudem einfache, robuste Nasch- und Spielpflanzen aussäen. Auch viele Pflanzen aus dem Kapitel »Sinnpflanzen« (Seite 116) können für Kinder interessant sein.

Geeignete Nutzpflanzen für das Kinderbeet

► **Sonnenblumen** werden ab April direkt ins Beet gesät und bringen imposante Ergebnisse. Die Samen dienen Vögeln als Futter oder werden selbst verzehrt.

► **Kürbis und Zucchini** begeistern Kinder dadurch, dass sie gleichzeitig blühen und fruchten. Aussaat ist ab Mitte Mai, die Pflanzen brauchen jedoch jeweils etwa 3 m^2 Platz.

► **Monatserdbeeren** als Naschobst werden als Jungpflanzen ab April

Sonnenblumen sind nicht nur für Kinder attraktive Pflanzen.

gekauft und eingepflanzt. Sie schmecken köstlich, und sind wunderbare Lückenfüller oder Beeteinfassungspflanzen – nicht nur im Kinderbeet!

► **Pflücksalat** baut einen interessanten Blätterturm auf, von dem Ihr Kind ständig ernten kann. Kaufen Sie die Jungpflanzen etwa Mitte Mai im Fachhandel.

► **Radieschen und Möhren** sind gesunde »Naschgemüse«, das im Vorbeigehen gezogen, kurz gewaschen und gleich frisch gegessen wird. Aussaat ist ab März direkt ins Beet.

KINDERTIPP

Spiellandschaft

Erste Erfahrungen im Umgang mit Pflanzen kann Ihr Kind gewinnen, indem Sie in seinem künftigen Beet eine kleine Spiellandschaft gestalten. Als Pflanzen eignen sich robuste Wiesenblumen wie Sauerampfer, Gänseblümchen oder Löwenzahn, die mit der Pflanzschaufel ausgestochen und in das Kinderbeet umgesetzt werden. Dekoriert mit Sand, Kies, Steinen und Holzstückchen entsteht so ein herrlicher Spielgrund für Spielfiguren, Autorennen und vieles mehr.

► **Feldsalat** wird im Herbst als letzte Kultur ins Kinderbeet gesät und kann den Winter über geerntet werden. Der Erfolg ist garantiert!

► **Nicht zum Essen,** aber dafür sehr dekorativ sind Strohblumen – schöne schnell wachsende Pflanzen, die auch getrocknet gut aussehen. Aussaat ist Mitte Mai direkt ins Beet.

Gartenarbeit und die Gestaltung von Spiellandschaften fördern die Kreativität.

HÖHENUNTERSCHIEDE ATTRAKTIV GESTALTEN

Ein Garten in Hanglage? Mit geschickt geführten Treppen und dekorativen Stützmauern verwandeln Sie den scheinbaren Nachteil in einen Vorteil!

Palisaden, Treppen, Mauern

Blütenpracht und altes Mauerwerk: Schöne, eingewachsene Treppe aus Natursteinblöcken.

Vielleicht haben Sie sich schon öfter über Unebenheiten in Ihrem Garten geärgert, weil Ihnen dadurch scheinbar weniger Nutzungsmöglichkeiten zur Verfügung stehen? Was zunächst vielleicht als Nachteil erscheint, kann durch geschickte Maßnahmen und Veränderungen den charakteristischen Charme eines Gartens unterstreichen und seine Besonderheiten hervorheben: Gefälle, Böschungen oder auch Hanglagen können durch Terrassen, Treppen, Rampen, Mauern, Faschinen oder Palisaden sinnvoll und optisch ansprechend gestaltet und leichter benutzbar gemacht werden.

Leichtes Gefälle

Die meisten Gärten, vor allem Stadtgärten, weisen in der Regel nur ein leichtes Gefälle auf, das sich schon durch eine einfache Böschung abfangen lässt. Dadurch bekommt der Garten eine »Fließrichtung«, die entweder zum Haus hin- oder vom Haus wegführt.

► Günstig ist, wenn das Gefälle vom Haus wegführt. Erstens fließt somit weniger Oberflächenwasser zum Haus, und zweitens gewinnt der Garten durch das abfallende Gelände an Weite. Nutzen Sie diesen Effekt, indem Sie hohe Gehölze am Grundstücksrand platzieren und so einen fließenden Übergang nach draußen schaffen. Oder setzen Sie eine kleine Stützmauer, um den Geländeabfall noch mehr zu betonen, sodass eine noch größere Ausweitung des Gartens entsteht.

► Fällt die Ebene zum Haus ab, fließt das Regenwasser zum Gebäude hin. In diesem Fall müssen Sie auf eine ausreichende Drainage vor den Kellerfenstern und den Terrassentüren achten, denn sonst kann schon ein Platzregen ernste Schwierigkeiten mit sich bringen. Außerdem sollten Sie den Geländeverlauf schon in Ihrer Planung berücksichtigen: Da die Terrasse tiefer liegt als der restliche Garten, bietet es sich an, sie mit einem kleinen Mäuerchen einzufassen; in rustikalen Gärten sind auch Holzkonstruktionen aus Gartenbauschwellen (Seite 160) als Einfassung möglich. Rahmen Sie die Terrasse außerdem mit Blumenbeeten, kleinen Gehölzen oder einer Pergola ein, sodass interessante

Hang als Steingarten ausgebaut.

Ausblicke entstehen. Eine zweite kleine Terrassierung im Abstand von einigen Metern schafft einen weiteren Blickfang und rückt den Garten näher an das Haus heran. Auf diese Weise verschwindet auf der Terrasse das Gefühl einer »Senke«.

Ebene Flächen

Ein ebener Garten ist zwar gut für eine formale Gestaltung geeignet, bei freier Gestaltung kann er aber unter Umständen langweilig wirken.
In formal gestalteten Gärten und sogar Landschaftsgärten aus früheren Zeiten werden Sie selten große Höhenunterschiede finden. Der Grund dafür ist, dass das »Lustwandeln« in diesen Gärten nicht mühsam sein sollte – wer Treppen steigen wollte, konnte dies von hoch gelegenen Aussichtspunkten aus tun. Zudem wirken die Elemente eines formalen Gartens besser in einer Ebene, da Wegekreuzungen und streng geschnittene Hecken am Hang ihre Wirkung verlieren.
Auch frei gestaltete Gärten ohne nennenswertes Gefälle (weniger als 3 Prozent) können nicht mit den Elementen der Geländemodellierung wie Mauern oder Hängen geformt werden. Um hier eine ähnliche Tiefenwirkung zu erzeugen, sind entsprechende Unterbrechungen des Blickwinkels vorteilhaft:

- Strukturieren Sie Ihren Garten, indem Sie durch Abgrenzungen wie Strauchpflanzungen, Beete oder Trennwände neue Räume schaffen.
- Platzieren Sie wenige, aber gut aufeinander abgestimmte Solitärgehölze in Ihrem Garten, wobei hohe, mittelhohe und kleine Arten ein harmonisches Gefüge ergeben sollten. Ein Übermaß an Gehölzen oder die falschen Wuchshöhen von Sträuchern (Seite 61) können einen Garten schnell einengen!
- Beetflächen sind eine weitere Möglichkeit, um einen ebenen Garten »aufzufrischen«. Sind die Beete von mehreren Seiten her begehbar, platzieren Sie die hohen Stauden am besten in die Mitte.
- Eine weitere Möglichkeit für eine Tiefenwirkung ist die optische Trennung des Gartens mithilfe von Baulichkeiten: Schon ein einfacher Rosenbogen (Seite 171), begleitet von einem Staudenbeet, schafft eine klare Trennung im Garten. Noch wirksamer sind zu diesem Zweck kleine Pergolaanlagen (Seite 170) oder Sichtschutzwände (Seite 176).

Ausgeprägte Hanglagen

Nicht nur in ländlichen Gegenden, sondern auch in der Großstadt gibt es Gärten mit stark ausgeprägter Hanglage. Solche Gärten erfordern eine wohl überlegte Planung, um sie optimal nutzbar zu machen. Schon bei der Neuanlage sollten Sie die verschiedenen Möglichkeiten zur

Üppige Staudenbeete machen auch ebene Gärten interessant.

Steingarten und Trockenmauer, die mehr Licht in den Kellerraum lassen.

Überbrückung der Höhenunterschiede genau berücksichtigen, weil spätere Änderungen mit hohen Kosten verbunden sind.

Bei Ihrer Planung kommt es zunächst einmal auf die Lage des Hauses an, denn das Haus kann sich in Bezug auf den Hang in drei verschiedenen Positionen befinden:

► Das Haus liegt auf der Spitze des Hangs. Hier besteht der Vorteil darin, dass sich der Garten als gesamte Fläche nach unten erstreckt und dadurch größer wirkt. Je nach Steigung kann eine ausgeprägte Terrassierung erforderlich sein.

► Das Haus liegt in der Mitte des Hangs, sodass der Garten in zwei Teile geteilt wird. Hier können Sie das Haus harmonisch in das Grundstück einbetten.

► Das Haus liegt am Sockel des Hangs, das Niveau des Gartens steigt stetig an: In solchen Gärten kann nur eine ausgeprägte Terrassierung einen harmonischen Eindruck erzeugen, während Böschungen nur das Gefühl von Enge bringen.

Fachmann
Böschungen

Steingärten

Kleine Böschungen lassen sich gut für die Anlage eines Steingartens verwenden: Arbeiten Sie reichlich Bauschutt und große Steine in den vorhandenen Boden ein, damit er durchlässiger wird. Die Oberfläche können Sie dann mit runden Findlingen oder kantigen Steinen dekorieren (Seite 127) und die Zwischenräume mit Kies abdecken.

Lösungen für Höhenunterschiede

► Die einfachste Art, unterschiedliche Niveaus zu überbrücken, sind gestaltete Hänge und Böschungen, sodass eine größere, ungeteilte Fläche erhalten bleibt. Lassen Sie die größte zusammenhängende Fläche möglichst direkt an die Terrasse oder das Haus angrenzen, weil Sie diesen Bereich wahrscheinlich am meisten nutzen.

► Bei einer leichten Steigung können Sie zwischen einer lang gezogenen Böschung oder mehreren kleinen Stufen wählen. Letzteres hat den Vorteil, dass Sie die einzelnen Terrassen auch noch nachträglich befestigen können und so mehrere einzelne Räume gewinnen.

► Eine großflächige leichte Böschung können Sie als Rasen oder Blumenwiese anlegen, während sich kleine Flächen bis 10 m² auch gut für eine Bepflanzung mit verschiedenen Flächen deckenden Pflanzen eignen (Seite 71).

► Überschreitet die Steigung mehr als 30 Prozent, sind lang gezogene Böschungen nicht mehr sinnvoll,

Bepflanzte Trockenmauer.

denn dann ist der Garten für Spiel und Spaß nicht nutzbar und das Mähen am Hang stellt ein Sicherheitsrisiko dar. In diesem Fall können Sie bereits bei der Planung die Anlage von verschiedenen Terrassen berücksichtigen, wobei Sie sich – je nach Situation – für mehrere kleine, sanfte Terrassen oder für nur eine einzige Terrasse bzw. wenige große Terrassen entscheiden können.

► Sinnvoll ist es, die Terrassen möglichst großflächig anzulegen, wobei Sie je nach Gartenstil zwischen einer symmetrischen oder einer freien Anordnung der Terrassen wählen können. Bei einer freien Gestaltung können die Ebenen auch ineinander übergehen und bieten auf diese Weise einen noch größeren Gestaltungsspielraum.

Erdarbeiten

Das Aufschütten eines kleines Erdhügels für einen Steingarten betrifft etwa 1 m^3 Erde und ist gerade noch allein mit Schaufel und Schubkarre zu bewerkstelligen. Größere Erdbewegungen, wie sie beim Anlegen einer Böschung oder bei Terrassierungen nötig sind, können dagegen nur im Team oder unter Zuhilfenahme von Maschinen erledigt werden. Die »Handarbeit« im Team hat den Vorteil, dass der Oberboden dabei nur vom Gewicht der darauf arbeitenden Menschen verdichtet wird. Diese relativ geringen Verdichtungen lassen sich zudem durch nachträgliches Hacken – manuell oder mechanisch mit einer Motorhacke – leicht wieder beseitigen.

Dagegen entstehen bei einem Maschineneinsatz – Radlader oder Minibagger – aufgrund des hohen Gewichtes der Geräte wesentlich größere Verdichtungen, die bis in etwa 50 cm Tiefe reichen können. Ein derart verdichteter Boden ist ein weitgehend zerstörter Boden, da die wichtige Struktur des Bodens vollständig verloren geht: Das Wasser kann nicht mehr ablaufen, und es gibt keine Grobporen mehr, in denen sich die Bodenluft sammeln kann. Die Folge ist ein stark verringertes Bodenleben und ein entsprechender Kümmerwuchs der Pflanzen.

Aufwändige Gestaltung eines Steingartens mit Findlingen und Rasen.

Mehrere kleine Terrassierungen verleihen dem Garten Weite und Tiefe.

Viele Probleme bei Neuanlagen, beispielsweise schlechter Rasenwuchs, lassen sich auf dieses Phänomen zurückführen. Die Ursache liegt im Boden, was aber für einen Laien nicht ersichtlich ist. Erst eine Spatenprobe, bei der der Boden angestochen und begutachtet wird, bringt diese Ursache zu Tage, zu diesem Zeitpunkt sind aber kaum noch schnelle Reparaturmaßnahmen möglich. Bei Neuanlagen ist es deshalb ratsam, beim Auftragen des Oberbodens besondere Sorgfalt walten zu lassen und gegebenenfalls einen Fachmann zurate zu ziehen.

Verdichtungen vorbeugen/beseitigen

► **Vorbeugen:** Erdreich sollte immer »über Kopf« aufgeschüttet werden, d. h., die Maschine fährt auf dem Untergrund (meist Steingrund) und kippt die Erde nach vorne ab, ohne dabei auf das frische Erdreich zu fahren. So kann verhindert werden, dass die Maschine den eingebrachten Boden gleich wieder verdichtet.

► **Beseitigen:** Lässt sich diese Methode aus arbeitstechnischen Gründen nicht anwenden oder liegt bereits ein Oberboden vor, der von schweren Maschinen befahren wurde, sollten auf alle Fälle bodenverbessernde Maßnahmen getroffen werden: Der Boden muss mit einem Tiefenmeißel, der an einen Radlader montiert wird, tiefgründig aufgerissen werden, wobei in jedem Fall »über Kopf« gearbeitet werden sollte, damit das Erdreich nicht erneut befahren und somit belastet bzw. geschädigt wird.
Statt mit einem Tiefenmeißel kann der Boden durchaus auch mit einem Bagger aufgelockert werden, allerdings arbeitet ein Bagger nicht so effektiv wie ein Meißel.
► **Verbessern:** Anschließend muss das Erdreich wieder für die Bodenlebewesen (Algen, Bakterien, Pilze, Würmer) bewohnbar gemacht werden, was durch das Einbringen von Nährstoffen und Materialien geschieht, die eine gute Belüftung des Bodens ermöglichen: Arbeiten Sie pro Quadratmeter Erde eine Schubkarre Holzhäcksel, verrottete Rinde oder auch Reifekompost bis in 30 cm Tiefe ein. Düngen Sie den Boden darüber hinaus mit einer Mischung aus organischem und mineralischem Dünger (ca. 25 g/m^2) und lassen Sie den Boden anschließend möglichst einige Wochen lang ruhen, bevor Sie ihn weiterbearbeiten. Auf diese Weise werden starke Umsetzungsprozesse in Gang gesetzt und die Basis für ein gesundes Bodenleben geschaffen.
► **Tipp:** Diese Maßnahme hilft auch bei der Stärkung von geschwächten, alten Böden. Verwenden Sie dann aber nur 20 bis 30 Prozent der angegebenen Mengen.

Abfangen von Böschungen

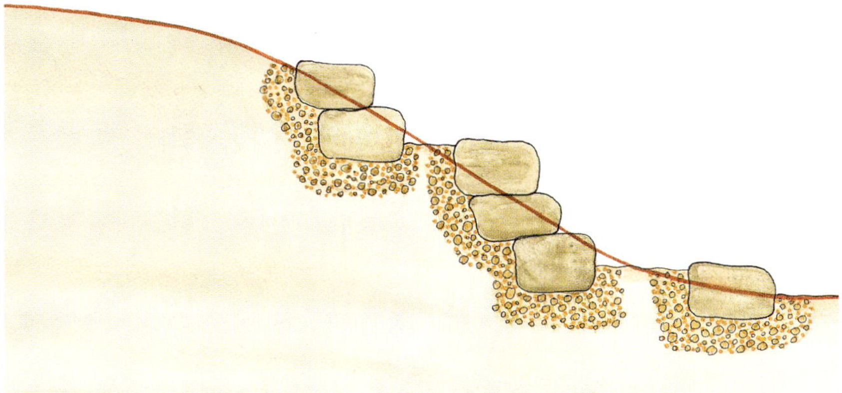

Mehrere Steingruppierungen in Form eines Steingartens.

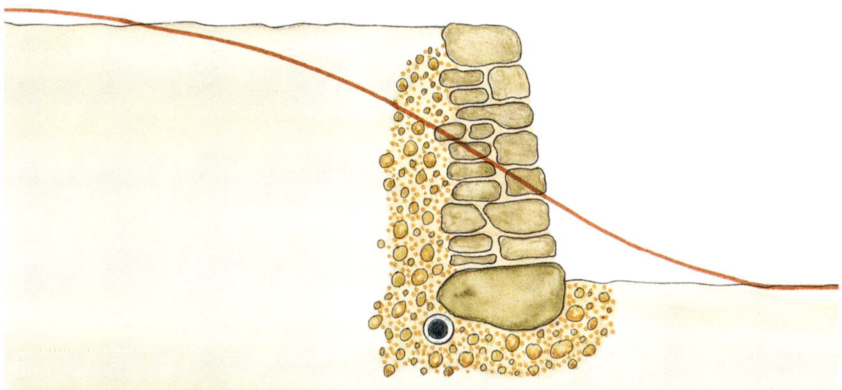

Hier gleicht eine Mauer den gesamten Höhenunterschied aus.

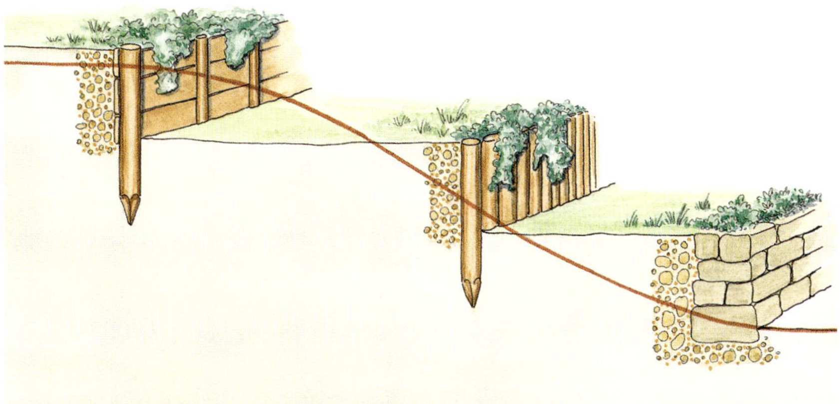

Faschinen (oben), Palisaden (Mitte) und eine kleine Stützmauer (unten).

Mauern aus Stein

Mauern können sowohl 60 cm hohe kleine Sitzmäuerchen sein als auch meterhohe Stützmauern. In jedem Fall sind sie ein stark strukturierendes Element im Garten, wobei sich ihre Wirkung sowohl aus dem massivem Steinmaterial als auch aus ihrer Gefügestruktur ergibt. Die großen Steinquader einer Trockenmauer beispielsweise erzeugen einen sehr rustikalen Eindruck in einem Naturgarten. Eine Klinkermauer aus alten Ziegelsteinen passt dagegen besser in einen formal gestalteten Garten oder in einen Bauerngarten.

► Mit kleinen Mauern betonen Sie das Gefälle in Ihrem Garten und verleihen ihm mehr Form. Sie eignen sich sowohl für freie als auch für formale Gestaltungen.

► Hohe Stützmauern fangen große Höhenunterschiede ab und wirken entsprechend massiv.

Kleine Mauern

Kleine Mäuerchen dienen als Einfassung von Terrassen, Becken, Beeten oder Wegen und trennen höher gelegene Pflanz- und Rasenflächen vom Umfeld ab. Durch ihre geringe Höhe sind sie relativ kostengünstig und bieten sich gleichzeitig als ungezwungene Sitz- und Ruheplätze an.

► Bei kleinen Mauern wird in der Regel Naturstein, seltener Betonstein verwendet. Klinker (24 x 11 x 5 cm) oder in Form gehauene Natursteinquader (ca. 20 x 40 x 15 cm) sind die am häufigsten verwendeten Materialien. Da das Einzelgewicht der Steine gering ist, werden die Steine in der Regel mit Mörtel verfugt. Bei einer Verfugung ist aber keine Bepflanzung der Fugen wie bei einer Natursteinmauer möglich.

► Kleine Mäuerchen können Sie auch aus Holz errichten. Verwenden Sie dazu Kanthölzer (ca. 240 x 12 x 24 cm), wobei Sie zwei bis drei Hölzer übereinander legen. Ein konstruktiver Holzschutz auf der Erdseite (Seite 163) erhöht die Haltbarkeit des Holzes erheblich. Bei Mäuerchen genügt im Gegensatz zu hohen Stützmauern ein Untergrund aus verdichtetem Kies oder Schotter.

► Kleine Abböschungen können auch aus Beton-Formsteinen errichtet werden. Dabei verwendet man Steine in L-Form, wobei ein Schenkel zum Hang hin zeigt und mit Erde bedeckt wird, während der andere Schenkel in die Höhe ragt und die Böschung abstützt. Die gängigen Formate sind bis 50 cm hoch und können bei etwas handwerklichem Geschick auch selbst gesetzt werden.

► Bei größeren Höhenunterschieden kann man so genannte »Mauerscheiben« verwenden – Steine in L-Format, die mit einer Stahleinlage versehen sind. Der Vorteil dieser L-Steine ist, dass sie eine bessere Stabilität gewährleisten und mit ihnen lassen sich Böschungen bis 150 cm Höhe überbrücken. Allerdings sind die Einzelsteine so schwer, dass die Mauer nur mit Maschineneinsatz (Minibagger oder Radlader) gebaut werden kann. Die nüchterne Ausstrahlung des Betons wirkt in der Regel sehr streng, sodass diese Lösung eigentlich nur für Gartenbereiche infrage kommt, deren Fokus die architektonische Gestaltung ist. Dafür ist Beton sehr robust und braucht auch keinen besonderen Schutz wie eine Holzkonstruktion (Seite 163). Diesen Vorteil können Sie sich vor allem in stark beanspruchten Bereichen wie Einfahrten oder Begrenzungen zu Wegen am öffentlichen Grund zunutze machen.

Kleine Klinkermäuerchen fassen die erhöhten Beetflächen ein.

Stützmauern

Mauern als Stützelemente stellen eine der schönsten, aber auch teuersten Möglichkeiten dar, um größere Höhenunterschiede aufzufangen. Die maximale Höhe für eine solche Stützmauer im Garten liegt bei etwa 2 bis 3 m.

► Stützmauern bilden einen wunderbaren Hintergrund für Sitzplätze. Da die Steine die tagsüber gespeicherte Wärme nachts abgeben, sorgen sie auch in ersten kühlen Herbstnächten für etwas Wärme.

► Je nach Stil Ihres Gartens können Sie zwischen einer rustikalen Trockenmauer aus Naturstein und einer mit Mörtel verbundenen Klinkermauer wählen.

► Größere Mauern erfordern ein Fundament aus Beton oder einem verdichteten Kies-Sand-Gemisch, um das Gewicht abzufangen. Zudem sollte am Fuß der Mauer ein Drainagerohr verlegt werden, um überschüssiges Wasser abzuleiten.

Trockenmauern

Trockenmauern bestehen aus Steinelementen, die nicht miteinander vermörtelt sind, sondern allein durch das Gewicht und die passgerechte Form der einzelnen, übereinander gesetzten Steine aufrecht gehalten werden. Das Eigengewicht der Einzelsteine muss dabei hoch genug sein, um ausreichende Stabilität der Mauer zu gewährleisten. Natürlich können Sie eine Trockenmauer aber auch zur Sicherheit mit Mörtel verfugen und so ihre Stabilität erhöhen.

► Durch die fehlende Verfugung können Trockenmauern gut bepflanzt werden und bieten mit ihren vielen kleinen Fugen außerdem vielen Tieren Unterschlupf.

► Da das Setzen von Trockenmauern viel Zeit erfordert und die dafür geeigneten Steine ihren Preis haben, sind Trockenmauern eine relativ kostspielige Variante, wenn es darum geht, Höhenunterschiede im Garten auszugleichen.

Dezent bepflanzte Natursteinmauer aus Rechteckquadern.

Mauer aus Klinker mit kunstvollem Tor aus Schmiedeeisen.

Material für Trockenmauern

Für Trockenmauern werden entweder runde, geschliffene Steine aus Flussbetten oder kantige, in Steinbrüchen gewonnene Steinquader verwendet. Die Farbpalette der Steine reicht von dunklem Basalt bis zu hellstem Marmor. Wofür Sie sich entscheiden, hängt von Ihrem Garten, Ihrem Geschmack und natürlich von Ihren finanziellen Möglichkeiten ab.

► Helle Steine passen eher in einen formal gestalteten Garten. Vor allem mediterrane und modern gestaltete Gärten lassen sich mit diesem Material gestalten.

► Dunkle Farben, wie etwa das Dunkelrot des Porphyrs, vermitteln eine schweren Eindruck und eignen sich deshalb besser für naturnahe Gärten oder Bauerngärten.

► Die Steine sollten eine Abmessung von wenigstens 40 x 40 x 20 cm haben, denn erst dann verfügen sie über ausreichend Gewicht, um genügend Stabilität und Sicherheit zu gewährleisten.

► In Hanggärten werden Trockenmauern mit einer leichten Neigung zum Hang gebaut.

Mauern aus Formsteinen und Mörtel

Mit Mörtel verfugte Mauern bestehen meist aus Klinker- oder Ziegelsteinen, gelegentlich auch aus Natursteinen. In jedem Fall sollten die Größenschwankungen nicht mehr als 5 cm betragen, damit ein harmonischer Gesamteindruck entsteht.

► Wie beim Verlegen von Klinkerpflaster (Seite 125) stehen Ihnen verschiedene Möglichkeiten für Mauersteinkombinationen zur Verfügung, sodass je nach Verband ein eigenes Fugenbild entsteht.

Hohe Mauern aus Betonfertigteilen

Eine hohe Mauer können Sie auch aus Betonfertigelementen in L-Form (Seite 157) bauen. Durch ihr hohes Eigengewicht ist jedoch der Einsatz von Maschinen erforderlich.

Palisaden

Unter Palisaden versteht man senkrecht in die Erde eingelassene Stützhölzer, mit denen sich Böschungen bis 3 m Höhe abfangen lassen. Die optische Wirkung von Palisaden ist wesentlich leichter und luftiger als die einer robusten Mauer, sodass sie meist in Hausnähe eingesetzt werden, etwa zur Vergrößerung von Lichtschächten, um mehr Licht in Souterrainräume zu lassen.
Da Palisaden zudem sehr leicht bepflanzt werden können, beispielsweise mit Kletterpflanzen oder auch mit herabhängenden Zwerggehölzen, lässt sich der massive Eindruck, den eine Mauer vermittelt, erfolgreich vermeiden.

Material für Palisaden

Bei Palisaden können Sie zwischen Konstruktionen aus Holz oder Beton wählen:

Holz

Für den Bau von Palisaden wird in der Regel Holz verwendet, da es nicht nur vergleichsweise billig ist, sondern sich durch sein relativ geringes Eigengewicht auch leicht verarbeiten lässt.

► Für kleine Höhen bis 50 cm eignen sich zugespitzte Rundhölzer bis zu einem Durchmesser von 15 cm, die direkt mit einem Hammer in das Erdreich geschlagen werden. Solche Palisadenreihen sind auch ohne Betonunterlage stabil genug und fassen Beete und Sitzplätze ein oder können eine kleine Abstufung in eine Rasenfläche bringen.

► Größere Höhenunterschiede werden mit höheren Rundhölzern bis 30 cm Durchmesser oder mit Vierkanthölzern (ca. 12 x 24 cm) ausgeglichen. Um den Erddruck abzufangen, müssen die Hölzer allerdings in eine Betonunterlage gesetzt werden. Das Holz sollte entsprechend imprägniert sein, es sei denn, Sie verwenden naturbelassene Harthölzer. In jedem Fall ist hier ein konstruktiver Holzschutz (Seite 163) unverzichtbar, da er die Haltbarkeit einer Palisadenwand wesentlich erhöht.

Hohe Palisaden

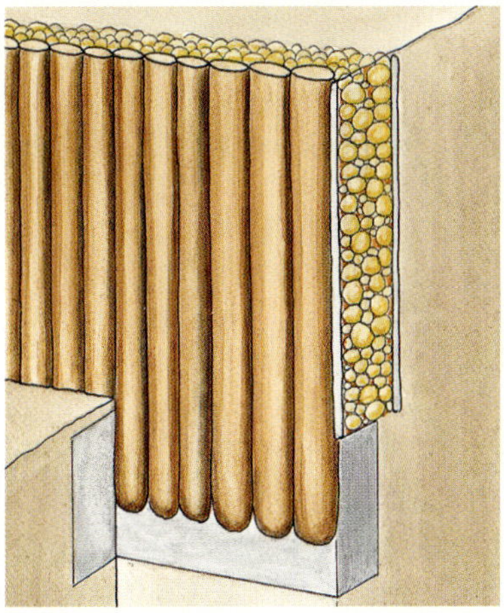

Palisaden erhalten die notwendige Stabilität durch ein Betonfundament und eine Kiesdrainage.

Böschungsbefestigungen

Bauweise	Art des Materials	Materialpreis	Baukosten
Hangmodellierung	Erdreich, Aushub, Humus	2–20 DM/m³	50–100 DM/m³
Trockenmauer	Naturstein 60–80 cm	40–400 DM/sichtb. m²	100–200 DM/sichtb. m²
Klinkermauer	Ziegel 12/24 cm	150–250 DM/sichtb. m²	100–200 DM/sichtb. m²
Palisaden	Rundholz 10–20 cm Ø	140 DM/sichtb. m²	100 DM/sichtb. m²
Palisaden	Beton 12 cm	300 DM/sichtb. m²	300 DM/sichtb. m²
Faschinen	Bretter 200 x 15 x 5 cm Stützpfosten 150 x 8 cm	ab 60 DM/sichtb. m²	ab 40 DM/sichtb. m²
Faschinen	Rundhölzer (waldgeschält) bis 20 cm Ø	ab 100 DM/sichtb. m²	ab 40 DM/sichtb. m²

Palisadenreihen aus Rundhölzern gleichen die Höhenunterschiede aus.

► Das Erscheinungsbild von Rundhölzern ist etwas eintöniger als das von Vierkanthölzern. Wenn Sie bei Vierkanthölzern leicht von den üblichen Maßen abweichen, wirkt die Palisadenwand zudem noch etwas lockerer.

► Holzpalisaden lassen sich gut mit Drähten oder Schnüren bespannen und anschließend mit Kletterpflanzen begrünen.

BAHNSCHWELLEN

Bahnschwellen müssen ihrer Nutzung entsprechend sehr witterungsbeständig sein und werden deshalb mit Teeröl imprägniert, wodurch sie im Schnitt mehr als 30 Jahre haltbar sind.
Da die Bahnschwellen aber ständig ausdünsten, was an ihrem typischen Geruch erkennbar ist, sind sie inzwischen für den privaten Gebrauch verboten. Teerölimprägnierte Bahnschwellen werden übrigens auch heute noch im U-Bahn-Bau verwendet.

Bahnschwellen

Auch alte, ausrangierte Bahnschwellen wurden früher häufig aufgrund ihrer langen Haltbarkeit als Palisaden im Garten verwendet. Bahnschwellen sind aber heute im Privatbereich aus Umweltschutzgründen verboten, da ihre Imprägnierung Öl und Lösungsmittel enthält, die für den Boden schädlich sind. Ersatzweise gibt es im Fachhandel so genannte Gartenbauschwellen in den gleichen Maßen wie Bahnschwellen (ca. 240 x 24 x 12 cm), die »nur« kesseldruckimprägniert sind (Seite 163). Der Nachteil: Ihre Haltbarkeit ist wesentlich geringer als die der alten, teerölimprägnierten Bahnschwellen. Mit einem konstruktiven Holzschutz können Sie die Lebensdauer dieser Gartenbauschwellen aber erheblich verlängern.

Beton

Für streng architektonisch gestaltete Gärten, aber auch für Einfahrten und Vorgärten eignen sich Palisaden aus Beton – hohle Betonröhren, die auf einer Seite leicht gekehlt sind, damit die Einzelelemente leichter aneinander gesetzt werden können und unschöne Spalten vermieden werden.

► Das Gewicht von Betonelementen ist bereits ab einer Höhe von 100 cm so hoch (ca. 80 kg und mehr), dass sich größere Höhen nur noch mit Maschineneinsatz verlegen lassen und damit in die Hände eines Fachmanns gehören.

► Die Wirkung von Betonpalisaden ist etwas eintönig und nüchtern, sodass sie vor allem für Einfahrtsbereiche und Vorgärten von größeren Wohnanlagen, seltener dagegen im Privatbereich verwendet werden. Inzwischen gibt es aber neben der üblichen grauen Betonfarbe auch eingefärbte Palisaden, die etwas unauffälliger wirken und den kühlen Eindruck des Betons mildern.

► Stabilität und Haltbarkeit von Betonpalisaden sind sehr hoch (über 30 Jahre), außerdem müssen bei ihnen im Gegensatz zu Holzpalisaden keinerlei Schutzmaßnahmen getroffen werden. Dadurch sind Betonpalisaden eine zwar nicht so schöne, langfristig gesehen aber eine sehr kostengünstige Lösung.

Fachmann
Palisaden

Sorgfältig arbeiten

Palisaden müssen sehr sorgfältig gesetzt werden, damit die Hölzer wirklich gerade platziert sind und so einen ansprechenden optischen Eindruck erzeugen. Stehen die einzelnen Palisaden auch nur ein wenig schief, entsteht sehr schnell ein »schlampiger«, improvisierter Gesamteindruck.

Palisaden setzen

Eine Palisadenwand können Sie mit etwas handwerklichem Geschick auch selbst bauen:

► Heben Sie einen ausreichend großen Graben im Verlauf der künftigen Mauer aus. Frisch aufgeschütteten Untergrund sollten Sie vorher mit einem Stampfer verdichten (lassen), damit sich später keine Setzungen ergeben, die die Palisadenwand ins »Schwanken« geraten lassen.

► Spannen Sie eine Schnur, um den genauen Verlauf und die beabsichtigte Höhe zu fixieren.

► Stellen Sie nun die erste Palisade auf, wobei Sie die Ausrichtung des Holzes von allen Seiten mit einer Wasserwaage kontrollieren sollten. Lassen Sie sich beim Setzen der ersten Palisade ausreichend Zeit, um sie optimal einzubauen. Steht nämlich die erste Palisade richtig, lassen sich die folgenden Hölzer leichter in die richtige Position bringen. Oder umgekehrt: Ist bereits die erste Palisade schief, potenziert sich der Fehler bei den folgenden Palisaden und führt zu einem »Schwanken« der Wand.

Tipp

Je höher eine Palisadenwand ist, desto größer ist der Erddruck, dem sie standhalten muss. Palisaden ab 60 cm Höhe sollten deshalb wenigstens zu 25 Prozent in etwa 5 bis 10 cm starken Beton gesetzt werden, bei höheren Wänden können Sie sicherheitshalber 30 Prozent rechnen. Eine Palisadenwand mit 2 m Höhe sollte also eine mindestens 50 cm tiefe Betonunterlage bekommen.

► Bringen Sie die einzelnen Hölzer in die richtige Position und klopfen Sie sie mittels eines Gummihammers fest. Zeigen sich Lücken und Spalten, nehmen Sie alle Einzelstücke heraus und beginnen von neuem.

► Füllen Sie ausreichend Beton auf der Vorderseite der Palisaden ein, da nach vorne der größte Erddruck entsteht.

► Warten Sie mit dem Anbringen von Holzschutzmitteln (Seite 163) bzw. mit dem Hinterfüllen von Erde mindestens ein bis zwei Wochen, bis der Beton ausgehärtet und die Palisade ausreichend stabil geworden ist.

Statt einer zweiten Mauer: Stützwand aus Bahnschwellen.

Faschinen

Eine weniger bekannte, aber sehr kostengünstige Lösung für kleine Terrassierungen sind Faschinen. Während Palisaden aus senkrecht gestellten Hölzern bestehen, werden Faschinen mithilfe von waagerecht verlegten Hölzern erstellt, die übereinander aufgeschichtet und durch Stützpfähle gehalten werden.

► Je nach Stärke der verwendeten Faschinenhölzer – Bretter oder Rundhölzer – beträgt der Abstand zwischen den Stützpfählen zwischen 1 und 3 m. Damit der Erddruck im Nachhinein keine unschönen »Bäuche« und Ausdellungen entstehen lässt, sollte man vorsichtshalber einen geringen Abstand wählen.

► Die Stabilität von Faschinen ist natürlich nicht ganz so hoch wie die von Palisaden, sodass die maximale Höhe einer Faschinenwand nicht mehr als 100 bis 150 cm betragen sollte. Da der Material- und Arbeitsaufwand aber wesentlich geringer ist, sind sie eine preiswerte Alternative zu Stützmauern und Palisaden.

► Vor allem in Gärten mit ausgeprägten Hanglagen, in denen mehrere Terrassierungen nötig sind, haben sich Faschinen sehr gut bewährt. Faschinen werden aber auch im Treppenbau (Seite 166) als so genannte Knüppelstufen vor allem in naturnahen Gärten verwendet.

Material für Faschinen

► Besonders preiswert sind imprägnierte Bretter mit Stärken zwischen 2 und 6 cm. Dünnere Bretter bis 4 cm müssen Sie allerdings in Abständen von 1 m abstützen, damit sie dem Erddruck standhalten.
Als Faustregel für Faschinen gilt: Je höher die Faschinenwand ist, desto stärker sollten die verwendeten Bretter sein. Bei einer Höhe ab 100 cm sollten die Bretter wenigstens 4 bis 6 cm dick sein.

► Verwenden Sie nur imprägniertes Weichholz oder naturbelassene Harthölzer, da nicht imprägniertes Weichholz aus Fichte oder Kiefer durch Erdkontakt schnell verrottet.

► Wesentlich stabiler, aber auch teurer sind naturbelassene, entrindete Rundhölzer mit einem Durchmesser von bis zu 20 cm. Im Handel werden diese Hölzer als waldgeschälte Rundhölzer bezeichnet, die häufig auch im Straßenbau für Abgrenzungen Verwendung finden, um »wildes Parken« zu verhindern. Durch die Stärke dieser Rundhölzer kann der Abstand der Stützpfosten auf bis zu 3 m erweitert werden, sodass ein großzügigerer Eindruck entsteht.

► Die Stützpfosten aus zugespitzten, möglichst imprägnierten Rundhölzern mit einem Durchmesser von bis zu 25 cm werden mit einem Vorschlaghammer eingeschlagen oder wie Palisaden einzeln in eine Betonunterlage gesetzt.

► Um ausreichende Stabilität zu gewährleisten, sollten die Stützpfosten zwischen 25 und 40 Prozent tief in der Erde versenkt werden. Für eine Faschinenwand mit 100 cm Höhe sind also 150 cm lange Stützpfosten erforderlich. Auf die richtige Länge ist beim Kauf unbedingt zu achten.

► Auch Faschinen sollten Sie mit konstruktivem Holzschutz (Seite 163) versehen, um sie gegen Witterungseinflüsse zu schützen und die Haltbarkeit der Bretter zu erhöhen.

FASCHINEN

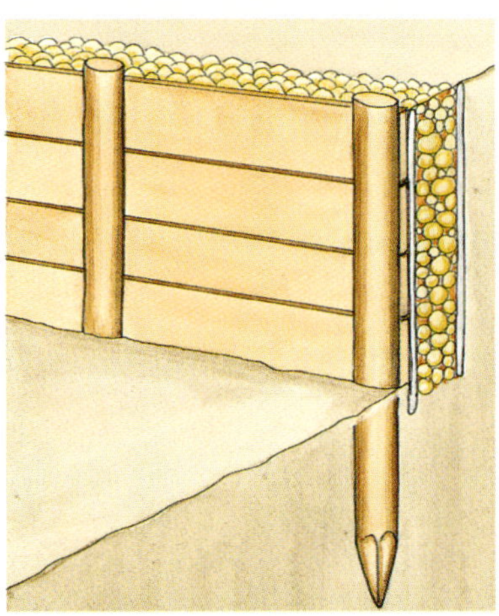

Bretterfaschinen mit Drainage eignen sich gut zum Ausgleich geringer Höhenunterschiede.

Faschinen setzen

Der Bau einer Faschinenwand ist noch einfacher als das Errichten von Palisaden: Im Gegensatz zu Palisaden wird bei Faschinen kein Graben ausgehoben, sondern es wird nur das Erdreich des Hanges etwas weggeschaufelt. Eine gespannte Schnur gibt den Verlauf und die Höhe der künftigen Faschinenwand an.

► Schlagen Sie zuerst die Stützpfosten im beabsichtigten Abstand ein. Falls Sie sie zur Sicherheit in Beton setzen wollen, können Sie genauso vorgehen wie beim Palisadenbau (Seite 159). Lassen Sie den Beton unbedingt eine Woche aushärten, bevor Sie mit dem Verlegen der Faschinen beginnen.

► Richten Sie die Stützpfosten nicht senkrecht aus, sondern mit einer leichten Neigung von ungefähr 3 bis 5 Prozent zum Hang. Diese geringe Anschrägung fällt nicht unangenehm auf und lässt einen Spielraum, falls die Stützpfosten dem Erddruck nachgeben sollten. Neigen sich die Stützpfosten nach vorne, entsteht ein »kopflastiger« und instabiler Eindruck. In einem solchen Fall ist es besser, die Konstruktion nochmal abzubauen und neu zu errichten.

Auch Treppen lassen sich mit Faschinen ansprechend gestalten.

► Bringen Sie die Faschinenhölzer übereinander geschichtet an, indem Sie sie an die Stützhölzer annageln bzw. anschrauben. Kleinere Ritzen und Spalten, die vor allem bei Rundhölzern entstehen, nehmen der Konstruktion etwas von ihrer Strenge und stören nicht (im Gegensatz zu den Lücken in einer Palisadenwand).

► Versehen Sie die Faschinenwand zum Abschluss mit einem konstruktiven Holzschutz zum Hang hin, bevor Sie das Erdreich einfüllen, da das Holz dadurch haltbarer wird.

Holzdeck und Palisaden gleichen leichte Höhenunterschiede aus.

Holzschutz

Ist Holz der freien Witterung ausgesetzt oder hat es sogar Kontakt zum Erdreich, wird es ohne ausreichenden Schutz auf Dauer durch Pilze zersetzt. Um diesen Prozess aufzuhalten, können Sie vorbeugend verschiedene Mittel anwenden:

Holzschutz mit Imprägnierung

Chemischer Holzschutz besteht aus einem Anstrich oder einer Imprägnierung, die den Pilzbefall von außen her hemmt. Während bei solchen Holzkonstruktionen, die luftig stehen und abtrocknen können (z. B. ein Holzzaun) der Schutz durch einen Anstrich ausreicht, ist bei Hölzern mit Erdkontakt ein tiefer gehender Schutz erforderlich.

Das am weitesten verbreitete Verfahren ist die Kesseldruckimprägnierung von Weichhölzern wie Fichte oder Kiefer, fachsprachlich auch »kdi« genannt. Dabei wird ein Holzschutzmittel durch hohen Druck in die ersten ein bis zwei cm des Holzes eingepresst. (Zum Vergleich: Ein Anstrich dringt nur in den obersten Millimeter des Holzes ein.)

► **Tipp:** Imprägniertes Holz sollte nicht mehr gesägt werden, da sonst ungeschützte Oberflächen entstehen, die eine ideale Eintrittspforte für Pilze bilden.

Holz ohne Imprägnierung

Wenn Sie auf chemisch imprägniertes Holz verzichten wollen, können Sie auf naturbelassene Harthölzer zurückgreifen, denn einheimische Harthölzer wie Lärche, Robinie und Eiche trotzen dem Wetter ebenso lange wie imprägnierte Fichte! Die Kosten für naturbelassene Harthölzer liegen derzeit allerdings um etwa 20 bis 40 Prozent höher als für behandeltes Holz.

► **Tipp:** Diese wertvollen und sehr schönen Hölzer sollten Sie sicherheitshalber immer in Verbindung mit einem konstruktiven Holzschutz verwenden.

Konstruktiver Holzschutz

Konstruktiven Holzschutz nennt man alle Drainagemaßnahmen, die einen direkten Wasser- bzw. Erdkontakt verhindern:

► Einbetonierte Hölzer im Boden setzen Sie am besten in Einkornbeton. Für Palisaden und Stützpfosten bis zu einer Länge von 1,5 m genügt eine Mischung aus Schotter und Zement im Verhältnis 5:1, die ausreichend fest ist und viele kleine Hohlräume besitzt, die für ausreichenden Wasserabzug sorgen.

► Bei Erdkontakt der Hölzer (unvermeidbar bei Palisaden und Faschinen) können Sie auch Noppen-Drainagefolien (aus dem Baustoffhandel) anbringen: Auf der Holzseite lassen die Noppen das Wasser ablaufen und die Luft kann gut zirkulieren.

Die früher häufig verwendete Dachpappe oder Folien stellen zwar auch eine gute Isolierung gegen Nässe dar, doch neigen sie zum »Schwitzen«.

► Hinterfüllen Sie die Palisaden bzw. Faschinen außerdem mit einer ungefähr 10 cm starken Schicht aus gesiebtem Kies, die Sie gegen das Erdreich mit einem Vlies (aus dem Baustoffhandel) sichern (siehe Abbildung Seite 162).

Natursteintreppe und -trockenmauer.

Treppen und Rampen

Allgemein wird bei einer Steigung ab 7 bis 10 Prozent eine Treppe benötigt, um den Höhenunterschied angenehm überwinden zu können. Treppen gliedern den Garten in die Bereiche oben und unten und den Hang. Gleichzeitig stellen sie ein Verbindungsglied zwischen oben und unten dar.
Anstelle einer Treppe lässt sich auch eine Rampe errichten, die dann sinnvoll ist, wenn Sie darauf häufig Material transportieren oder auch wenn ein Rollstuhlfahrer im Haushalt lebt. Eine Rampe benötigt ungefähr so viel Raum wie eine flache Treppe.

Bei starken Hanglagen können Sie auch den gesamten Garten zu einer Treppenanlage machen, bei der verschiedene Terrassen und Podeste mit Treppen und Rampen miteinander verbunden sind und der Rest des Hangs bepflanzt wird.

Treppenverläufe

► Der Verlauf einer Treppe kann gerade, versetzt oder geschwungen sein, je nach Gartenstil und persönlichem Geschmack. Die Wirkung eines Treppenverlaufs entspricht dem Verlauf von Wegen (Seite 47).
► Eine Treppe kann von Podesten und Galerien unterbrochen werden. Mit ihrer Hilfe entschärfen Sie eine allzu lange Treppe und erzielen ein harmonischeres und großzügigeres Erscheinungsbild.

Aufwändig gestaltete Treppe aus Stellstufen mit rundem Podest.

► Je breiter die Stufen sind und je flacher die Treppe angelegt ist, desto einladender wirkt sie. Eine steile, schmale Treppe schreckt eher ab.

Treppenregeln

Bei Planung und Anlage einer Treppe sind einige Dinge zu beachten:
► Da eine einzelne Stufe leicht übersehen wird, sollten Sie eine Treppe mindestens dreistufig anlegen.
► Zur Entspannung beim Treppensteigen sollten Sie in Abständen von jeweils fünf bis zehn Stufen ein Podest einplanen. Ein solches Podest eignet sich auch gut für eine Richtungsänderung der Treppe.
► Die Stufen einer Treppe sollten in der Regel zwischen 12 und 15 cm hoch sein. So ist das Gehen angenehm. Kleinere Stufen können leicht übersehen werden, sodass man stolpern kann und größere Stufen sind mühsam zu begehen.

Geeignete Treppenmaterialien

Beim Bau einer Treppe können Sie auf unterschiedliche Materialien zurückgreifen. Jedes hat einen typischen Charakter und vermittelt einen anderen Eindruck:

Treppe aus Blockstufen

Blockstufen sind Steinquader aus Naturstein oder Beton mit einheitlichen Maßen (z. B. 200 x 40 x 15 cm), die wegen ihrer Steinmasse einen massiven Eindruck erzeugen.
► **Betonstufen:** Um die Treppe harmonisch mit einem Betonpflaster verbinden zu können, gibt es zu fast jedem Betonpflaster die passenden

»› Treppe aus Naturstein-Blockstufen.

Strenge Treppe aus Legstufen.

Blockstufen, die häufig in Eingangspodesten verwendet werden. Aufgrund ihres hohen Eigengewichts müssen sie auf einem soliden Fundament (etwa aus Beton) verlegt werden, damit später keine Absenkungen auftreten.

► **Natursteinstufen** sind eine beeindruckende Alternative zu Betonstufen. Da die Natursteinblöcke jedoch in der Regel sehr teuer sind, eignen sie sich in erster Linie für kleine Treppen bis 80 cm.

Treppe aus Legstufen

Als Legstufen werden große Steinplatten aus Naturstein oder Beton im Format von ca. 80 x 40 x 6 cm bezeichnet, die leicht überlappend auf einem verdichteten Unterbau verlegt werden (Seite 121). Betonlegstufen sind auch in L-Form erhältlich und werden als »Winkellegstufe« bezeichnet. Die Ansichts- und Auftrittsfläche der Treppe kann, wie es auch bei Blockstufen der Fall ist, den gleichen Belag wie das angrenzende Pflaster haben. Legstufen wirken leichter als Blockstufen und etwas gediegener als Stellstufen. Legstufen neigen allerdings auch leichter zum Wackeln.

Treppe aus Stellstufen

Bei Stellstufen besteht die vorderste Kante aus einem hochkant verlegten Betonstein oder auch Naturstein (ca. 100 x 30 x 6 cm), der die stabile Vorderseite und Ansichtsfläche der Treppe bildet. Die Auftrittsflächen bekommen einen Unterbau (Seite 121) und werden dann wie ein Pflaster mit Kleinsteinen oder Platten ausgepflastert (Seite 127). Stellstufen werden auch aus Holz nach dem gleichen Prinzip wie Faschinen angefertigt. Die auch als »Knüppelstufen« bezeichneten Stellstufen werden vor allem in naturnahen Gärten mit Rindenmulch, Holzhäcksel oder Kies aufgefüllt. Zu streng formalen Gärten passen sie nicht.

Geschwungene Treppe.

Treppenbegrenzungen

Die seitliche Eingrenzung der Treppe mit einem Mäuerchen oder Zaun wird als Wange bezeichnet, die die Treppe vom Garten abgrenzt.

► Durch diese stark strukturierende Wirkung eignen sich Wangen ausgezeichnet für formal gestaltete Gartenanlagen.

► Bei der freien Gestaltung geht die Treppe meist in das angrenzende Erdreich über. Die Ränder können Sie mit niedrigen Polsterstauden bepflanzen oder mit größeren Steinen begrenzen. Je nach Art der Hanglage können Sie auch niedrige Hecken, Stauden und kleine Gehölze setzen.

Treppen bauen

► Bauen Sie Treppen grundsätzlich nur auf alten, gewachsenen Böden oder auf einem festen Fundament (Seite 121). Nur diese gewährleisten dauerhafte Stabilität.

► Falls die Treppe in das Erdreich übergeht, sollten Sie mindestens 60 cm zusätzliche Treppenbreite

Flache Treppe aus Legstufen.

Kostengünstige und schöne Alternative: aufgesetzte Treppe aus Holz.

einplanen, denn diese Fläche verschwindet schon nach kurzer Zeit unter dem Pflanzenbewuchs.

► Das umliegende Erdniveau neben der Treppe sollte nach Möglichkeit so eingerichtet werden, dass keine Erde auf die Stufen gelangt: Legen Sie zu Beginn einen schmalen Kiesstreifen an, den Sie mit Pflanzen, Steinen oder Mulchmaterial einbinden.

Fachmann
Treppen

Sicherheit für Treppen

► Jede Stufe sollte ein Gefälle von 2 Prozent nach unten bekommen, damit sich im Winter weniger Eispfützen bilden können.

► Wählen Sie außerdem für die Auftrittflächen möglichst rutschfeste Beläge (Seite 123).

► Wenn Sie Kinder haben oder ältere Menschen in Ihrem Haushalt leben, sollten Sie steilere Treppen unbedingt mit einem Handlauf versehen, an dem sie sich festhalten können.

► Zur Sicherheit sollten Sie zudem alle Stufen, die im Dunkeln liegen, abends und nachts ausreichend beleuchten (Seite 186).

Rechenregel für Treppen

Für eine Treppenkonstruktion sollten Sie die folgende Rechenregel beachten. Diese Regel basiert auf einem Erfahrungswert, der nicht nur dafür sorgt, dass sich die Treppe harmonisch in den Garten einfügt, sondern – was vielleicht noch wichtiger ist – der auch das Besteigen der Treppe erleichtert.

► Die Tiefe des Auftrittspodestes und die Höhe einer Stufe sollten ungefähr der durchschnittlichen Schrittlänge des Menschen von 62 bis 65 cm entsprechen. Wenn Kinder und ältere Menschen in Ihrem Haushalt leben, ist das kleinere Schrittmaß als Richtlinie zu wählen.

► Um eine Treppe angenehm begehbar zu machen, rechnen Sie so: Schrittlänge = zweimal beabsichtigte Stufenhöhe + Tiefe des Auftritts.

► Bei einer Schrittlänge von 62 cm und einer geplanten Stufenhöhe von 13 cm ergibt sich rechnerisch also folgende Tiefe des Auftrittpodestes: 62 cm (= Schrittlänge) – 26 cm (= zweimal Stufenhöhe) = 36 cm (= Tiefe des Auftrittpodestes).

TREPPENSTUFEN

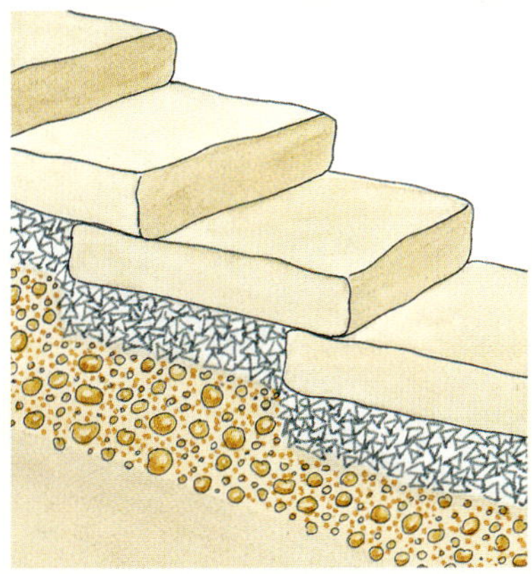

Treppe aus großen Natursteinblockstufen mit Unterbau und Verlegeschicht.

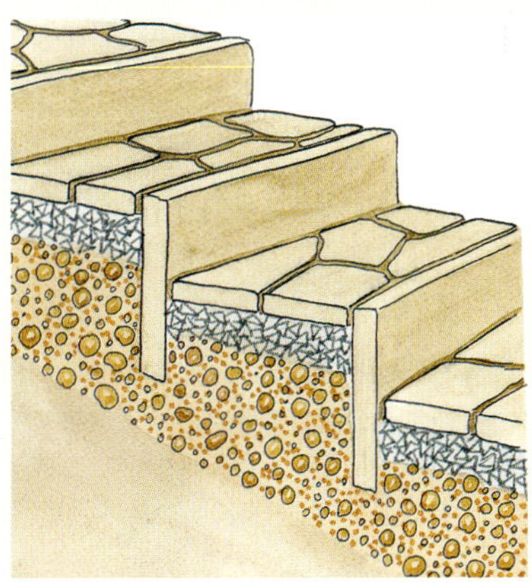

Treppe aus Stellstufen, deren Auftrittsfläche mit Bruchplatten ausgepflastert ist.

Pergola, Zäune, Gartenhaus & Co.

Nicht nur die Bepflanzung, auch eine Pergola, ein Gartenhaus, schöne Zäune oder Findlinge geben Ihrem Garten sein charakteristisches Gesicht.

Pergola, Zäune & Co.

Ein prachtvoller Rosenbogen überrankt den Weg und verzaubert diesen Garten.

Kleinarchitekturen sind die charakteristischen »Accessoires« einer Gartenanlage, und häufig erst bekommt der Garten durch sie seine besondere individuelle Note. An diesen Accessoires lässt sich ablesen, auf welche Weise der Garten von seinen Besitzern bewohnt wird und wie es um deren persönlichen Geschmack bestellt ist.
Kleinarchitekturen können als Blickfang dienen, einen reizvollen thematischen Schwerpunkt im Garten bilden und natürlich auch seine Nutzbarkeit für die Besitzer erhöhen, indem sie ihnen Regen-, Wind- und Sonnenschutz bieten.

Pergolen

Als Pergolen im weitesten Sinne werden alle Holzkonstruktionen im Garten bezeichnet, die einen Raum eingrenzen oder ihn überspannen. Dabei erzeugen schon wenige frei stehende Pfosten, die nicht miteinander verbunden sein müssen, eine deutliche Abgrenzung.

► Neben den Gehölzen bringen Pergolen das vertikale Element in den Garten. Meist werden die dafür verwendeten Stützpfosten als Kletterhilfe für Rankpflanzen genutzt, um die Konturen des starren Gerüstes weicher wirken zu lassen und eine harmonische Verbindung zwischen Bauwerk und Pflanze zu schaffen.

► Ein überraschender Effekt entsteht, wenn der Standort der Kletterpflanzen nicht gleich ersichtlich ist. Dadurch erscheint der Bewuchs wie zufällig und verleiht dem Garten einen spielerischen Eindruck, wie er vor allem in naturnahen Gärten und in Bauerngärten erwünscht ist.

► Dagegen soll in einem streng formal gestalteten Garten oder in einem asiatischen Garten die Konstruktion aus Menschenhand für sich allein stehen und sich in den Garten einfügen. Ein üppiger Bewuchs mit Kletterpflanzen ist deshalb bei diesen

Gartentypen nicht üblich, um die Wirkung des Bauwerks nicht abzuschwächen. Zu diesem Zweck werden größere Gehölze und Beete gezielt um die Pergola platziert, sodass die Konstruktion scheinbar wie zufällig im Garten steht.

► Nicht für alle Gärten ist eine massive, überdachte Pergola geeignet. Es gibt jedoch so viele unterschiedliche Arten von Pergolakonstruktionen, dass sich für jeden Garten eine geeignete Form finden lässt.

► Da eine Pergola vor allem in kleinen Gärten besonders auffällt, sollten Sie nur bestes Material verwenden und auch die Bauweise sollte sehr gut überlegt werden.

Rosenbogen aus Holz.

Torbogen

Die einfachste Form einer Pergola ist ein Torbogen, der aus zwei Stützen und einer Verbindung, der so genannten Pfette, besteht. Ein Torbogen kann zwei Gartenteile miteinander verbinden oder umgekehrt eine Grenze zwischen zwei Gartenräumen markieren.

► Ein Torbogen bietet vor allem für kleine, ebene Gärten eine sehr gute Möglichkeit, neue Räume zu schaffen und den Garten somit gezielt zu strukturieren. In größeren Gärten können Sie den Gartenbesucher mit einem Torbogen neugierig machen auf das »Dahinter«, das erst entdeckt werden muss.

► Bei einem terrassierten Garten kann ein geschickt platzierter Torbogen ebenfalls einen neuen Raum eröffnen: Wenn Sie ihn an den Beginn bzw. an das Ende einer Treppe setzen, ergeben sich völlig neue Perspektiven.

► Ein Torbogen kann natürlich auch am Ein- oder Ausgang des Gartens stehen und ist dabei oft von Zäunen eingesäumt. Wenn er im Garten platziert wird, sollte er auf beiden Seiten begleitet werden, damit er seine Wirkung entfalten kann. Planen Sie also links und rechts Beete, Strauchpflanzungen oder andere Gartenelemente ein, um eine wirksame Abgrenzung zu erzeugen.

► Die klassische Form eines Rundbogens ist der Rosenbogen, den Sie auch als fertigen Bausatz im Fachhandel bekommen.

Laubengang

Wird ein Torbogen in Längsrichtung erweitert, entsteht ein Laubengang. Dabei werden auf die Pfetten Querhölzer aufgelegt, die so genannten Sparren, um dem Laubengang zusätzliche Stabilität zu verleihen.

► Laubengänge haben ihren Ursprung in den alten Klostergärten Europas und Asiens. Der von Pflanzen eingesäumte Raum sollte beim Begehen kontemplative Stimmung schaffen und war im klassischen Fall mit echtem Wein bepflanzt.

► Meist rahmt ein Laubengang einen Weg ein und ist seitlich offen, um einen freien Durchblick zu erlauben. Vom Haus aus gesehen führt er dann in einen verborgenen Gartenteil, sodass der Garten optisch etwas in die Ferne rückt.

► Platzieren Sie den Laubengang dagegen entlang des Hauses, holen Sie den Garten optisch an das Gebäude heran. So verliert er scheinbar etwas an Größe, doch dafür entsteht eine heimelige Atmosphäre.

ROSENBOGEN UND LAUBENGANG

Schlichter eleganter Rosenbogen aus filigranem Metall.

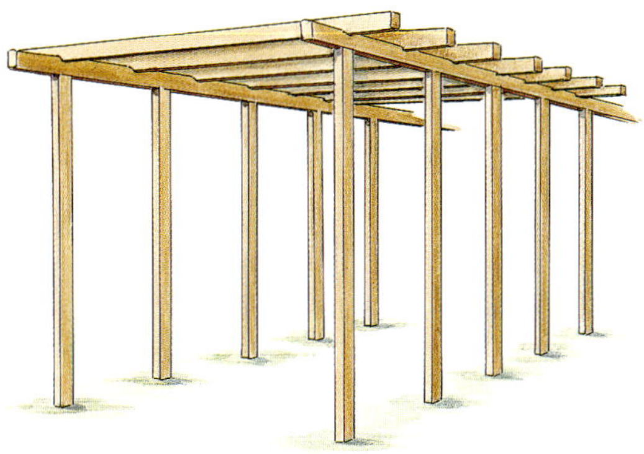

Klassischer Aufbau eines Laubenganges aus stabilen Vierkanthölzern, der sich allerdings nur für etwas größere Gärten eignet.

Mit Goldregen bepflanzter Laubengang in beeindruckender Blüte.

Überdachte Pergolen

Eine überdachte Pergola bietet wirksamen Schutz vor Regen und Sonne. Sie kann an das Haus oder eine Mauer angelehnt sein oder auch frei stehend einen Sitzplatz oder Eingang einrahmen. Durch eine Überdachung erweitert sich der Nutzungszeitraum einer Pergola bis weit in den Herbst hinein.

► Als Sonnen- und Regenschutz eignet sich eine Überdachung mit Plexiglasplatten oder stabilem Glas, wobei die Querhölzer einen Abstand von 50 cm haben sollten, um ausreichende Stabilität zu gewährleisten.

► Wenn Sie die Pergola bepflanzen, sollten Sie die Pflanzen nicht auf, sondern unter dem Dach entlang führen. So wird es nicht verschmutzt, und die Pflanzen können für eine Verbesserung des Lichteinfall leichter zurückgeschnitten werden.

► Um unnötigen Ärger zu vermeiden, sollten Sie sich vor dem Bau einer überdachten Pergola vorher bei Ihrer zuständigen Lokalbaukommission erkundigen, ob Ihre Planung den geltenden regionalen Vorschriften entspricht.

Pergola am Eingang

Mit einer Pergola zwischen Straße und Haus entsteht eine starke Betonung des häufig vernachlässigten Vorgartens. Das Haus wird dadurch außerdem fest in den Garten eingebunden, und der Eingangsbereich ist im Sommer angenehm schattig bzw. im Winter zumindest etwas geschützt. Als Wetterschutz können Sie an der Haustür eine zusätzliche Überdachung anbringen.

Pergola an der Terrasse

Einen guten Wetter- und Windschutz bietet eine (überdachte) Pergola auch für eine an das Haus grenzende Terrasse. Da die Holzkonstruktion und die aufliegenden Kletterpflanzen die angrenzenden Wohnräume jedoch etwas verdunkeln, sollte die Pergola nicht direkt vor die Fenster gebaut werden.

Frei stehende Pergola

Frei stehende Pergolen werden meist als Einrahmung für einen Sitzplatz oder eine Wegekreuzung verwendet, wobei bereits eine einfache Konstruktion ohne Querverbindungen, die mit nur wenigen Kletterpflanzen

Weisses Holz im Landhausstil

Da dunkles Holz schnell klobig wirkt und damit optisch nicht sehr attraktiv ist, können Sie die Konstruktionshölzer für Ihre Pergola, sofern sie nicht bereits imprägniert sind (Seite 163), mit weißer Farbe lasieren und ihnen so eine leichtere Ausstrahlung geben.

Torbogen und Spaliere trennen zwei Gartenteile.

berankt wird, einen neuen Raum entstehen lässt. Mithilfe von Spalieren und Sichtschutzwänden (Seite 176) können Sie diesen Raum zudem von zwei Seiten abgrenzen, während die offenen Seiten einen freien Blick in den Garten gewähren.

Künstlerische Pergolakonstruktion.

Material für Pergolen

Beim Bau einer Pergola können Sie wählen zwischen Holz, Metall oder Naturstein:

► **Holz:** Das am häufigsten verwendete Baumaterial für Pergolen sind Vierkanthölzer. Ausreichende Stabilität für Stützpfosten und Pfetten gewährleisten Formate ab 10 x 10 cm bis 16 x 16 cm Stärke, mit denen Sie Weiten bis zu 3 m überspannen können. Die Querhölzer hingegen dürfen etwas schwächer dimensioniert sein (2 x 10 cm bis 4 x 16 cm), damit das Dach der Pergola nicht zu schwer wirkt.
Rundhölzer (Durchmesser 10 bis 14 cm) wirken wesentlich leichter als Vierkanthölzer und passen sehr gut zu modern gestalteten Gärten. Verwenden Sie aber in jedem Fall Harthölzer oder kesseldruckimprägnierte Weichhölzer (Seite 163), da Pergolen stark der Witterung ausgesetzt sind und nicht imprägniertes Holz schnell angegriffen wird.

► **Metall:** Etwas filigraner als Holzkonstruktionen wirken Konstruktionen aus Metall, die auch für Rosenbogen Verwendung finden. Meist werden dafür Rundrohre (z. B. Wasserrohre) aus Eisen mit 2 bis 3 cm Durchmesser verwendet. Metallkonstruktionen benötigen unbedingt einen Anstrich, der möglichst mit der Bepflanzung und/oder den Farben der Gartenmöbeln harmonieren sollte (Seite 183).

► **Natursteinsäulen:** Als Stützpfosten für eine Pergola eignen sich auch Säulen aus Naturstein oder aufgemauertem Klinker. Natursteinsäulen, die auch als Stelen bezeichnet werden, sind sehr teuer und werden nur im Fachhandel angeboten. Durch ihre wuchtige Erscheinung grenzen sie die Pergola noch erheblich stärker vom Garten ab als Konstruktionen aus Holz oder Metall.

Rosenbogen aus Rundholz.

► **Metallseile:** Um eine Pergola etwas leichter wirken zu lassen, können Sie anstelle von festen Querstreben auch Metallseile spannen. Bedenken Sie dabei aber, dass die Seile bei großer Belastung stark durchhängen können, d. h., überbrücken Sie mit den Metallseilen möglichst nur kurze Entfernungen bis höchstens 3 m.

PERGOLAKONSTRUKTION

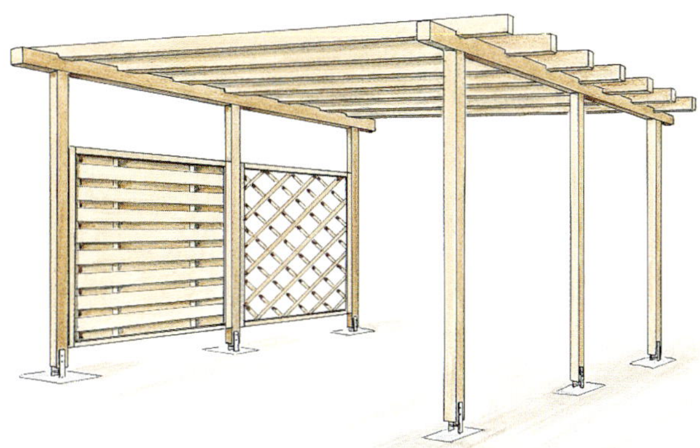

Eine Pergola besteht aus den Grundelementen Stützpfosten, Pfetten und Sparren. Die Seitenwände können mit einer Sichtschutzwand und einem Spalier versehen werden.

LACKIEREN ODER LASIEREN?

Holz müssen Sie nicht in seiner ursprünglichen Farbe belassen, sondern können es in vielen verschiedenen Farben lackieren oder lasieren: Imprägniertes Holz können Sie nur lackieren. Die Nachteile des Lackierens bestehen in den plakativen Farben und darin, dass der Anstrich alle paar Jahre wiederholt werden muss. Nicht imprägniertes Hartholz können Sie sowohl lackieren als auch lasieren. Zum Lasieren werden Lasurfarben oder gefärbte Holzschutzmittel verwendet, wobei Letztere die Witterungsbeständigkeit des Holzes verstärken. Lasuren haben gegenüber Lacken einige Vorteile:

- Es sind nur wenige Anstriche erforderlich.
- Die Maserung des Holzes bleibt erhalten.
- Bei Lasuren können Sie zwischen dezenten Pastellfarben wählen.
- Lasuren sind umweltverträglicher als Lacke.

Eine Pergola planen

Planen Sie Ihre Pergola so, dass ihre Länge, Breite und Höhe ein harmonisches Gesamtbild ergeben. Hilfreich ist es, wenn Sie den Raum zuerst mit Stöcken und Markierungen abstecken, um eine Vorstellung von der Wirkung zu bekommen, und eine Skizze anfertigen. Sie können nach folgenden Anhaltspunkten vorgehen:

- Die Höhe einer Pergola sollte 230 bis 250 cm betragen, damit herunterhängende Pflanzen Sie nicht stören. Bei einer überdachten Pergola entsteht so auch kein Gefühl der Enge.
- Der Abstand zwischen den Stützpfosten sollte nicht mehr als 3 m betragen, damit die darauf aufliegenden Pfetten nicht durchhängen.
- Verwenden Sie für Holzkonstruktionen nur langlebige imprägnierte Hölzer oder Harthölzer (Seite 163).
- Bei einer Bepflanzung der Pergola sollte man wissen, dass der Aufwuchs bei Regen oder Schnee ein beachtliches Gewicht entwickeln kann. Wenn Sie stark wachsende Kletterpflanzen verwenden, sollten die Stützpfosten stabil genug sein.

Möbel, Pergola, Rosen als Farbeinheit.

Eine Pergola bauen

Sie haben viele Möglichkeiten zur Anordnung der senkrechten Stützpfosten sowie der Pfetten (die horizontalen Verbindungsstreben zwischen den Stützpfosten), und der Sparren (die Dachstreben) mit denen Sie eine Pergola überdachen können. Es gibt zahlreiche Verbindungsmöglichkeiten zwischen Pfetten und Sparren, die ebenfalls den Charakter einer Pergola prägen. Wichtig ist, dass die Stützpfosten fest mit dem Boden verbunden sind, ohne dass sie direkten Erdkontakt haben und dadurch vorzeitig verwittern. Aus diesem Grund werden zuerst so genannte Balkenschuhe in den Beton gesetzt, auf denen die Pfosten befestigt werden.

► **Tipp:** Balkenschuhe werden aus verzinkten Flacheisen in verschiedenen Ausführungen angeboten. Auf der Abbildung unten ist ein einfaches, leicht handhabbares Modell abgebildet.

Befestigung der Stützpfosten

- Spannen Sie eine Schnur, und setzen Sie die Betonfundamente entlang der Schnur in gerader Linie.
- Setzen Sie die Balkenschuhe auf gleicher Höhe in den Beton. Lassen Sie ihn eine Woche aushärten, bevor Sie die Stützpfosten anbringen.
- Richten Sie die Stützpfosten mit einer Wasserwaage aus und befestigen Sie die Stützpfosten mit Schlossschrauben an den Balkenschuhen.

BALKENSCHUH

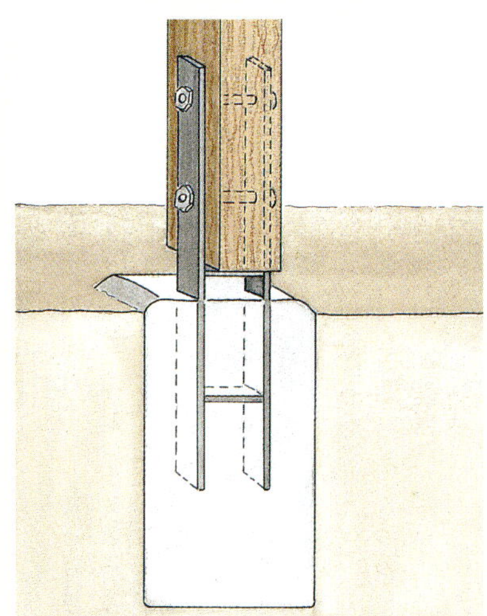

Balkenschuhe müssen in einem soliden Fundament aus Beton verankert werden.

Anordnung der Pfetten

Sind die Stützpfosten befestigt, können Sie verschiedene Möglichkeiten zur Anordnung der Pfetten wählen:

► Sie können die Pfetten einfach oben auf die Stützpfosten auflegen oder auch waagerecht am oberen inneren oder äußeren Ende der Stützpfosten anbringen.

► Eine optisch reizvolle Variante ist das Verdoppeln der Pfetten. In diesem Fall werden sie innen und außen an den Stützpfosten angebracht, was fachsprachlich »Wangenbauweise« genannt wird. Eine solche Verdoppelung erfordert zwar mehr Holz, doch wirkt die Pergola dadurch leichter und luftiger als mit einem einfachen Rahmen.

Hintereinander geschaltete Torbögen mit Natursteinsäulen (Stelen).

Befestigung der Pfetten

Stützpfosten und Pfetten lassen sich unterschiedlich verbinden:

► Sie können die Pfetten einfach von oben an die Stützpfosten annageln bzw. -schrauben oder mithilfe von Winkeleisen befestigen.

► Eine Holzverbindung aus einem Zapfen ist die eleganteste Befestigungsart der Pfetten auf den Stützpfosten, erfordert aber Fachwissen und handwerkliches Geschick.

Aufwändige Wangenbauweise.

► Grenzt die Pergola an eine Wand, können Sie sich die Stützpfosten auf dieser Seite sparen und einfach eine Pfette mit Dübel und Schrauben in gewünschter Höhe an der Wand befestigen. Solche Pergolakonstruktionen mit Wandkontakt sind erheblich stabiler als frei stehende Pergolen. Prüfen Sie jedoch vorher genau die Beschaffenheit der Wand, bzw. ob es sich dabei um Ziegel, Gasbetonstein oder um einen Isolierputz mit Styroporunterlage handelt, und wählen Sie Arbeitsmittel und Zubehör entsprechend aus.

Künstlerische Pergolakonstruktion.

Anbringen der Sparren

Mit der Verbindung von Stützpfosten und Pfetten ist die Pergola im Prinzip fertig. Sie grenzt den Raum ein, zwischen den Stützpfosten können Sie Sichtschutzelemente und Spaliere anbringen und die Stützpfosten können berankt werden. Wenn das Dach der Pergola ebenfalls zuwachsen soll, können Sie nun entweder Drähte zwischen die Pfetten spannen oder aber Sparren im Abstand von ca. 50 cm zwischen den Pfetten als »Dachstreben« anbringen.

► **Tipp:** Wenn Sie als geschickter Bastler mit Säge und Stemmeisen umzugehen wissen, können Sie durch Einschneiden und Ausstemmen an den Sparren eine Nut anbringen, die in die Pfetten eingepasst wird. Eine solche Verbindung sieht sehr gut aus und erhöht zudem die Stabilität der Konstruktion.

Kostenaufwand
Sichtschutz

Was kostet eine Pergola?

► Die Materialkosten für eine Pergola auf einer etwa 20 m² großen Fläche unter Verwendung von kesseldruckimprägniertem Holz betragen etwa 1000,– DM. Das Holz können Sie im Fachhandel bereits fertig zugeschnitten bekommen.

► Die Aufstellkosten liegen bei etwa 600,– bis 1200,– DM. Ein handwerklich geschickter Laie kann eine solche Pergola mit Säge, Bohrmaschine und etwas Hilfe innerhalb von zwei Tagen aber auch selbst aufstellen.

Wetter- und Sichtschutz aus Holz

Zum Einfassen und Abschirmen von Pergolen, Terrassen und Sitzplätzen können Sie zwischen den Stützpfosten Sichtschutzwände, Spaliere oder Matten anbringen. Gerade in kleinen Stadtgärten bieten sie eine gute, weil Platz sparende Möglichkeit, ein abgeschiedenes Plätzchen zu schaffen und die Privatsphäre vor unerwünschten Einblicken zu schützen. Zusammen mit den entsprechenden Pfosten und Spalieren können Sie auf diese Weise ganze Pergolalandschaften gestalten.

► **Tipp:** Im Fachhandel sind komplette Systeme für Pergolakonstruktionen erhältlich. Sie können dabei zwischen verschiedenen Stützpfosten, Pfetten, Sparren, Pflanztrögen, Spalieren und Sichtschutzelementen wählen und sich somit Ihre ganz individuelle Pergolalandschaft zusammenstellen. Die einzelnen Wetter- und Sichtschutzelemente sind übrigens auch ausgezeichnet für Dachgärten geeignet.

Sichtschutzelemente aus Holz

Hölzerne Sichtschutzelemente sind eine Platz sparende, sichere Abgrenzung und bestehen aus einem Rahmen, in den quer oder diagonal Bretter eingefügt sind. Im Fachhandel werden vorgefertigte Elemente in verschiedenen Standardmaßen (z. B. 180 x 180 cm oder 200 x 200 cm) angeboten, die nur noch zwischen den jeweiligen Stützpfosten befestigt werden müssen.

► **Tipp:** Eine leichte und luftige Ausführung eines Sichtschutzelements ist ein Flechtzaun aus dünnen Holzstreifen, der sehr luftig wirkt und auch gut berankt werden kann.

Spaliere und Holzgerüste

Spaliere sind leichte Drahtgeflechte oder Holzgerüste, die in erster Linie als Rankhilfe für Kletterpflanzen dienen und an einer Wand oder auch frei stehend aufgestellt werden können. Spaliere verschwinden später beinahe gänzlich unter den Kletterpflanzen und tragen nur noch deren Gewicht.

► **Tipp:** Spaliere werden vorgefertigt im Fachhandel angeboten, lassen sich aber auch aus Drähten und Latten leicht selbst bauen.

Schilfrohrmatten

Schilfrohrmatten sind sozusagen die asiatische Variante einer Sichtschutzwand und werden häufig als Zaun am Grundstücksrand verwendet. Neben den bekannten Bambusmatten werden auch andere ansprechende Flechtmatten angeboten. Solche Flechtmatten sind eine schöne, filigrane Alternative zu den üblichen Sichtschutzwänden.

► Schilfrohrmatten eignen sich vor allem für formal gestaltete Gärten, weil sie hier geschickt in das Gesamtkonzept integriert werden können. Bei einer freien Gestaltung entsteht durch sie aber leicht ein etwas einförmiger Eindruck.

► Mit Schilfrohrmatten lässt sich auch ein hässlicher Zaun verkleiden.

››› Pergola mit Spalier und aufliegendem Drahtgeflecht zur Begrünung.

Sichtschutzelemente schaffen ein lauschiges Plätzchen.

Zäune

Zäune schützen den Garten vor ungebetenen Besuchern bzw. grenzen ihn nach außen hin ab und werden in unterschiedlichen Materialien und Größen im Fachhandel angeboten.

Rustikale Erscheinung eines naturbelassenen Stakettenzauns.

Zäune beranken

Besonders in kleinen Reihenhausgärten ist oft ein Sichtschutz zu den Nachbarn nötig und erwünscht. Eine Möglichkeit sind Form- oder Blütenhecken, die aber mindestens 1 bis 2 m Platz in der Breite benötigen und den Garten unnötig verkleinern. Als Alternative bietet sich ein stabiler Zaun in ausreichender Höhe an, den Sie mit stark wachsenden Kletterpflanzen wie Knöterich, Wein oder Clematis beranken können. So gewinnen Sie eine lebende, grüne Mauer und verlieren keinen Platz.

Unauffälliger Maschendrahtzaun.

Als immergrünen Schutz für den Winter können Sie Efeu (eine Pflanze pro 2 lfm.) zwischen die anderen Kletterer pflanzen. Dann wird der Efeu zwar im Sommer von ihnen überwuchert, kann sich dafür aber im Winter regenerieren, wenn die anderen Pflanzen ihr Laub abwerfen. Allerdings wächst Efeu recht langsam, sodass es einige Jahre dauert, bis der ganze Zaun bewachsen ist.

► **Tipp:** Wenn Sie wegen regionalen Bestimmungen den Zaun nicht in der gewünschten Sichtschutzhöhe (ca. 2 m) ziehen dürfen, können Sie sich mit einem Trick behelfen: Erhöhen Sie nur die Pfosten des Zaunes auf die gewünschte Höhe. Bei Metallsäulen, die meist aus Rundrohren bestehen, reicht es aus, die Kappe oben abzunehmen und ein dünneres Rohr hineinzustecken. Spannen Sie dann im Abstand von 50 cm Drähte quer zwischen die verlängerten Pfosten. Ein solches Drahtspalier ist nicht genehmigungspflichtig und wird ebenso schnell berankt wie ein Zaun in gleicher Höhe!

Zäune aus Metall

► Zäune aus Maschendrahtgeflecht sind die einfachste und kostengünstigste Einfassung für einen Garten. Sie bestehen aus verzinktem oder von grünem Kunststoff ummanteltem Drahtgeflecht und sind in jeder beliebigen Höhe als Rollenware erhältlich. Grüne Maschendrahtzäune sind unauffälliger als die verzinkten Ausführungen.

► Stabgitterzäune sind wesentlich stabiler, dafür aber auch einige Mark teurer als Zäune aus Maschendrahtgeflecht. Stabgitterzäune bestehen

Tipp

Bevor Sie sich für einen Zaun entscheiden, sollten Sie sich bei Ihrer zuständigen Baubehörde erkundigen, welche Bestimmungen in Ihrer Region hinsichtlich Art, Material und Höhe der Einfriedung gelten. Diese Bestimmungen dienen dazu, den Siedlungsräumen ein möglichst einheitliches Bild zu geben.

aus verstärkten und verzinkten Baustahlmatten mit einer Maschenweite von ca. 4 x 20 cm und sind in vielen Farben erhältlich. Wenn Sie den Zaun mit Kletterpflanzen beranken wollen, ist ein Stabgitterzaun eine gute Lösung.

Kostenaufwand
Metallzaun

Was kostet was?

Für einen 100 cm hohen Metallzaun müssen Sie mit folgenden Kosten pro laufendem Meter rechnen:

- Maschendrahtzaun ca. 20,– DM
- Drahtgitterzaun ca. 50,– DM
- Schmiedeeisenzaun ab 400,– DM

► Schmiedeeisen ist die edelste, aber auch teuerste Zaunvariante, da die Metallstäbe auch heute noch in aufwändiger Handarbeit hergestellt werden. Ein schmiedeeiserner Zaun ist von unverwüstlicher Schönheit und eignet sich besonders gut für formal gestaltete Gärten.

Edle Handarbeit aus Schmiedeeisen.

Zäune aus Holz

► Stakettenzäune sind eine rustikal wirkende Zaunart aus halbrunden, oben zugespitzten Holzpfosten (Staketten), die senkrecht an so genannten querliegenden Bindern angebracht werden. Die Staketten messen etwa 6 cm in der Breite und ihr Abstand beträgt ca. 4 cm.
Die quer liegenden Bindestangen sind ebenfalls halbrund und ca. 10 bis 12 cm breit. Stakettenzäune sind vor allem in Süddeutschland sehr weit verbreitet.

► Lattenzäune bestehen aus gesägten und gehobelten Latten in unterschiedlichen Breiten. Im Gegensatz zu den halbrunden Staketten verfügen sie über ein kantiges Profil. Die Spitze der Latten wird meist angeschrägt, damit das Wasser oben abläuft, wodurch die Lebensdauer des Zauns erhöht wird. Je kleiner die Lattenbreite und je geringer der Lattenabstand ist, desto leichter und filigraner wirkt der Zaun. Lattenzäune sind vor allem in Norddeutschland weit verbreitet. Eine klassische Zaunvariante, die gut zu den roten norddeutschen Klinkerhäusern passt, ist der weiß lackierte Lattenzaun.

► Koppelzäune fallen durch ihre quer liegenden Bretter auf. Aufgrund ihrer rustikalen Wirkung eignen sie sich für naturnah und modern gestaltete Gärten. Eine gewisse Größe sollte der Garten allerdings haben.

► Bei Jägerzäunen werden die Latten – meist halbrunde Hölzer – diagonal an den Bindestangen angebracht. Auf diese Weise entsteht ein vergleichsweise rustikaler Eindruck, der aber zumindest heute nicht mehr jedermanns Geschmack ist, sodass diese Zäune nur noch relativ wenig Verwendung finden.

Formschöner Lattenzaun.

Maschendrahtzaun oder Holzzaun?

Einmal abgesehen von den unterschiedlichen Materialien besteht ein wesentlicher Unterschied zwischen Maschendrahtzäunen und Holzzäunen in ihrer Bauweise: Während bei Holzzäunen die Pfosten nur das Gewicht des Zaunes tragen müssen, wird ein Maschendrahtzaun mithilfe eines Spanndrahts auf Spannung gebracht. Die Pfosten werden bei Maschendrahtzäunen also auch seitlich stark beansprucht und würden sich ohne Gegengewicht sofort durchbiegen. Dieser Zug zur Seite wird mit Streben ausgeglichen, die die Spannung abfangen und die Pfosten gerade halten.

Kostenaufwand
Holzzaun

Was kostet was?

Für einen 100 cm hohen Holzzaun müssen Sie pro laufendem Meter mit folgenden Kosten rechnen:

- Stakettenzaun: ca. 30,– DM
- Lattenzaun: ab 50,– DM
- Koppelzaun: ab 30,– DM
- Jägerzaun: ab 60,– DM

Zaunpfosten setzen

► Spannen Sie als Erstes eine Schnur entsprechend dem Verlauf des künftigen Zauns – damit die Schnur nicht durchhängt, sollten Sie nicht mehr als 10 m überbrücken – und markieren Sie die gewünschten Standorte der einzelnen Pfosten. Der Abstand zwischen den Pfosten sollte jeweils nicht mehr als 2 bis 3 m betragen.

► Achten Sie beim Markieren der Pfosten auf einen gleichmäßigen Abstand, da der Zaun sonst ein unruhiges Erscheinungsbild bekommt.

► Je höher der Zaun ist, desto geringer sollte der Abstand zwischen den Pfosten sein.

► Setzen Sie die Pfosten etwa 40 bis 60 cm tief in Beton und richten Sie sie mithilfe einer Wasserwaage senkrecht aus.

► Lassen Sie den Beton eine Woche aushärten, bevor Sie mit dem endgültigen Zaunbau beginnen.

Für naturnahe Gärten: ein Flechtzaun.

Eingewachsener Stakettenzaun.

Zaunpfosten

► Für Maschendrahtzäune werden Rundrohrpfosten mit einem Durchmesser zwischen 4 und 6 cm verwendet, deren Eckpfosten mit Streben versehen sind. Durch diese Streben wird die entstehende Spannung abgefangen. Um die Stabilität der Zaunpfosten weiter zu erhöhen, sollten Sie im Abstand von 10 m jeweils zwei weitere Streben mit einplanen.

► Besser und leichter zu verarbeiten sind so genannte verzinkte Eisen mit T-Profil, die Sie als Meterware im Fachhandel bekommen und die Ihnen dort auf das gewünschte Maß zugeschnitten werden.

► Eine und rustikal wirkende Variante mit sehr hoher Lebensdauer sind Betonsäulen. Für stabile Drahtgitterzäune eignen sich am besten ungefähr 4 x 6 cm starke Vierkantpfosten aus Metall.

► Auch Holzzäune können an Rundrohren angebracht werden, das ist jedoch nicht sehr ratsam, denn die Rohre harmonieren weniger gut mit dem Holz.

Maschendrahtgeflecht anbringen

► Binden Sie als Erstes das Geflecht an einem Eckpfosten mit Bindedraht fest und rollen Sie den Maschendraht dann unter Spannung ab. Fixieren Sie das Drahtgeflecht dabei jeweils an den Pfosten.

► Flechten Sie anschließend einen Spanndraht (aus dem Fachhandel) jeweils oben, unten und in der Mitte des Drahtgeflechts ein.

► Befestigen Sie den Spanndraht nun an den Eckpfosten, und fixieren Sie zum Schluss einen Zaunspanner (aus dem Fachhhandel) in der Mitte des Zauns. Der Zaunspanner kann mit einer Zange gedreht werden und sorgt für die nötige Spannung und Stabilität des Zauns.

Bindestangen für Holzzäune anbringen

► Als Bindestangen für Stakettenzäune verwenden Sie am besten Halbrundhölzer (Stärke 10–14 cm). Für Lattenzäune finden Kanthölzer (Stärke 6/12 cm oder 8/8 cm) Verwendung.

► Passen Sie jeweils zwei Bindestangen oben und unten zwischen den Pfosten ein und fixieren Sie diese mit Schrauben.

Geeignete Schrauben

Wenn Sie wertvolle Hölzer wie Lärche oder Robinie für Ihren Zaun verwenden, sollten Sie unbedingt Schrauben aus veredeltem, rostfreiem Stahl benutzen, denn Eisenschrauben rosten im Lauf der Zeit und hinterlassen unschöne Rostspuren auf dem Holz!

Latten/Staketten anbringen

An den quer verlaufenden Bindestangen werden die Latten (Staketten) angenagelt oder angeschraubt. Die Abstände zwischen den einzelnen Latten bestimmen wesentlich das Erscheinungsbild eines Zauns und hängen von der Breite der Latten bzw. der Staketten ab: Bei einer Lattenbreite von 6 bis 8 cm hat sich beispielsweise ein Abstand von 4 und 6 cm bewährt.

► **Tipp:** Sägen Sie sich am besten einen Abstandshalter aus Holz, um die Latten leichter gleichmäßig verlegen zu können.

Sichtzäune

Wenn Sie einen dichten Zaun brauchen, was vor allem an Straßen oder viel begangenen Gehwegen von Vorteil ist, können Sie die Zaunlatten entweder ohne Abstand bzw. dicht an dicht anbringen oder auf der Rückseite des Zaunes eine weitere Reihe von Latten bzw. Staketten so befestigen, dass sie die Lücken schließen. Ein solcher »Dichtzaun« wirkt allerdings ziemlich massiv. Wollen Sie diese Wirkung etwas abschwächen, können Sie den Dichtzaun mit geeigneten Kletterpflanzen etwas auflockern.

► **Tipp:** In formal gestalteten Gärten sind Dichtzäune gut als Hintergrund für Beete und andere Pflanzungen geeignet.

Was tun bei einem Gefälle?

Nur im Idealfall verläuft ein Gartenzaun über die ganze Länge auf gleicher Höhe, in den meisten Fällen muss der Zaun einem Gefälle folgen:

► Steigungen bis 5 Prozent können noch dadurch ausgeglichen werden, dass Sie den Zaun dem Gefälle entsprechend aufsteigen bzw. abfallen lassen. Um den entstehenden schiefen Eindruck etwas zu korrigieren bzw. zu verwischen, sollten Sie den Zaun nicht offen stehen lassen, sondern ihn dezent bepflanzen.

► Bei größeren Steigungen müssen Sie sowohl bei Maschendraht- als auch bei Holzzäunen Abstufungen einplanen, d. h., an einer Stelle wird der Zaun 20 bis 40 cm höher sein als in der Ebene, damit er dem Geländeverlauf entspricht.

► Bei einem starken Gefälle sind oft sogar mehrere Abstufungen nötig. Bedenken Sie diese Unterschiede bereits bei der Planung, und setzen Sie die betroffenen Pfosten entsprechend höher bzw. tiefer.

Pavillons

Als Pavillon bezeichnet man eine überdachte, seitlich offene Konstruktion, die aus Holz, Metall oder aus einer Kombination von Metall und Glas besteht. In formal gestalteten europäischen Gärten stellten die Pavillons in früheren Zeiten den Mittelpunkt dar, der präzise in die Gesamtanlage integriert wurde und im Idealfall über der Wegkreuzung stand, sodass der Blick aus dem Pavillon verschiedene, »gerahmte« Gartenbilder zeigte. Eine noch größere Ausführung der Pavillons waren die Lustschlösschen in den riesigen Schlossparkanlagen.

Pavillon formal eingesetzt: als Mittelpunkt über einer Wegkreuzung.

Auch in alten asiatischen Gärten wurden die Pavillons so platziert, dass sie verschiedene Ausblicke gewährten. Auch in den symmetrischen Anlagen Japans standen sie im zentralen Mittelpunkt und dienten häufig als Treffpunkt für bestimmte Anlässe, etwa bei der berühmten Teezeremonie. Bei fehlender Symmetrie in kleineren Gärten wurde er als weiterer Schwerpunkt in den Garten scheinbar zufällig plaziert.

Fachmann Bestimmungen

Pavillon

Wenn Sie einen Pavillon aufstellen wollen, sollten Sie sich bei Ihrer zuständigen Baubehörde nach den erlaubten Raumgrößen erkundigen. Ab einem bestimmten Volumen, das regional sehr unterschiedlich sein kann, sind solche Bauten genehmigungspflichtig. Hinsichtlich des Mindestgrenzabstands zum Nachbarn gilt das bestehende Nachbarschaftsrecht, das Sie ebenfalls einhalten müssen.

Einen Pavillon planen

► In einem modernen Garten sollte ein Pavillon so in die Gesamtgestaltung integriert werden, dass seine Ausblicke den Garten von einer ganz anderen Seite her erleben lassen. Beschränken Sie sich auf wenige ausgewählte Perspektiven und verschließen Sie die übrigen Seiten.

► Ein Pavillon kann auch als Gegenpol zu einem anderen Schwerpunkt im Garten gesetzt werden, etwa zu einem Teich, einer Terrasse oder einer Rasenfläche.

► In größeren Gärten kann er den Abschluss eines Weges markieren und einen versteckten Rückzugsraum bieten.

Frei platzierter, luftiger Pavillon als Oase der Ruhe.

Hübsch dekoriertes Gartenhäuschen in einem naturnahen Garten.

Garten- und Gerätehäuschen

Ein geschlossenes Gartenhäuschen aus Holz dient in den meisten Fällen als Stauraum für Werkzeuge, Fahrräder oder Freizeitutensilien, kann aber je nach Ausstattung durchaus auch als Rückzugsraum, als Spielhaus für Kinder oder zum Überwintern empfindlicher Kübelpflanzen genutzt werden. Inzwischen werden vom Handel zahlreiche verschiedene Modelle in den unterschiedlichsten Größen und Ausführungen von einfach bis luxuriös angeboten. Wenn Sie Ihr Gartenhäuschen beispielsweise als neuen »Wohnraum« für sich nutzen möchten, sollten Sie ein Hausmodell mit ausreichenden

Fensterflächen und Beheizung wählen. Außerdem können Sie Ihr Gartenhaus auch mit einer eigenen Terrasse versehen und/oder mit Beeten einfassen, sodass dieses Ensemble eine in sich geschlossene Einheit wird, in der sich die Freizeit richtig genießen lässt.

Gerätehaus

Blechhütten werden in der Regel ausschließlich als Gerätehäuschen verwendet:

► Eine Gerätehaus unterliegt meist einer zweckgebundenen Architektur und ist deshalb in der Regel nicht gerade ein Schmuckstück, sodass es möglichst unauffällig und versteckt platziert werden sollte.

Fenster im Gartenhaus erlauben das Überwintern von Kübelpflanzen.

► Wenn das nicht möglich sein sollte, können Sie auch mittelhohe Ziersträucher wie Holunder oder Flieder (Seite 61) oder stark wachsende Kletterpflanzen wie z. B. Wildclematis oder Knöterich vor das Gartenhaus pflanzen, um den Bau optisch zumindest ein wenig attraktiver wirken zu lassen.

Gartenmöbel

Sitzmöbel im Garten dienen zur Erholung oder werden für den Essplatz auf der Terrasse genutzt. Da sie neben dem Bodenbelag (Seite 122) den Gesamteindruck eines Sitzplatzes bestimmen, sollten sie mit dem Stil von Haus und Garten harmonieren.

► Rustikale Tische und Bänke aus Holz wirken schwer und passen deshalb am besten in naturnahe Gärten oder Bauerngärten.

► Filigrane Möbel aus Metall, Rattan oder leichten Holzkonstruktionen eignen sich für formal gestaltete Gärten.

► Naturtöne und dezente Farben wie Schwarz, Grau oder Weiß fügen sich unauffällig in das Gesamtbild ein.

► Kräftige Farben können dagegen einen Stil betonen: Klassisches Blau passt zu Cottage-Gärten, kräftiges Rot eignet sich für asiatische Gartenanlagen, Ockertöne sind typisch für Gärten im mediterranen Stil.

► Wichtig ist auch die Witterungsbeständigkeit der Möbel: Nur Gartenmöbel aus imprägniertem Holz bzw. Hartholz (Seite 163) und Möbel aus

Pflaster und Gartenmöbel in Harmonie.

Metall oder Plastik können bei jedem Wetter draußen bleiben. Alle Sitzgelegenheiten aus anderem Material müssen nach Gebrauch vor Wind und Wetter geschützt werden, sodass hier leichte Möbel aus Rattan und Drahtgeflecht vorteilhaft sind.

► Eine Besonderheit sind Sitzgelegenheiten aus Stein wie Steinbänke, die wie Monumente wirken. Gut platziert sind sie reizvolle Blickpunkte für mediterrane Gärten oder Naturgärten. Den Sitzkomfort können Sie mit Sitzpolstern erhöhen.

Elegant, kaum Gewicht und leicht zu transportieren: Korbmöbel.

Künstlerische Accessoires im Garten

Jeder Garten lässt sich durch Findlinge, Skulpturen und Statuen oder durch eine besondere Beleuchtung lebendiger machen. Dabei können Sie auf typische Elemente eines bestimmten Gartenstils zurückgreifen, wie sie etwa beim asiatischen Garten (Seite 215) oder dem mediterranen Garten (Seite 220) vorkommen, oder gezielt Einzelstücke platzieren.

Kontraste schaffen mit kleinen Findlingen und Kies aus Carrara-Marmor.

Findlinge und Kies

Vor allem in asiatischen Gärten sind Findlinge und Kiesflächen ein wichtiges gestalterisches Element. Aber auch bei einer modernen Gartengestaltung, bei der es vor allem darauf ankommt, dass sie pflegeleicht ist, können Sie Steine verschiedener Größe als Blickfang oder auch als Abdeckung für Flächen verwenden.

Findlinge

Als »Findlinge« werden Steine und Felsen ab einem Durchmesser von 40 bis 60 cm bezeichnet, die Sie beim Natursteinhändler bekommen. Dabei haben Sie die Wahl zwischen vom Wasser abgeschliffenen runden Formen und frisch gebrochenen kantigen Steinen. Beide Arten eignen sich sowohl für einen Einzelstand als auch für Gruppierungen:

- Kleinere Findlinge mit einem Einzelgewicht bis 200 kg werden meist in Dreier- oder Fünfergruppen platziert. Ihre harmonische Anordnung erfordert allerdings etwas Fingerspitzengefühl, sodass Sie zuerst möglichst immer mehrere Platzierungsmöglichkeiten ausprobieren sollten, bevor Sie sich für eine endgültige Lösung entscheiden.
- Bei kleineren Gruppierungen ist es zudem ratsam, runde Steine auszusuchen, da sie leichter harmonisch angeordnet werden können.
- Besonders große, markante Steine, deren Gewicht oft bei mehreren 100 kg liegt, eignen sich besser für einen Einzelstand. Für ihre Platzierung ist allerdings der Einsatz eines Krans erforderlich. Deshalb sollten Sie sich über den Standplatz schon vorher genaue Gedanken machen.

Eine harmonische Kombination: Wasser und große Findlinge.

Kiessteine
Steine mit einer Größe von über 7 cm werden »Kiessteine« genannt. Sie können noch mit einer Hand gehalten werden und erlauben eine sehr schöne Abdeckung für Steingärten und naturnah gestaltete, trockene Standorte.

TIPP

Auf Kiesflächen ist Unkrautbewuchs fast ausgeschlossen. Sollte dennoch Unkraut erscheinen, lässt es sich durch Zupfen leicht entfernen. Sehen Sie sich die Kräuter aber genau an: Oft sind es dekorative einheimische Wildkräuter, die Sie stehen lassen können (Seite 60).

Kiesflächen
»Kies« sind Steine mit einer Größe von 4/8 mm bis 30/60 mm, die großflächig vor allem bei modern gestalteten Gärten verwendet werden: am Ufer von Teichen, als Anschluss an Pflasterbeläge von Wegen und Sitzplätzen, als Traufstreifen um das Haus oder auch in Beeten.

- Um größere Flächen pflegeleicht abzudecken, eignen sich am besten Steine von 16/32 mm Größe, da sie dicht genug liegen bzw. schwer genug sind, sodass Laub und Unrat leicht mit einem Rechen herausgekehrt werden kann. Auch für Traufstreifen hat sich diese Steingröße hingegen bewährt.
- Kleinere Steine hingegen sind weniger günstig, da sie bei der Pflege meist mitgekehrt werden. Bei Flächen aus größeren Steinen entstehen hingegen leicht zu große Hohlräume, aus denen sich das Laub nur schwer wieder entfernen lässt.
- Damit sich auf Kiesflächen kein Unkraut ausbreiten kann, ist eine Schütthöhe von 6 bis 8 cm erforderlich. Da sich der Kies im Laufe der Jahre setzt und »verliert«, müssen Sie etwa alle fünf Jahre mit ein paar Schubkarren Kies »nachhelfen«.
- Wird eine Kiesfläche für ein Beet genutzt, eignen sich als Bepflanzung Solitärgehölze (Seite 61), Stauden (Seite 74), Gräser (Seite 86), Farne (Seite 84) und Zwiebelpflanzen (Seite 81). Besonders schön sieht ein solches Beet aus, wenn Sie die Kiesfläche zwischen den Pflanzen mit kleinen Findlingen oder Rinden- und Holzstückchen auflockern.

Schöne Wasserträgerin.

Eine sinnliche Skulptur: Verträumtes Mädchen in Hängematte.

Skulpturen
Skulpturen geben Ihrem Garten eine erlesene Atmosphäre. Welche Art von Skulptur Sie aufstellen, hängt ganz von Ihrem persönlichen Geschmack ab. Sie sollten jedoch darauf achten, dass die Skulptur auch wirklich zu Ihrem Gartentyp passt. Ein griechischer Adonis etwa würde in einem Bauerngarten wohl etwas fehl am Platz wirken. Schöne Effekte ergeben sich, wenn eine Skulptur erst auf den zweiten Blick in einer Pflanzung sichtbar wird. Generell gilt für Kunst im Garten: Weniger ist mehr! Überfrachten Sie Ihren Garten nicht.

Licht im Garten

Mit Licht erhöhen Sie im Dunklen die Sicherheit und bringen zugleich Atmosphäre in Ihren Garten. Neben einer notwendigen funktionalen Beleuchtung, etwa an Ihrem Sitzplatz oder im Eingangsbereich, können Sie durch gezielt angebrachte Strahler oder Laternen besondere Bereiche Ihres Gartens, etwa den Rasen oder einzelne Bäume, bzw. ausgewählte Objekte wie Statuen und Findlinge zusätzlich betonen.

Funktionale Beleuchtung

Licht sichert Wege, Treppen, Terrassen, ist wichtig im Eingangsbereich und in Einfahrten und schreckt »ungebetene Besucher« ab.

► Als Lampen eignen sich Laternen, Strahler oder Kugelleuchten. Dabei gilt, dass Wege und Treppen möglichst mit nach unten gerichteten Lampen beleuchtet werden sollten, damit kein Streulicht nach oben verloren geht.

► Bei einer funktionalen Beleuchtung, etwa auf dem Weg zwischen Garage und Haus, können Sie anstelle eines manuellen Lichtschalters auch einen Bewegungsmelder mit Sensor einbauen lassen, der die Beleuchtung beim Betreten einer Fläche automatisch einschaltet. Nimmt der Sensor keine Bewegung mehr wahr, schaltet er das Licht nach einiger Zeit wieder aus. Bewegungsmelder sind eine praktische Lösung, die das lästige Aus- und Einschalten des Lichts ersparen und zudem Strom sparen helfen. Solche Schalter sind als Bausatz im Baumarkt erhältlich und können auch von einem geschickten Laien angebracht werden. Achten Sie darauf, den Bewegungsmelder nicht zu empfindlich einzustellen, damit er z. B. nicht von jedem Passanten auf dem Gehweg vor Ihrer Garage ausgelöst wird.

Kein Ufo, sondern eine funktionale Beleuchtung der Treppenstufen.

Mit Beleuchtung gestalten

Mit Lampen und Leuchten können Sie Ihren Garten auch in der Nacht genießen. Und je nachdem, welche Lichtquellen Sie einsetzen, können Sie Ihren Garten bei Dunkelheit in ein geheimnisvolles Licht tauchen und neue »Räume« schaffen.

Diffuses Licht für die Terrasse.

► Ergänzen Sie die Notlampe an der Terrasse durch schöne Kugelleuchten und Strahler. Denken Sie bei der Platzierung der Lampen daran, dass Licht Insekten anlockt. Bringen Sie möglichst keine Lampen direkt über dem Esstisch an!

► Im Garten treten nachts natürlich nur die angestrahlten Objekte in den Vordergrund, während alles andere

TIPP

Um Ärger zu vermeiden, sollten Sie ein großflächiges Ausleuchten Ihres Gartens vorher mit Ihren direkten Nachbarn besprechen: Das gezielte Anstrahlen z. B. von Bäumen erzeugt einen starken Lichteffekt, der bis zum Nachbarn reicht und nicht immer als angenehm empfunden wird. Haus, Terrasse und andere Sitzplätze im Garten können Sie dagegen ruhig ungefragt mit Licht versehen.

Eine alte Straßenlaterne.

verborgen bleibt. Wenn Sie etwa die Rasenfläche beleuchten, erscheint die angrenzende Pflanzung als schemenhafter Hintergrund, und Sie bekommen einen ganz neuen Raum.

► Auch mit beleuchteten Wasserflächen ab einer Größe von etwa 15 m^2 können Sie reizvolle Spiegeleffekte erzielen. Wenn Sie dafür Strahler verwenden, die über die Wasseroberfläche streichen, bekommt der Teich auf einmal ein ganz anderes Erscheinungsbild als tagsüber.

Japanische Steinlaterne.

Lichtquellen

Lampen

Lampen streuen ihr diffuses Licht meist rundherum aus, d. h., sie treten selbst in den Vordergrund und bilden einen Mittelpunkt. Am besten geeignet sind Warmtonleuchten, die ein sanftes Licht erzeugen und für die indirekte Beleuchtung von Sitzplätzen und Wegen dienen; als Lichtquelle im Garten angebracht markieren sie einzelne Schwerpunkte.

► **Tipp:** Da Lampen auch tagsüber gut zu sehen sind, sollten Sie möglichst dekorative Modelle wählen.

Leerrohre für Kabel

Denken Sie bereits bei der Planung des Gartens an das Verlegen von Leerrohren, in die die Kabel für spätere Lichtquellen eingezogen werden können. Sie lassen sich aber auch nachträglich noch sehr einfach verlegen, sofern Sie auf eine Frosttiefe von 40 bis 60 cm verzichten.

Strahler und Spots

Strahler erzeugen einen scharf umrissenen Lichtkegel. Da Lichtquelle und beleuchtetes Objekt voneinander entfernt sind, können Strahler dezent versteckt angebracht werden. Sie dienen meist zum Ausleuchten von Wegen, Treppen und Sitzplätzen, können aber auch im Garten zum Hervorheben von größeren Objekten wie Bäumen, Teichen und Pergolen verwendet werden. Eine Variante des Strahlers ist der Spot mit seinem scharf gerichteten Lichtstrahl. Mit ihm können Sie Kunstwerke und andere markante, kleine Punkte im Garten beleuchten.

► **Tipp:** Für Strahler und Spots sind auch Birnen oder Leuchten mit

Frei stehende Steinlaterne als Blickfang.

kaltem, sehr hellem Licht erhältlich. Sie verstärken die Punktwirkung des Lichtkegels.

Fachmann Lichtquellen

Elektroinstallationen

Alle Elektroinstallationen, insbesondere solche, die im Garten angebracht werden und Nässe und Frost ausgesetzt sind, gehören grundsätzlich in die Hände eines Fachmanns! Um das Unfallrisiko weiter zu reduzieren, sollten Sie außerdem einen Fehlerstrom-Schutzschalter einbauen lassen. Er verhindert tödliche Stromschläge, da er bei der geringsten Abweichung ausschaltet. Außerdem sollten Sie darauf achten, dass Kinder keinen Zugang zu den Elektroinstallationen haben.

Grillplatz und Feuerstelle

Ob romantisches Feuer oder Holzkohlegrill – ein gemütliches Plätzchen, an dem man sich an warmen Sommerabenden bei einem guten Wein zum Schlemmen, Genießen und Plaudern trifft, darf eigentlich in keinem Garten fehlen.

Gemauerter Kamin aus Naturstein.

Mobiler Grill

Ein mobiler Grill ist bereits für wenig Geld erhältlich und hat den Vorteil, dass er so platziert werden kann, dass der Rauch die Nachbarn kaum oder gar nicht stört. Im günstigsten Fall können Sie den Grill direkt an der Terrasse oder am Essplatz aufstellen, was die Handhabung des Grills und die Zubereitung des Grillguts erleichtert. Die Auswahl an mobilen Grills ist sehr groß, und die Vor- und Nachteile sind recht unterschiedlich. Fragen Sie einfach mal in Ihrem Freundeskreis nach den Erfahrungen mit den jeweiligen Grilltypen.

Feste Feuerstelle

Mit einer festen Grill- oder Feuerstelle können Sie einen weiteren attraktiven Schwerpunkt in Ihrem Garten schaffen. In Verbindung mit gemütlichen Sitzgelegenheiten und einem Tisch haben Sie somit ein »geselliges« Zentrum – und einen schönen Aufenthaltsort zum Essen im Freien. Bei einer festen Feuerstelle ist zu beachten, dass Sie den Standort sehr sorgfältig auswählen sollten, denn ist der Grillplatz erst einmal eingerichtet, lässt er sich nur noch mit großem Aufwand woanders einrichten oder umgestalten.

► Platzieren Sie eine feste Feuerstelle so, dass möglichst wenig Nachbarn von der Rauchentwicklung betroffen werden. Achten Sie außerdem darauf, dass sich das Feuer durch Funkenflug oder Flammen auf keinen Fall ausbreiten kann.

► Eine sehr schöne und natürliche Wirkung haben Sitzplätze aus rustikalen Naturmaterialien wie etwa Baumstämme, Hackstöcke, Felsen oder Steinbänke, die auch ohne Feuer einen angenehmen Ruhepunkt im Garten schaffen.

► Wenn Ihr Garten eine Senke hat, ist diese gut für einen Grillplatz geeignet. Dort schaffen Sie mit den entsprechenden Sitzgelegenheiten einen anheimelnden Aufenthaltsort, der aufgrund seiner Lage sehr einladend wirkt und auch ohne Grillspaß zu einem geselligen Treffpunkt im Garten werden kann.

Fachmann Grillplatz

Rücksicht

Für das Grillen im eigenen Garten gelten bestimmte Auflagen, die Sie dazu verpflichten, auftretende Geruchsbelästigungen für möglichst gering zu halten. Neueren Gerichtsurteilen zufolge kann Ihnen jedoch niemand verbieten, Ihren Grill ungefähr sechs- bis zehnmal jährlich zu nutzen.

Für Gärten mit viel Platz: Gepflasterte Feuerstelle mit Sitzmöglichkeiten.

Bau einer Feuerstelle

Was für eine Feuerstelle für Sie die richtige ist, hängt ganz von Ihrem persönlichen Geschmack und Ihren finanziellen Mitteln ab. Sie sollten auch genau überlegen, wie oft Sie wirklich jedes Jahr Grillen wollen.

► Die einfachste Form einer Feuerstelle ist eine kleine, ungefähr 40 cm tiefe Grube, die mit Kieselsteinen ausgelegt wird, auf denen dann beim Grillen der Rost aufliegt. In jedem Fall sollte die Holzkohle keinen direkten Bodenkontakt haben. Hier ist eine Unterlage ratsam, etwa ein weiterer Rost oder auch eine lockere Kiesschicht. Das hat den entscheidenden Vorteil, dass die Holzkohle auch von unten her ausreichend Luft bekommt und sich somit beim Grillen eine gute und gleichmäßige Hitze entwickelt.

► Sie können Ihren Grillplatz auch mit Ziegelsteinen bauen, wobei Sie die Steine entweder einfach aufeinander stapeln oder sie aber mit Mörtel verbinden. Letzteres ist natürlich stabiler und so können Sie auch einen einfachen und funktionalen »Arbeitsplatz« mit Grill und Arbeitsfläche errichten.

► Aufwändigere Konstruktionen mit Kamin und Arbeitsplatten aus Naturstein sind dagegen sehr kostspielig und mehr für Liebhaber geeignet, die häufig im Garten grillen. Zudem ist es hier nicht mit einfachen Konstruktionen getan, wenn man die schönen Steine richtig zur Wirkung bringen will. Für die Gestaltung bzw. den Bau einer aufwändigen Feuerstelle aus Natursteinen sind Sie gut beraten einen Handwerker damit zu beauftragen, sofern Sie nicht selbst über ausreichende handwerkliche Erfahrung verfügen.

Köstliches vom Grill

Über glühender Holzkohle lassen sich nicht nur Fleisch und Fisch grillen! Auch Kartoffeln, Zwiebeln, Paprika, Möhren oder anderes Gemüse kann auf dem Grill schmackhaft zubereitet werden. Zusammen mit einem Dip, einer großen Schüssel Salat und reichlich geröstetem Brot können Sie so ohne große Umstände köstliche, gesunde »Menüs« für Familie und Freunde zaubern.

Fast schon ein Backofen: Gemauerter Grill mit Arbeitsfläche und Holzlager.

Beim Grillen sollte alles in Griffweite liegen.

Das Element Wasser

Teiche, Wasserläufe, Vogeltränken – Wasser belebt jeden Garten und schafft eine entspannte Atmosphäre

Wasser im Garten

Durch einen schönen Teich mit vielfältiger Bepflanzung wird jeder Garten zu einem kleinen Paradies.

Wasser belebt jeden Garten. Als Gestaltungselement können Sie Wasser in Ihrem Garten auf unterschiedlichste Weise einsetzen: still ruhend in Form eines Natur- oder Zierteichs, aber auch leise plätschernd als Wasserlauf oder als Wasserspiel.
Und ganz egal, welche Ansprüche Sie haben und ob Sie sich für eine kleine oder große Anlage entscheiden: Nicht nur durch die ansprechende Optik, sondern auch durch die erhöhte Luftfeuchtigkeit schafft eine Wasserfläche in jedem Fall im Garten eine entspannte Atmosphäre, die zum Verweilen einlädt.

Naturteich oder Zierteich?

► **Naturteich:** Bei einem Naturteich wird versucht, ein Stück Natur nachzuahmen, sodass ein solcher Teich vor allem in naturnahen Gärten gut zur Geltung kommt.
Naturteiche müssen allerdings eine bestimmte Mindestgröße haben, um als biologisches System gut funktionieren zu können, und die Bepflanzung des Teichs sollte nach Möglichkeit der einheimischen Teichflora entsprechen.
Auf Fische sollten Sie bei einem Naturteich lieber verzichten, da durch Fische zu viele Nährstoffe ins Wasser gelangen, die das biologische Gleichgewicht des Teichs empfindlich stören können.

► **Zierteich:** Gut geeignet für die formal-moderne, freie Gestaltung ist ein Zierteich, den Sie in beliebiger Form anlegen können.
Da es bei einem Zierteich im Gegensatz zu einem Naturteich nicht so sehr auf das richtige biologische Zusammenspiel von Pflanzen und Tieren ankommt, sondern eher auf das geschickte Setzen von optischen Akzenten im Garten, ist bei einem Zierteich der Gestaltungsspielraum auch entsprechend größer.

Naturteich: Der richtige Standort

Ein Naturteich wirkt am natürlichsten, wenn Sie ihn dort anlegen, wo sich auch normalerweise im Garten das Wasser sammeln würde, nämlich an der tiefsten Stelle des Gartens. Durch diese meist etwas abgelegene Lage wird der Teich auch scheue Teichbewohner anlocken.

Die Terrasse schwebt über dem Teich.

Wenn Sie das Teichleben besser im Blickfeld haben möchten, können Sie den Teich natürlich auch näher am Haus oder der Terrasse platzieren. Ein besonders schöner Effekt ergibt sich, wenn eine Terrasse aus Holzplanken über den Teich führt. Damit Sie Ihren Teich gleich von Anfang an mit ungetrübter Freude genießen können, sollten Sie bei der Standortwahl außerdem noch folgende Punkte bedenken:

► Achten Sie darauf, dass Ihr Naturteich während der Sommerzeit mindestens sechs bis sieben Stunden direkte Sonneneinstrahlung am Tag bekommt, da durch die Wärme das biologische Gleichgewicht besser gewahrt bleibt.

► Legen Sie einen Naturteich nicht unter großen Bäumen bzw. auf deren Windseite an, da das Falllaub im Teich nur schlecht verrottet und sich als nährstoffreicher Schlamm am Teichgrund ablagert. Falls Sie trotzdem einen solchen Standort bevorzugen, sollten Sie regelmäßig die Blätter vom Teich abfischen. Oder spannen Sie im Herbst ein Netz über den Teich.

Die richtige Größe

Damit sich in Ihrem Naturteich ein natürliches Gleichgewicht einstellen kann, sollte die Wasseroberfläche des Teiches mindestens 20–40 m^2 groß sein bzw. die Wassermenge mindestens 15 m^3 betragen. Wenigstens 20 Prozent der Teichoberfläche sollten nach der Fertigstellung tiefer als 80 cm liegen, was eine Aushubtiefe von wenigstens 100 cm erfordert. Ein solcher Teich kann ohne weiteres einige Jahre sich selbst überlassen bleiben, während kleinere Teiche jährliche Pflegearbeiten benötigen, damit das biologische System gesund bleibt.

Die richtige Form

Die Form des Teiches orientiert sich an geschwungenen, naturgemäßen Linien. Nieren- und bogenförmige Teiche wirken am natürlichsten. Die Ufer laufen flach aus, damit vielfältiges Tierleben angelockt wird.

Zierteich: Der richtige Standort

Bei einem Zierteich ist Ihr Gestaltungsfreiraum groß. Standort, Form und Größe orientieren sich vor allem an den architektonischen Gegebenheiten des Hauses oder der Gartenanlage. Das bedeutet, dass Sie den Standort frei wählen können, z. B. in unmittelbarer Nähe Ihrer Terrasse oder bei anderen Sitzplätzen.
Sie können aber auch einen sonst wenig beachteten Ort betonen, indem Sie Ihren Zierteich nahe des Eingangsbereichs oder an einer Wegkreuzung anlegen.

Eckiger Zierteich mit sparsamer Bepflanzung und Spiegelungen.

Mit einer Bank entsteht somit ein neuer optischer Schwerpunkt und romantischer Sitzplatz im Garten. Einen Zierteich können Sie ebenfalls gut auf einer freien Fläche anlegen, somit kommen Wasserspiegelungen besonders gut zur Geltung. Ein Zierteich kann sich aber auch harmonisch in bauliche Linien einfügen oder eine Einfassung für einen Weg oder eine Terrasse bilden.

Die richtige Größe

Ein Zierteich braucht eine geringere Wassermenge als ein Naturteich. Größe und Tiefe des Teichs richten sich vor allem nach der beabsichtigten Nutzung:

► **Spiegelungen:** Wollen Sie vor allem die Spiegelungen an der Wasseroberfläche oder ein Wasserspiel (Seite 16) genießen, genügt eine Wassertiefe von etwa 30 cm, wobei die Größe des Teichs wenigstens 10 m^2 betragen sollte.

► **Wasser- und Sumpfpflanzen:** Für eine abwechslungsreiche Teichbepflanzung benötigen Sie auf dem Teichgrund Terrassen mit unterschiedlicher Tiefe zwischen 10 und 50 cm (für Seerosen sogar bis 80 cm, Seite 205). Die Gesamtfläche des Teiches sollte allerdings mindestens 10 m^2 betragen, da ein zu stark zugewachsener Teich leicht wie ein Sumpfloch wirkt.

► **Fische:** Wenn Sie Fische halten wollen, sollte die Wassermenge Ihres Teichs mindestens 6 m^3 betragen und einen Tiefwasserbereich von 80 bis 100 cm zum Überwintern der Fische haben. Eine Flachwasserzone mit 20 bis 40 cm Wassertiefe, die von den Fischen nicht genutzt werden kann, schützt wiederum den Nachwuchs anderer Tierarten vor den gefräßigen Fischen.

Eckiger Zierteich mit Steineinfassung.

Badevergnügen im Schwimmteich.

Formen für jeden Geschmack

Neben natürlichen, geschwungenen Linien können Sie Zierteiche auch in geometrischen Formen anlegen:

► Eckige Formen passen zu einer eher formalen Gartengestaltung: Quadrate, Rechtecke oder L-Formen können architektonische Nischen am Haus füllen oder Linienvorgaben von Terrassen, Einfriedungen oder Mauern weiterführen.

► Runde Formen stehen meist für sich allein und bilden einen reizvollen optischen Gegensatz zu winkligen, architektonischen Formen. Sie fügen sich zudem gut in die geschwungenen Linien von Pflanzflächen und Terrassen ein und markieren so einen optischen Übergang.

Schwimmteich

Wenn Sie im Sommer eine Abkühlung schätzen, können Sie auch einen Schwimmteich anlegen. Zum Plantschen genügt ein Teich von etwa 8 m^2 Größe, zum Schwimmen sollte er aber wenigstens 16 m^2 groß und 2 m tief sein. Die Bepflanzung sollte sich bei dieser Größe auf einige wenige Pflanzinseln beschränken. Erst ab einer Wassermenge von mindestens 25 m^3 können Sie einen Schwimmteich genauso wie einen Naturteich bepflanzen.

Tipp: Inzwischen werden im Handel Systeme angeboten, die einen Naturteich mit einem Schwimmbecken verbinden: Eine Mauer im Wasser trennt beide Bereiche.

Der Wassergarten

In einem Wassergarten werden mehrere Zierteiche oder Becken kombiniert und zwischen Terrassen, Wegen und Pflanzflächen eingegliedert. Steinplatten und Holz verbinden dabei die einzelnen Becken und wirken so wie Trittsteine oder Stege. Diese Gestaltungsmöglichkeit eignet sich vor allem für kleine und/oder ungünstig geschnittene Gärten.

››› Dieses Zierbecken besticht durch seine minimalistische Eleganz.

Geeignete Materialien für den Teichbau

Folie

Folien werden vor allem zum Bau von Naturteichen, seltener dagegen für Zierbecken verwendet. Sie haben den Vorteil, dass sich mit ihnen jede beliebige Form herstellen lässt.

► Im Handel werden schwarze oder grüne Teichfolien als Rollenware mit 2 bis 4 m Breite angeboten.

► Am besten geeignet ist wurzelfeste, UV-beständige Qualitätsware mit einer Stärke von 1 mm. Die einzelnen Teilbahnen können Sie gleich beim Einkauf verschweißen lassen oder selbst mit einem Kaltschweißmittel verbinden.

Lehmteich mit flacher Uferregion.

Beton

Beton eignet sich für jede beliebige Form und Tiefe und wird in einer Schichtdicke von 10 bis 20 cm verarbeitet. Bei der Planung und Verarbeitung sollten Sie darauf achten, dass sich die Wände leicht konisch nach oben hin öffnen, denn so schiebt sich im Winter gefrierendes Wasser nach oben, ohne das Becken zu sprengen.

Geschwungenes Kunststoffbecken.

► **Tipp:** Beton ist ebenfalls ein ausgezeichneter Baustoff für Zierbecken mit geringer Tiefe, bei dem der Grund sichtbar bleibt. Die glatte Oberfläche aus Beton wirkt sehr ruhig und bekommt mithilfe eines meist blauen Anstrichs eine harmonische Ausstrahlung.

Lehm

In Ziegelwerken bekommen Sie Lehm bzw. Ton, der nass bis 15 cm dick verarbeitet wird und dann – sofern er nicht austrocknet – eine ganz erstaunliche Dichte erreicht. (in Asien wurden mit Ton sogar große Weiher gebaut!) Wenn Sie sich für einen Lehmteich entscheiden, können Sie für noch mehr Sicherheit unter dem Lehm auch eine Teichfolie anbringen.

► **Tipp:** Lehmteiche sollten mindestens 25 m² groß und 1 m tief sein, damit sie ihre charakteristische Wirkung entfalten.

Kunststoffbecken

In vielen Gartencentern sind Kunststoffbecken zwischen 6 und 15 m² Größe erhältlich, von denen die meisten in geschwungener Form, angelehnt an Naturteichformen, angeboten werden.

► Wegen ihrer geringen Größe kommen Kunststoffteiche am besten zur

Runder Zierteich mit Steineinfassung.

Geltung, wenn sie in direkter Nähe zu anderen Gartenelementen wie Beeten oder Terrassen in die Erde eingelassen werden.

► Rund oder eckig geformte Kunststoffbecken gibt es mit verschieden großen Grundflächen von 2 bis 8 m².

► Alle Kunststoffbecken haben einen Uferwulst, der sich leicht mit Pflanzen, Holz oder Steinen kaschieren lässt.

► Wenn Sie mehrere Becken kombinieren, bekommen Sie eine abwechslungsreiche, phantasievolle Wasserlandschaft.

Maschinellle Hilfen

Kleinere Teiche bis 4 m³ können noch von Hand ausgehoben werden, bei größeren lohnt sich der Einsatz von Maschinen.

► Minibagger passen mit ihrer geringen Breite (etwa 1 m) in die meisten Gärten. Die Miete eines Minibaggers beträgt ca. 200,– DM pro Tag.

► Gibt es eine Zufahrt für einen Lkw, lohnt sich der Einsatz eines Wagens mit Ladekran, der den Aushub gleich auflädt und entsorgt. Ein Teich von 10 m³ schlägt mit ca. 3 Stunden à 80,– DM zu Buche.

► Kleine Teiche hinterlassen in kleinen Gärten hingegen sehr leicht den Eindruck einer »Pfütze«. Erheblich wirkungsvoller sind hier noch Miniteiche (Seite 202).

Einen Zierteich bauen

Für die Größe eines Zierteiches gibt es keine festen Vorschriften! Wichtig ist in erster Linie, dass sich der Teich harmonisch in den Garten einfügt. Dabei sollten Sie einige Grundregeln beachten:

- In kleinen Gärten ist es häufig besser, einen vergleichsweise großen Teich zu bauen und damit den Schwerpunkt des Gartens auf das Wasser zu legen.
- Eine große Wassermenge (ab 20 m^3) und eine Tiefe von mehr als 1 m wirken sich zudem positiv auf die Stabilität des Gewässers aus.

Die Form planen

- Legen Sie zunächst mit einem Gartenschlauch die Uferlinie der gewünschten sichtbaren Wasserfläche aus und richten Sie sich dabei nach der Wasserfläche, die Sie nach dem Einwachsen des Teiches sehen möchten. Lassen Sie den Schlauch einige Wochen lang liegen und probieren Sie in diesem Zeitraum auch andere Uferverläufe aus, bis Sie sich für die endgültige Teichform entscheiden.
- Fertigen Sie eine genaue Skizze von Ihrem künftigen Teich an.
- Geben Sie beim Aushub an der festgelegten Linie unbedingt noch 1 bis 2 m dazu. Dieser Bereich wird für die Ufergestaltung benötigt und wächst schnell wieder zu.
- Auch bei der Tiefe sollten Sie großzügig noch 50 bis 100 cm zugeben, da sich ein Teich sehr bald von selbst wieder »auffüllt«.

Den Teichgrund planen

Zu Ihrer Planung gehören auch noch folgende Überlegungen:

- Wie soll der Teich beschaffen sein? Wollen Sie ihn mit einem Kunststoffbecken oder einer Folie auskleiden oder lieber mit Lehm bzw. Beton gestalten?
- Wünschen Sie eine ausgeprägte Bepflanzung? Dann benötigt der Teichgrund umlaufende Terrassen mit den entsprechenden Wasserständen (Seite 202). Bei einem terrassierten Kunststoffbecken müssen Sie die Modellierung des Teichgrunds den Maßen des Beckens anpassen.
- Als Variante bieten sich auch Steilufer an, die bei einem kleinen Teich oft die einzige Möglichkeit sind, die Wassermenge zu erhöhen. Vor allem bei Schwimmteichen und bei Teichen, die an Mauern, Zäunen und Hängen entlangführen, werden Steilufer verwendet. Beachten Sie hier aber besonders die Sicherheitshinweise (Seite 209).

Wohin mit dem Aushub?
Überlegen Sie, ob Sie die ausgehobene Erde nicht für einen Wall, Hügel oder zur Geländeanhebung verwenden möchten. Ist Platz für einen kleinen Hügel vorhanden, kann er neben dem Teich aufgeschüttet werden und für einen kleinen Bachlauf dienen. Können Sie den Aushub nicht verwenden, muss er verladen und entsorgt werden.

Den Teichgrund vorbereiten

Ist das Teichloch ausgehoben, müssen Sie zuerst den Teichboden vorbereiten, was in der Fachsprache »formulieren« genannt wird. Diese Vorbereitung erspart Ihnen unnötige spätere Arbeit, die zudem mit viel Aufwand verbunden ist:

Aufbau eines Teiches mit verschiedenen Pflanzebenen und Uferwulst.

Was kostet ein Teich?

Material	Haltbarkeit	Materialkosten/10 m²	Einbaukosten/10 m²	Sandausgleichsschicht	Schutzvlies
Folie	mindestens 10 Jahre	100,– DM	100 DM	100 DM	50 DM
Beton	mindestens 20 Jahre	500,– DM	400 DM	100 DM	–
Lehm	mindestens 30 Jahre	150,– DM	300 DM	–	–
Kunststoffbecken	mindestens 10 Jahre	600,– DM	200 DM	100 DM	–

► Prüfen Sie mit einer Schlauchwaage (aus dem Baumarkt), ob sich das Ufer rund um das Teichloch auf gleicher Ebene befindet.
► Ist es zu hoch, müssen Sie etwas von dem Gelände abnehmen.
► Liegt es zu tief, können Sie es mit Aushub aus dem Teichloch auffüllen.
► Prüfen Sie Ihre Arbeit immer wieder und korrigieren Sie so lange, bis eine Toleranz von etwa 5 cm erreicht ist.
► Wenn der Teichrand eben ist, beginnen Sie mit dem Anlegen der Terrassen, d. h., richten Sie die umlaufenden Terrassen so ein, dass eine Sumpf-, Flachwasser- und Tiefwasserzone entsteht.

Kunststoffbecken einsetzen

► Wenn Sie die Terrassenkonturen entsprechend den Maßen des Kunststoffbeckens im Teichloch modelliert haben, verteilen Sie anschließend eine 5 bis 10 cm starke Ausgleichsschicht aus Sand auf dem Teichgrund. Durch die Sandschicht lässt sich das Becken besser einpassen und es wird zugleich vor mechanischer Beschädigung geschützt.
► Setzen Sie das Becken ein und überprüfen Sie die Passform mit der Wasserwaage. Nehmen Sie das Becken gegebenenfalls wieder heraus und korrigieren Sie so lange, bis das Becken richtig sitzt.
► Füllen Sie das Becken zu einem Drittel mit Wasser und schwämmen Sie die Hohlräume zwischen Becken und Randbegrenzung mit Sand oder Erde ein, damit das Becken fest eingepasst wird.
► Zum Schluss füllen Sie das Becken endgültig mit Wasser und bepflanzen den Uferwulst mit Pflanzen bzw. kaschieren ihn mit Holz oder Steinen.

Zierbecken mit Einrahmung aus Klinker mit dezenter Dekoration und Bepflanzung.

Lehm ausbringen

► Wenn Sie sich für ein Lehmbecken entschieden haben, brauchen Sie keine Ausgleichsschicht aus Sand, sondern können den Lehm direkt 10 bis 15 cm dick auf den Teichgrund aufbringen.
► Nasser Lehm ist zwar schwer, lässt sich jedoch nur in diesem Zustand gut verarbeiten (sogar Steilufer können damit gestaltet werden). Trockener Lehm muss dagegen nach dem Einfüllen maschinell mit einem Stampfer so lange bearbeitet werden, bis er völlig fest ist.
► Stellen Sie zum Einlassen des Wassers einen Eimer in den Teich,

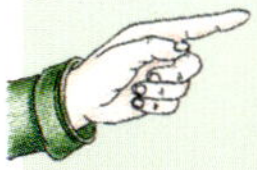

Fachmann Teich

Wo bekommen Sie was?

► Materialien für den Teichbau, also Folien, Fertigbecken oder Konstruktionen aus Holz bekommen Sie im Fachhandel für Gartenbaustoffe, in Gartencentern oder in Baumärkten, Lehm im Ziegelwerk und Beton im Betonwerk.

► Bitte beachten Sie, dass die Anlage eines größeren Teichs spezielle Kenntnisse und ebenso eine gehobene Ausrüstung erfordert. Deswegen sollten Sie größere und kompliziertere Teicharbeiten besser von versierten Handwerkern ausführen lassen. Die Mehrausgaben im Vergleich zur Eigenarbeit zahlen sich trotzdem aus.

in den Sie das Wasser langsam ein- und dann überlaufen lassen. Auf diese Weise werden weniger Feinteile aufgeschwemmt.

► Bei einem Lehmteich können Sie auch das Ufer mit Lehm auskleiden. Er wirkt so natürlich, dass Sie ihn nicht einmal durch Pflanzen oder Steine verstecken müssen.

Beton einfüllen

Beton wird bis auf einige Ausnahmen genauso wie Lehm verarbeitet:

► Größere Becken über 10 m² und Teiche mit einem Steilufer benötigen vor dem Einfüllen des Betons eine Verschalung. Diese Arbeit kann nur von einem Fachmann ausgeführt werden.

► Außerdem ist es bei einem Betonbecken ratsam, die Bruchsicherheit dadurch zu erhöhen, dass Sie Baustahlmatten (aus dem Baumarkt) in den nassen Beton einziehen.

► Bei einem Betonbecken müssen Sie einen starken Uferwulst anlegen, der dadurch sehr auffällig wird. Durch eine dezente Bepflanzung mit wenigen Stauden, Kleingehölzen oder Kübelpflanzen können Sie die massive Wirkung der Uferwulst jedoch etwas abschwächen.

Dieser eingewachsene Naturteich braucht bald eine pflegende Hand.

Formaler Teich mit Holzrahmung.

► Bevor Sie das Wasser einlassen, sollten Sie den Beton mindestens zwei Wochen lang vollständig aushärten lassen.

Einen Folienteich bauen

► Nach dem Einrichten der Ufer und gegebenenfalls der Terrassen müssen Sie zuerst alle sichtbaren größeren Steine und andere scharfkantige Gegenstände aus dem Teichgrund entfernen, denn diese können die Folie später beschädigen.

► Verteilen Sie als Nächstes eine 10 bis 20 cm starke Ausgleichsschicht aus Sand auf dem Teichgrund. Weil Sand an Steilufern nicht hält, fixieren Sie an diesen Stellen des Teiches ein Vlies (im Baustoffhandel erhältlich), um somit die Folie vor eventuellen mechanischen Beschädigungen zu schützen.

► Zur Berechnung der benötigten Folienmenge loten Sie die Länge und Breite des Teiches am besten mit einer Schnur aus. Nehmen Sie beim Einkauf aber großzügig 2 m mehr Folienmaterial, denn dieser

Mehranteil wird für die Ufergestaltung und die Faltenbildung benötigt.
► Teichfolie wird nur bis zu einer Breite von höchstens 4 m angeboten, sodass Sie die einzelnen Bahnen miteinander verschweißen müssen. Dies kann im Heißluftverfahren geschehen, das aber Erfahrung erfordert und in die Hände eines Fachmanns gehört. Wesentlich einfacher ist die Verbindung der Folien mit einem Kaltschweißmittel (aus dem Baumarkt), was auch von Laien ausgeführt werden kann. In Geschäften, in denen Sie Teichfolie bekommen, wird die Folie auch auf Wunsch nach Ihren Angaben vorbereitet.

Die Mischung machts: Teichufer mit satter Bepflanzung.

Die Folie auslegen

► Wählen Sie für das Auslegen der Folie einen möglichst warmen und sonnigen Tag, da sich Kunststoff dann leichter handhaben lässt. Bei mehr als 15 m^2 großen Teichen brauchen Sie außerdem ein bis zwei Helfer, um die Folie in die richtige Position zu bringen.

Teich mit Spiegelungen.

► Entfernen Sie zuerst alle scharfkantigen Gegenstände aus dem Arbeitsbereich und breiten Sie dann die Folie aus.
► Heben Sie die Folie in das Teichloch und drücken Sie die Folie an die Terrassen bzw. an den Teichboden. Dabei entstehen natürlicherweise zahlreiche Falten, die aber im Teich später nicht mehr auffallen oder stören.
► Lassen Sie nun langsam das Wasser in den Teich einlaufen. Der Wasserdruck sorgt dafür, dass sich die Folie noch enger an den Teichgrund anschmiegt.

Das Ufer gestalten

► Ist der Teich vollständig gefüllt, können Sie den Uferverlauf noch einmal korrigieren, indem Sie die überschüssige Erde vom Ufer abnehmen oder das Ufer mit Erde auffüllen.
► Anschließend können Sie die überstehende Folie in das umliegende Erdreich eingraben. Gehen Sie bei diesem Arbeitsgang in Form einer Welle vor, wie es in der Abbildung auf Seite 197 zu sehen ist.
► Wenn Sie das Ufer mit Holz oder Steinbelägen (Seite 201) befestigen möchten, füllen Sie die Welle am besten mit Kies oder Beton aus. Auf diese Weise bekommen Sie ein tragfähiges Fundament, und das Ufer wird begehbar.
► Dekorieren Sie das Ufer zum Schluss naturnah mit Kies oder Steinen, sodass die Folie restlos darunter verschwindet.

Zierteich mit Blumentöpfen.

Brücken, Trittsteine, Stege

Wasser lässt sich am besten aus der Nähe erfahren – mithilfe von Brücken, Stegen oder Trittsteinen.

► Holzbrücken und -stege wirken einladend warm; ihre Befestigung erfolgt über Balken vom Ufer aus.

► Brücken erfordern ein stabiles Fundament im Teich, das bereits bei der Gestaltung des Teichbodens mit eingerichtet werden sollte.

Teich mit formaler Brücke.

► Der Teichgrund sollte an diesen Stellen außerdem mit runden Steinen, Folienresten oder Vlies vor zu starkem Druck geschützt werden.

► Neben vorgefertigten Brücken aus dem Fachhandel können Sie ganz leicht – und wesentlich kostengünstiger – selbst eine Holzbrücke bauen. Sehr attraktiv ist z. B. eine Brücke aus drei nebeneinander liegenden Gartenbauschwellen (Seite 160).

► Trittsteine können wie Brücken einen Weg durch den Teich bahnen. Dafür verwendet man flache Steine ab 100 kg mit griffiger Oberfläche, die – wie es bei Brücken der Fall ist – fest auf einem Fundament aufliegen müssen. Beim Auslegen empfiehlt sich der Einsatz eines Minibaggers.

Die Ufergestaltung

Für eine freie Sicht auf den Teich vom Sitzplatz aus – etwa von der Terrasse – sollten Sie die von der Blickrichtung aus gegenüberliegende Uferseite des Teiches bepflanzen. Bei der Ihnen zugewandten Seite sollten Sie eher sparsam verfahren. Verwenden Sie am besten nur einige wenige Pflanzen und machen dafür das Ufer begehbar. Hier können Sie – wie unter »Wege« auf Seite 132 beschrieben – Steinplatten, Holz, Kies oder große Trittsteine verwenden, wobei Sie jedoch auf einen gut verdichteten Unterbau aus einem Kies-Sand-Gemisch (Seite 121) achten sollten. Das ist wichtig, weil andernfalls im näheren Umkreis des Teiches der Boden zu stark durchfeuchtet wird und somit auf Druck zu leicht nachgibt. Schon eine leicht befestigte Fläche eignet sich gut für einen Sitzplatz. Sie können dort beispielsweise eine schöne Bank aufstellen.

Auf Trittsteinen übers Wasser.

► **Tipp:** Sehr harmonisch wirkt auch eine Ufergestaltung aus Rundkies (Seite 185). Durch eine dezente Bepflanzung mit kleinen Stauden und Gräsern können Sie die Steinfläche mit einigen grünen Akzenten etwas auflockern.

Geschwungene Holzbrücke führt über einen Teich mit Wasserlauf.

Miniteiche für Balkon und Terrasse

Jedes Gefäß mit einem Volumen von mindestens 50 Litern können Sie als Miniteich auf dem Balkon oder der Terrasse aufstellen. Als Miniteich eignet sich beispielsweise eine alte Zinkbadewanne, eine Mörtelwanne oder auch ein großer Pflanzcontainer, wobei Sie ein optisch unattraktives Gefäß bemalen oder mit Holz verkleiden können.
Einige Hersteller bieten auch fertige Teichstecksysteme aus Holzbohlen an, die nach dem Zusammensetzen mit Folie ausgekleidet werden. Diese Systeme finden beispielsweise bei der Gestaltung kleiner Wasserlandschaften mit mehreren Teichen häufig Verwendung.

► **Tipp:** Am schönsten wirkt ein Miniteich, wenn Sie ihn dezent mit nur drei bis fünf Arten bepflanzen, ihn also nicht überladen.

Die Teichbepflanzung

Für eine abwechslungsreiche Bepflanzung sollten Sie Ihren Teich mindestens dreistufig anlegen, denn ihrem natürlichen Standort entsprechend haben alle Wasser- und Uferpflanzen ihre ganz individuellen Ansprüche an den Wasserstand.

Teich mit Trittsteinen.

Bezüglich des Wasserstands eines Teichs unterscheidet man zwischen drei Zonen:

► **Sumpfzone:** 5–10 cm
► **Flachwasserzone:** 20–40 cm
► **Tiefwasserzone:** 80–100 cm.

Setzen Sie die Pflanzen gemäß der auf dem Pflanzenetikett angegebenen Tiefe in den Teich. Damit die Pflanzen auch wirklich dauerhaft auf dem Teichboden bleiben, versenken Sie die Pflanzen in mit Steinen beschwerten Körben oder verankern Sie die Pflanzen am Teichgrund mithilfe von Steinen.

► Zur Bepflanzung rund um den Teich sollten Sie attraktive Sträucher oder Stauden wählen, deren Erscheinungsbild gut mit dem Wasser harmoniert. Eine Übersicht zu den schönsten Teichgehölzen gibt Ihnen die Tabelle auf Seite 203.

► Das Erscheinungsbild von Wasser- und Sumpfpflanzen ist sehr vielseitig: Von auf dem Wasser schwimmenden Blättern und Blüten bis hin zu hoch aufragenden Rohrkolben steht Ihnen eine Reihe von dekorativen Pflanzen zur Verfügung, mit denen Sie Ihr Teichufer verschönern können (Seite 204).

Teich mit Brücke aus Bohlen und üppiger Bepflanzung.

► Vorsicht bei stark wachsenden Wasserpflanzen: Sie wuchern schnell den Teich zu. Entfernen Sie regelmäßig deren Ausläufer oder teilen Sie zu groß gewordene Stauden einfach mit dem Spaten.

Schwimmblattpflanzen und Seerosen:

► Seerosen und Schwimmblattpflanzen bilden ihre Blätter an der Wasseroberfläche aus. Auf diese Weise reduzieren sie zwar die sichtbare Wasseroberfläche, beschatten aber auch den Teich. Vor allem in kleinen oder nicht so tiefen Teichen kann die Beschattung erwünscht sein, damit sich der Teich im Sommer nicht zu stark aufheizt (über 22 Grad).

► Andererseits kann die Beschattung in größeren Teichen zu einem Lichtmangel im Wasser und dadurch zu erhöhtem Algenwachstum führen. In diesem Fall sollten Sie die Blattmasse durch Abfischen bzw. Ausrupfen reduzieren.

Sumpfdotterblumen sorgen für frische Akzente am Teichufer.

Schöne Teichgehölze

Name	Botanischer Name	Höhe/m	Besonderheiten
Bambus	*Sinarundinaria bzw. Phyllostachys*	2–3	klassische Begleitpflanze für Wasserflächen
Blutpflaume	*Prunus cerasifera »Nigra«*	5	imposante Blüte im Frühling, dunkelrotes, fast schwarzes Laub
Essigbaum	*Rhus typhina »Dissecta«*	5	geschlitzte Blätter mit roter Herbstfärbung, schirmförmiger Wuchs
Fächerahorn/ Schlitzahorn	*Acer palmatum/japonicum*	3–4	Arten mit geschlitzten roten Blättern, attraktiv im Einzelstand
Flügelspindelstrauch	*Euonymus alatus*	2,5	Leuchtend rote Herbstfärbung. Korkleisten an Zweigen kommen vor allem im Winter zur Geltung.
Hängebirke	*Betula verrucosa »Youngii«*	3–4	goldgelbe Herbstfärbung, überhängender Wuchs
Korkenzieherweide	*Salix »Tortuosa«*	5	Die verdrehten Äste kommen vor allem im Winter gut zur Geltung.
Kriechweide	*Salix repens ssp. rosmarinifolia*	2	schmale silbriggraue Blätter
Latsche	*Pinus mugo*	2–3	immergrüne Nadeln
Salweide	*Salix caprea*	5	schmale silbrig graue Blätter, typisches Ufergehölz
Sibirischer Hartriegel	*Cornus alba »Sibirica«*	2	Die leuchtend roten Zweige wirken vor allem im Winter attraktiv.
Sanddorn	*Hippophae rhamnoides*	4	orangefarbener Fruchtbehang, schmale silbrig graue Blätter

► Vorsicht bei See- und Teichrosen, ihr Wachstum kann sehr unterschiedlich ausfallen. Stark wachsende Seerosen beanspruchen schnell bis zu 3 m^2 Wasserfläche. Starten Sie bei Seerosen also lieber erst einmal mit weniger Exemplaren und warten Sie deren spezifische Entwicklung in Ihrem Teich ab. Wenn Sie die ersten Erfahrungen gesammelt haben, lässt sich bei Bedarf die Bepflanzung einfach und schnell erweitern.

Prächtige Seerose.

Schöne Stauden für die Uferbepflanzung

Name	Botanischer Name	Höhe/cm	Standort	Blütenfarbe/-zeit	Besonderheiten
Niedrige Bodendecker					
Pfennigkraut	*Lysimachia nummularia*	10	sonnig bis schattig	gelb, VI–VII	guter Bodendecker, auch für Böschungen geeignet
Kriechender Günsel	*Ajuga reptans*	10	sonnig bis schattig	blau, rosa, V–VI	guter Bodendecker, Sorten mit Blattfärbung in Rot, Blau und Violett
Sumpf-Vergissmeinnicht	*Myosotis palustris*	20–30	sonnig bis schattig	hellblau, V–IX	guter Bodendecker mit langer Blütezeit
Pestwurz	*Petasites hybridus*	40	sonnig bis halbschattig	rötlich weiß, IV	bildet schnell stabile Horste
Frauenmantel	*Alchemilla mollis*	30–50	sonnig bis halbschattig	grünlich gelb, VI–VII	bildet stabile Horste, versamt sich schnell
Wiesenknöterich	*Polygonom bistorta*	60	sonnig bis halbschattig	rosa, V–VII	wuchsstarker Bodendecker
Mittelhohe Blütenstauden					
Taglilien	*Hemerocallis-Arten*	60	sonnig bis halbschattig	viele Farben von Weiß bis Violett, V–VII	schöne robuste Blütenstaude
Schwertlilien	*Iris kaempferi/sibirica*	70–100	sonnig bis halbschattig	viele Farben, V–VII	robust bei guter Pflege
Trollblume	*Trollius europaeus*	50	sonnig bis schattig	gelb, V–VI	geschützte Pflanze
Sumpfziest	*Stachys palustris*	40	halbschattig	purpurrosa, VI–IX	bildet dichte Blütenquirle
Sonnenhut	*Rudbeckia-Arten*	80	sonnig bis halbschattig	gelb/rot mit braunem Hut, VII–IX	universelle, robuste Pflanze
Goldfelberich	*Lysimachia punctata*	60	sonnig bis schattig	gelb, VI–VIII	braucht Platz, da er zum Wuchern neigt, für naturnahe Gärten
Goldrute	*Solidago-Hybriden*	70	sonnig bis halbschattig	gelb, VIII–IX	löst den Goldfelberich in der Blüte ab, für naturnahe Gärten
Pfefferminze	*Mentha piperita*	60	sonnig bis halbschattig	weißlich, VII–IX	frisch oder getrocknet für Tees geeignet, für naturnahe Gärten geeignet
Prachtscharte	*Liatris spicata*	80 cm	sonnig	violett, rosa, weiß, VII–IX	anspruchslose Pflanze für naturnahe Teiche
Hohe Blattschmuckstauden und Gräser für den Teichrand					
Mammutblatt	*Gunnera tintoria*	150	sonnig bis schattig	unscheinbar bräunlich, VII–VIII	universell einsetzbare Staude mit großen Blättern
Zierrhabarber (Echter Rhabarber)	*Rheum palmatum (Rheum x cultorum)*	150 (100)	sonnig bis halbschattig	rot, V–VI	große, dunkelgrüne Blätter
Ligularie	*Ligularia-Arten*	100	sonnig bis halbschattig	gelb, orange, VII–IX	bildet solide Horste, sehr hübsches Blattwerk
Riesenalant	*Inula magnifica*	150	sonnig	gelb, VII–VIII	universelle Staude
Chinaschilf	*Miscanthus-Arten*	ca. 200	sonnig bis halbschattig	silbrig, ca. X	imposantes Riesengras
Riesensegge	*Carex pendula*	70	sonnig bis halbschattig	silbrig, V–VI	wintergrün, bildet große Horste
Pfeifengras	*Molinia-Arten*	40–80	sonnig bis halbschattig	silbrig, VII–IX	verschiedene Blattfarben, schöne Herbstfärbung
Rutenhirse	*Panicum virgatum*	80–100	eiförmige Blütenrispen	VII–IX	bildet dichte Horste, rote und gelbe Herbstfärbung

Sumpf- und Wasserpflanzen

Name	Botanischer Name	Standort	Höhe über dem Wasser/cm	Blütenfarbe/-zeit	Besonderheiten
Sumpfzone (5–10 cm)					
Sumpf-Dotterblume	*Caltha palustris*	sonnig bis schattig	20	goldgelb, IV–VI	robuste, Kissen bildende Pflanze, auch für Bachläufe geeignet
Sumpf-Schwertlilie	*Iris pseudachorus*	sonnig bis schattig	60	gelb, V–VIII	am besten in Pflanzkörben einsetzen
Wasserminze	*Mentha aquatica*	sonnig bis halbschattig	60	hellviolett, VII–IX	riecht aromatisch, neigt zum Wuchern
Tannenwedel	*Hippuris vulgaris*	sonnig	über 100	grünlich, V–VIII	anspruchslos, für naturnahe Teiche und Bachläufe geeignet
Pfeilkraut	*Sagittaria sagittifolia*	sonnig	30	weiß, VI–VIII	anspruchsloser Sauerstofflieferant, auch für Bachläufe geeignet
Rohrkolben	*Typha angustifolia*	sonnig	200	braun, VII–VII	neigt zum Wuchern
Flachwasserzone (20–40 cm)					
Weiße Seerose	*Nymphaea alba*	sonnig bis halbschattig	Schwimmblattpflanze	weiß, V–VIII	streng geschützte heimische Art, in vielen Kulturformen erhältlich
Wasserknöterich	*Polygonum amphibium*	sonnig bis halbschattig	30	rosa, VI–IX	neigt zum Wuchern, in kleinen Teichen jedes Jahr 50 Prozent entfernen
Sumpf-Wasserstern	*Callitriche palustris*	sonnig bis schattig	Schwimmblattpflanze	unscheinbar, IV–X	wintergrüner Sauerstofflieferant im Teich
Wasser-Hahnenfuß	*Ranunculus aquatilis*	sonnig bis halbschattig	Schwimmblattpflanze	gelb, VI	regelmäßig auslichten, für naturnahe Teiche, auch für Bachlauf geeignet
Igelkolben	*Sparganium erectum*	sonnig bis halbschattig	Schwimmblattpflanze	grünlich, VI–VIII	wächst auch in seichterem Wasser, wo es leichter unter Kontrolle gehalten werden kann
Tiefwasserzone (80-100 cm)					
Seerosen	*Nymphaea spec.*	sonnig bis halbschattig	Schwimmblattpflanze	viele Farben, V–X	stark wachsende Sorten, nur für Teiche ab 10 m² geeignet
Zwerg-Teichrose	*Nuphar pumila*	sonnig bis schattig	Schwimmblatt pflanze	viele Farben, V–VIII	für die Blüte ist eine Wassertiefe von 30 cm hilfreich, Überwinterung in der Tiefwasserzone
Wasseraloe	*Stratiotes aloides*	sonnig bis halbschattig	Schwimmblattpflanze	weiß, VI–VIII	gedeiht am besten in kalkarmen Gewässern, überwintert auf dem Teichgrund

Wasserläufe und Bäche

Eine attraktive Ergänzung zu einem stehenden Natur- oder Zierteich ist ein elegant geführter Wasserlauf. Ein solcher Wasserlauf kann zwar durchaus für sich allein angelegt werden, sinnvoller ist es aber, wenn der Wasserlauf in einem Teich oder einem Auffangbecken endet.
Das Wasser wird dabei mithilfe von elektrischen Pumpen in Bewegung versetzt. Sie können das Wasser je nach Stimmungslage und nach Pumpenleistung ruhig plätschern oder kräftig rauschen lassen.
► **Tipp:** Wasserpumpen für den Garten gibt es in unterschiedlichsten Ausführungen und für jeden Anspruch. Lassen Sie sich im Fachhandel beraten, welche Pumpe für Ihren geplanten Wasserlauf am besten geeignet ist.

Das Gefälle

Geringes Gefälle: Bei einem nur geringen Gefälle von etwa 5 cm pro Meter – also 5 Prozent –, können Sie beispielsweise einen ruhig dahin plätschernden Bach anlegen, der mit einer kleinen Kaskade in einem Becken endet.
► Wenn Sie den Bach mäandernd 20 m durch Ihren Garten ziehen lassen, entsteht ein richtiger Landschaftsgarten.
► Wenn Sie ihn dagegen in gerader Linie anlegen, entsteht ein Kanal, der sich gut in einen formal angelegten Garten einfügt.

Ruhiger Bachlauf.

Starkes Gefälle: Wenn Ihr Garten ein stärkeres Gefälle hat, dann können Sie an geeigneter Stelle auch einen lebhaften Wasserlauf – ähnlich einem Bergbach – anlegen.
► Bei einem derartigen Wasserlauf fällt das Wasser über mehrere Kaskaden aus Steinen in einzelne kleine Gumpen.
► Für einen solchen Bergbach sollte eine Anhöhe von mindestens 1,5 m und eine Länge von etwa 4 m gegeben sein.

Aufwändig in Gestaltung und Pflege, aber auch von großer Schönheit: Ein üppig ausgebauter Wasserlauf für den Naturgarten.

Einen Wasserlauf bauen

Planung, Vorbereitung und Ausführung eines Wasserlaufs entsprechen exakt denen des Teichbaus (Seite 197). Auch bei den Materialien für einen Bachlauf können Sie zwischen Kunststoff, Folie, Lehm oder Beton wählen:

Wasserlauf aus Kunststoffschalen

Im Fachhandel werden Kunststoffschalen als Stecksystem angeboten, sodass Sie sich Ihren individuellen Wasserlauf nach Belieben zusammenstellen können.

► **Tipp:** Diese Kunststoffschalen haben den Nachteil, dass sie sich vergleichsweise schwer dekorieren lassen und dadurch immer sichtbar bleiben, sodass sie sich in erster Linie für modern gestaltete Gärten eignen.

Wasserlauf aus Lehm

Auch mit Lehm lässt sich ein Wasserlauf in jeder beliebigen Form erstellen. Allerdings darf hierbei die Fließgeschwindigkeit des Wassers nicht zu hoch bzw. das Gefälle nicht zu stark sein. So wird vermieden, dass der Lehm in den Teich gewaschen wird.

► **Tipp:** Damit kein Lehm in den Teich gelangt, sollten Sie einen Wasserlauf aus Lehm mit einer ungefähr 5 cm starken Schicht aus feinem Kies abdecken.

Wasserlauf aus Folie und Beton

Die stabilste Konstruktion für einen Wasserlauf ist eine Kombination aus Folie und Beton:

► Legen Sie einen ausreichend breiten Folienstreifen auf den bereits formulierten Wasserlauf und lassen Sie die Folie bis in den Teich reichen.

► Zur Erhöhung der Sicherheit füllen Sie ca. 10 cm hoch Erde auf die Folie und legen einen weiteren Folienstreifen darüber. So wird entkommendes Wasser aufgesammelt und in den Kreislauf zurückgeführt.

Bachlauf mit doppelter Foliensicherung.

Wasserfall mit Delphinen.

► Verteilen Sie zuerst eine etwa 5 cm dicke Erdschicht, danach eine ca. 5 cm starke Schicht aus Mörtel bzw. Beton auf der Folie und formen Sie dabei den Verlauf des Wassers mit Biegungen, Gumpen und Wasserfällen. Die Erdschicht ist deshalb notwendig, weil bei einem direkten Kontakt des Betons mit der Folie selbige zu stark angegriffen werden würde.

► Drücken Sie ausgesuchte, flache Kieselsteine oder auch größere schöne Kiessteine in den frischen Beton, um die optisch nicht gerade ansprechende graue Oberfläche des Betons aufzuwerten.

► Lassen Sie den Wasserlauf dann mindestens eine Woche vollständig austrocknen, bevor Sie ihn in Betrieb nehmen.

Quellsteine und Wasserspiele

Quellsteine sind ein weiterer optischer Anziehungspunkt im Garten, entweder als Zufluss zu einem Teich oder aber allein für sich stehend, etwa wenn sie in einem kleinen, mit Kies gefüllten Becken platziert werden, wo sich das austretende Wasser wieder sammelt.
Als Quellsteine verwendet man Findlinge ab 200 kg, in die ein Loch gebohrt wird, und eine Pumpe, die das Wasser durch das Loch nach oben befördert. Von einigen Herstellern werden auch komplette Systeme mit Kunststoffbecken, Pumpe und Quellstein angeboten.
Auch das Plätschern eines Wasserspiels übt auf viele Menschen eine faszinierende und beruhigende Wirkung aus. Für ein Wasserspiel benötigen Sie ebenfalls ein Zierbecken, in dem das Wasserspiel steht, und eine elektrische Pumpe. Die klassischen Fontänen werden durch Düsenaufsätze auf der Pumpe erzeugt. Eine einfachere Form des Wasserspiels ist der Wasserspeier in Form einer Figur.

Naturnaher Teich mit Wasserspiel in Form eines Reihers.

Wasserspiel in gemauertem Becken.

Wasserläufe und Wasserspiele

► Beim Bau von Wasserläuten, Bächen und Wasserspielen ist ein geschlossenes System erforderlich, bei dem kein Wasser verloren geht. Zur Sicherheit können Sie unter jeden Bachlauf eine zusätzliche Folie einbauen lassen, die alles »entkommene« Wasser sammelt und dem Kreislauf wieder zuführt.

► Wasser und elektrischer Strom sind eine gefährliche Verbindung! Beauftragen Sie am besten einen Fachmann mit der Anlage Ihrer Wasserinstallationen im Garten und beachten Sie sorgfältig die vorgeschriebenen Sicherheitsnormen.

► Um Schäden an Ihrem Wassersystem zu vermeiden, sollten Sie das Wasser noch vor dem ersten Nachtfrost abstellen. Eine vereiste Wasserlandschaft wie auf dem unten stehenden Bild wirkt zwar malerisch, ist aber keineswegs zur Nachahmung zu empfehlen. Gefrorenes Wasser kann schnell die Rohre platzen lassen oder die Wasserpumpe zerstören. Solche Schäden sind nur mit sehr großem Aufwand zu beheben.

Wasserspiel im Winter.

Thema Sicherheit

Damit Sie Ihrer allgemeinen Verkehrssicherungspflicht nachkommen, sollte Ihr Garten in jedem Fall eingezäunt sein. Und jeder Gartenteich ist eine potenzielle Gefahrenquelle für kleine Kinder. Wenn sich öfter Kleinkinder in einem Garten mit Teich aufhalten, sind unbedingt Sicherungsmaßnahmen notwendig:

Badetag im Vogelbecken.

Schutzgitter
Als Schutzabdeckung für einen Teich eignen sich Baustahlmatten, die ausreichend fest auf Querstreben und Fundamenten verankert werden müssen, damit sie im Notfall das Gewicht eines fallenden Kindes auffangen, ohne nachzugeben.

Schutzzäune
Stabile Zäune aus Holz oder Metall mit etwa 60 bis 80 cm Höhe um den Teich herum sind eine Möglichkeit, Kleinkindern den Zugang zum Teich zu verwehren.
► **Tipp:** Wenn Sie die Zäune mit Kletterpflanzen bepflanzen, wirken sie etwas unauffälliger.

Vorübergehende Stilllegung
Eine andere Möglichkeit ist, das Wasser aus dem Teich abzupumpen, die Folie herauszunehmen und die Teichpflanzen in Miniteiche umzusiedeln. Wenn Sie jetzt die Bodengestaltung mit etwas Sand nacharbeiten, haben Sie eine wunderbare Spielgrube für größere Kinder. Mit einigen schnell wachsenden Sträuchern bepflanzt, wird die Grube zu einem spannenden Abenteuerspielplatz für Kinder. Und wenn die Kinder dann groß genug sind, kann der Teich problemlos wieder eingerichtet werden.

Mit Kies auffüllen
Ist keine der genannten Möglichkeiten gegeben, können Sie einen bereits vorhandenen Teich auch zeitweise stilllegen, indem Sie ihn mit Kies (Korngröße 16/32 oder 32/64) auffüllen. Wenn Sie an der Oberfläche Kies der Korngröße 4/8 verwenden, haben Sie gleichzeitig einen schönen Spielplatz oder Sandkasten. Wenn Ihre Kinder dann älter sind, lässt sich der Teich ohne große Probleme wiederherstellen. Abhängig von Größe und Zugänglichkeit des Teiches können die Kosten für diese Stilllegungsmethode allerdings ziemlich hoch ausfallen, weil Sie den Kies anliefern lassen müssen und zudem noch einen Minibagger benötigen.

Fachmann Wasser

Vogeltränken
Mit jedem flachen, wassergefüllten Gefäß können Sie Vögel in Ihren Garten locken. Damit kleine wie auch große Vogelarten gleichermaßen in diesen Genuss kommen können, sollte die Vogeltränke allerdings verschiedene Wasserstände von 5 bis 15 cm Höhe aufweisen.

Zierbecken mit einem Netz auf einem Metallgestell.

Gärten für jeden Geschmack

Ob Bauerngarten, naturnaher Garten oder asiatischer Garten – hier finden Sie den Gartentyp, der am besten zu Ihnen und Ihrem Haus passt!

GÄRTEN FÜR JEDEN GESCHMACK

Streng gestalteter, formaler Garten, der den Blick des Betrachters auf sein Zentrum lenkt.

In diesem Kapitel erwartet Sie eine Ideenfundgrube zu verschiedenen klassischen Gartenthemen, d. h., hier finden Sie eine Zusammenstellung der wichtigsten Gestaltungselemente – von der spezifischen Gartengestaltung über die passenden Accessoires bis hin zum typischen Pflanzensortiment –, die zu einem bestimmten Gartenstil bzw. zu einer bestimmten Gartenart gehören.
Bei der Vorstellung der Gartentypen werden allerdings bewusst keine Pläne für fertige Gartengestaltungen vorgestellt, da solche Pläne immer ganz konkret auf einen bestimmten Garten zugeschnitten sind.

Würden Sie etwas, das Ihnen an einem anderen Garten gefallen hat, einfach eins zu eins kopieren, wäre das Ergebnis garantiert nicht zufriedenstellend. Wichtig sind in erster Linie die Anregungen und Ideen, die Sie in anderen Gärten finden.
Diese Anregungen lassen sich dann entsprechend den Gegebenheiten Ihres Gartens und Ihres persönlichen Stils auf die eigenen Bedürfnisse zuschneiden. Erst dann wird Ihr Garten sein unverwechselbares Erscheinungsbild, sein eigenes Gesicht erhalten, das auch die Persönlichkeit und das Lebensgefühl seiner Bewohner widerspiegelt.

Erlaubt ist, was gefällt!
Lassen Sie sich bei der Gestaltung Ihres Gartens nicht durch Bücher, Zeitschriften oder Fachleute verunsichern! Viele Menschen haben nämlich Angst, sie könnten bei ihrem Garten etwas falsch machen. Wichtig ist aber nur, dass der Garten Ihnen gefällt und Sie sich darin wohlfühlen, egal ob er nun ganz »stilecht« gestaltet ist oder ob Sie verschiedene Elemente miteinander kombinieren! Und wenn Sie einen Gartenarchitekten oder Gärtner mit der Gestaltung Ihres Gartens beauftragen möchten, sollten Sie darauf achten, dass er Ihre Vorstellungen berücksichtigt.

Bauerngarten

In einem Bauerngarten, der sich aus den Klostergärten des Mittelalters entwickelt hat, werden die einzelnen Elemente trotz des scheinbar kunterbunten Durcheinanders in einer klaren Ordnung angeordnet:

Passt zum Bauerngarten: Borretsch.

► Der klassische Bauerngarten ist formal gestaltet und verfügt über einen zentralen Mittelpunkt, beispielsweise ein Wegekreuz. Durch die symmetrische Achse entsteht für den Betrachter ein geordnetes, klares Erscheinungsbild.

► An das Ende der Wege werden markante Blickpunkte gesetzt (Seite 49).

► Die Struktur des Wegekreuzes lässt sich auf den gesamten Garten übertragen: Je nach Größe des Gartens kann ein Viertel der Fläche z. B. als Gemüsegarten oder Streuobstwiese angelegt werden.

► In einem Bauerngarten werden Rasenflächen meist kleinflächig als reines Zierelement angelegt.

► Besonders großzügig wirkt es, wenn Sie das Zentrum des Wegekreuzes mit einem Rondell ausstatten. Es wirk im klassischen Fall mit Rosen und Begleitstauden bepflanzt.

Typische Elemente

► Die breiten, großzügigen Wege des zentralen Mittelpunkts kommen am besten mit einem Kiesbelag zur Geltung (Seite 132).

Typisch für Bauerngärten: Klare Ordnung trotz bunter Vielfalt.

Harmonisches Nebeneinander.

► Beim englischen Bauerngarten werden dagegen Klinker oder Natursteinplatten in gedämpften Farben verwendet, etwa Gneis, Schiefer oder auch Porphyr (Seite 128).

Typische Extras

► Die Einfriedung eines Bauerngartens hängt nicht allein vom persönlichen Geschmack ab, sondern richtet sich vor allem auch nach der jeweiligen Region: Im Süden finden in der Regel Stakettenzäune aus Halbrundhölzern Verwendung (Seite 178), im Norden dominieren dagegen weiß gestrichene Lattenzäune (Seite 179). Eine edle, aber auch sehr kostspielige Variante, die ebenfalls hervorragend zu einem Bauerngarten passt, ist ein Zaun aus Schmiedeeisen (Seite 179).

► Rustikale Gartenbänke, Arbeitstische und ein Brunnen bilden die optischen Schwerpunkte in einem Bauerngarten.

► Beim Garten im englisch-romantischen Cottagestil überwiegen dagegen leichte Rattanmöbel, Rankgerüste und Lauben aus Holz.

Schönheit und Genuss: Blumen und Gemüse in einem Beet.

Die Bepflanzung

Ein typischer Bauerngarten ist von einem optischen Spannungsbogen zwischen strengen Formschnitthecken oder Formgehölzen und üppiger Blütenfülle zu geprägt:

Detail eines formalen Bauerngartens.

- ► Typische Bauergartenpflanzen sind Pfingstrose, Sonnenauge, Sonnenbraut, Staudenmohn, Tränendes Herz, Rittersporn, Phlox, Astern, Salbei und alle Variationen von Rosen.
- ► Unter den Einjährigen Pflanzen sind Kosmos, Sonnenblume, Ringelblume, Tagetes, Stockrose, Bechermalve, Bartnelken, Goldlack und Vergissmeinnicht die Klassiker, die den Blütenreigen der Stauden ergänzen. Einjährige Kletterer wie Wicken, Erbsen, Bohnen und Kapuzinerkresse eignen sich, um Zäune und Spaliere zu beranken.
- ► Geeignete Zwiebelpflanzen sind Dahlien, Lilien und Kaiserkronen, die im Sommer mit den Stauden blühen.
- ► Mit ruhigen Formen ergänzen Spalier-Obstbäume, Hochstämmchen und Formgehölze (Seite 72) das diffuse Erscheinungsbild der Stauden und einjährigen Blumen.
- ► Gemüse (Seite 104) und Küchen- bzw. Arzneikräuter (Seite 116) sind weitere wichtige Gestaltungselemente im Bauerngarten.

Englische Cottagegärten

Aufgrund des milden Klimas können die Engländer bei ihren Cottagegärten auf eine wesentlich größere Pflanzenauswahl zurückgreifen als dies in unserem kühleren Klima möglich ist. Seien Sie deshalb vorsichtig mit Pflanzenangeboten aus England, die sich in unseren Breiten nicht immer realisieren lassen!

- ► Kletterrosen (Seite 94) und Kletterpflanzen umspielen alle aufsteigenden Formen wie Wände, Säulen und Zäune.
- ► Haus, Terrassen und Sitzplätze werden mit Kübelpflanzen (Seite 93) und Blumentrögen bepflanzt.

Der Pflegeaufwand

Ein Bauerngarten benötigt ständige Pflege, da er sonst schnell verwildert. Bei einem etwa 400 m^2 großen Garten beträgt der wöchentliche Zeitaufwand ungefähr 10 bis 14 Stunden. Diesen Pflegeaufwand müssen Sie in Eigenleistung erbringen, da die Pflege durch einen Gärtner sehr kostspielig ist.

Die Gewürzspirale ist ein typisches Element von Bauerngärten.

Asiatischer Gartenstil

Aufbau und Struktur eines asiatischen Gartens werden durch eine Fülle von Regeln bestimmt, die eng mit der asiatischen Philosophie verknüpft sind. Deshalb ist es ohne genaue Kenntnis dieser Philosophie auch nicht möglich, einen wirklich echten Garten im asiatischen Stil zu gestalten. Mit den typischen Elementen, wie sie in asiatischen Gärten verwendet werden, lässt sich jedoch eine ähnlich ruhige, meditative Stimmung erzeugen.

► Asiatische Gärten werden frei gestaltet und laden durch die kunstvolle Nachbildung einer natürlichen Landschaft zu kontemplativer Betrachtung ein.

► Steine, Wasser und Pflanzen ahmen symbolisch eine natürliche, ruhige Landschaft nach. Selbst auf einer kleinen Fläche wie einem Atriumgarten lässt sich das Abbild einer solchen Landschaft gestalten.

► Kies und Wasserflächen, einheitliche Bodendeckerflächen aus Stauden und sparsame Gehölzpflanzung symbolisieren die einzelnen Landschaftsteile und bilden den Ruhepol.

► Die optische Spannung entsteht durch Findlinge, Wasserspiele und Steinskulpturen oder -lampen, die nach streng festgelegten Gesetzmäßigkeiten gruppiert und platziert werden.

► Rasen wird als gestalterisches Element nur in sehr großen Gartenanlagen eingesetzt.

Typische Elemente

► In einem asiatischen Garten werden Wege meist nur durch Trittsteine aus großen Natursteinplatten angedeutet, deren Anordnung genau festgelegten Regeln folgt.

► In größeren Gärten wird häufig ein Naturteich angelegt, dessen Ufer strengen Linien folgt. In kleineren Gartenanlagen findet man meist geometrisch geformte Zierteiche.

► Das Element Wasser wird häufig auch durch streng gruppierte Steinformationen ausgedrückt: Eine Kiesfläche, die mit einem Holzrechen in Form gebracht wird, symbolisiert die Wellen auf einem See, wohingegen halb eingegrabene Findlinge Inseln darstellen. Mit länglichen, spitzen Steinen, die in dieselbe Richtung gelegt werden, wird dagegen fließendes Wasser angedeutet.

Wasser als Spiegel der Seele.

Die strengen Formen eines japanischen Kiesgartens.

Typische Extras

► Als optischer Blickfang in asiatischen Gärten dienen Findlinge, Steinlaternen (Seite 187) und markante Solitärgehölze.

► Pergolakonstruktionen aus rustikalem Holz werden als Mittelpunkt gesetzt. Dabei spielt die gezielte Platzierung der Pergola eine größere Rolle als ihr Nutzwert.

Japanischer Wassergarten.

Bambus mit Schnee.

► Als Einfriedung für den Garten werden sehr edle und teure Bambus- oder Schilfrohrmatten (Seite 176) verwendet. Die Herstellung von Bambusflechtzäunen ist in Japan ein Kunsthandwerk.

Die Bepflanzung

Die ruhige, meditative Ausstrahlung von asiatischen Gärten wird auch durch die Pflanzen bewirkt, deren Erscheinungsbild sich im Jahreslauf nur wenig oder gar nicht ändert.

► Immergrüne Gehölze wie Eiben und Rhododendren bilden das Gerüst, während einige wenige Laub abwerfende Solitärsträucher mit markantem Wechsel der Jahreszeiten wie etwa Zierkirschen (Seite 65) den Ausgleich bilden.

► Auch Bambus, Gräser und Farne (Seite 84) sind durch ihre ruhige Ausstrahlung wichtige Pflanzen in der asiatischen Gartengestaltung.

Teich im asiatischen Stil mit typischen Elementen (Steinlaternen, Findlinge).

► Wichtig ist, dass die Gehölze gut schnittverträglich sind, da im asiatischen Garten kein üppiges Wachstum erwünscht ist. Zum Teil werden die Gehölze auch in geometrische Formen, in Kasten- oder Kugelform geschnitten (Seite 72).

► Zu einem asiatischen Garten gehören häufig auch Bodendeckerflächen aus immergrünen, einheitlichen Stauden und Kleingehölzen (Seite 70).

In Form geschnittene Eibe.

Der Pflegeaufwand

Durch das Fehlen von Rasen und Staudenbeeten in asiatischen Gärten sind in erster Linie nur Schnittmaßnahmen und leichtes Unkrautjäten als Pflege erforderlich:

► Der Pflegeaufwand für einen asiatischen Garten mit einer Größe von rund 200 m^2 beträgt durchschnittlich ungefähr zwei Stunden pro Woche.

► Die Schnittarbeiten können Sie jährlich von einem Gärtner ausführen lassen, oder aber Sie schneiden die Gehölze selbst, was bei etwas Geschicklichkeit gar nicht schwierig ist.

Moderner pflegeleichter Garten

Die moderne Gartengestaltung folgt keinen festen Regeln. Ein modern gestalteter Garten kann frei oder formal angelegt werden, wobei formale Gestaltung bei kleineren Flächen bis 200 m² für ein ruhiges Erscheinungsbild sorgt. Dabei werden eckige oder runde Formen mit geschwungenen Formen kombiniert. Weil immer weniger Muße für den Garten bleibt, ist bei moderner Gartengestaltung vor allem Pflegeleichtigkeit wichtig.

Typische Elemente

► Damit der Garten nicht eintönig wirkt, können Sie ihn mit Elementen aus dem mediterranen Garten (Seite 220) interessant gestalten.

► Bei modern gestalteten Gärten, in denen Pflaster, Kies, Bodendecker und Rasen die Aufteilung bestimmen, können Sie auch andere »pflegeleichte« Elemente von den verschiedenen Gartentypen verwenden: Kiesflächen aus dem asiatischen Garten oder Blütenhecken aus dem Bauerngarten (Seite 65).

► In Wassergärten (Seite 192) ist ein Zierbecken das tragende Element.

Typische Extras

► Je nach Größe des Gartens und individuellen Vorlieben können Sie in Ihrem Garten z. B. einen festen Grillplatz (Seite 188), eine überdachte Pergola (Seite 170) oder sogar einen Schwimmteich (Seite 194) einrichten.

► Ein moderner Garten mit seiner meist ruhigen Ausstrahlung eignet sich zum Dekorieren mit Skulpturen, Findlingen und anderen Attributen. Geschickte Beleuchtung (Seite 186) lässt den Garten nachts als ganz anderen Raum erscheinen.

Orginell und pflegeleicht: Innenhof mit Brücke über einen Zierteich.

Pflegeleichte Kiesfläche statt Rasen.

► Sichtschutzwände aus Holz, Spalieren, berankten Zäunen (Seite 176) schirmen den Garten nach außen ab und verändern den Raumeindruck.

Die Bepflanzung

Bei modern gestalteten Gärten richtet sich die Pflanzenauswahl in erster Linie nach dem Pflegeaufwand: Anstelle von Staudenbeeten werden Wildstauden als Bodendecker (Seite 70) eingesetzt, die dann von pflegeleichten Form- und Blütenhecken (Seite 68) eingerahmt werden. Farbakzente lassen sich mit einzelnen Dreiertuffs aus robusten Stauden setzen, oder Sie pflanzen ein- und zweijährige Sommerblumen in Trögen und Kübeln bzw. säen sie im Freiland aus.

Der Pflegeaufwand

Der Pflegeaufwand für einen modern gestalteten Garten von etwa 200 m² beträgt im Durchschnitt zwei bis drei Stunden pro Woche. Die Hauptarbeiten können jährlich von einem Gärtner ausgeführt werden.

Naturnaher Garten

Bei naturnahen Gärten wird ein Naturausschnitt geschaffen, der vor allem einheimischen Pflanzen und Tieren einen geschützten Lebensraum bietet. Die natürlichen Gegebenheiten bestimmen den Aufbau:

► Die Formen orientieren sich an natürlich geschwungenen Linien.

► Nicht genutzte Rasenflächen werden zur Blumenwiese.

► Extremstandorte werden nicht mühsam bepflanzt, Wildkräuter dürfen sich ausbreiten (Seite 76).

► Der Teich liegt an der tiefsten Stelle des Gartens.

Um einen reinen Naturgarten zu schaffen, ist allerdings eine Mindestfläche von 250 m^2 erforderlich. Zur naturnahen Gestaltung kleinerer Gärten können Sie Elemente aus dem modern gestalteten Garten (Seite 217) bzw. dem mediterranen Garten (Seite 220) übernehmen.

Einladung in die Natur.

Typische Elemente

► Wegebeläge können naturnah mit Rasen, Rindenmulch, Kies und Naturstein gestaltet werden (Seite 132).

► Die Hauptrolle in einem naturnahen Garten spielen natürlich die Pflanzen, denen sich Baulichkeiten wie Pergolen, Sitzplätze oder Mauern unterordnen. Diese Elemente werden mit üppiger Bepflanzung und Berankung umkleidet.

► Um den Tieren einen freien Zugang zum Garten zu ermöglichen, sollte der Garten mit einer Hecke aus heimischen Wildgehölzen eingefriedet werden. Falls dennoch Zäune nötig sind, sollten diese mit Unterbrechungen versehen werden.

Typische Extras

Um Raum für ein vielfältiges Pflanzen- und Tierleben zu schaffen, können Sie folgende Extras in Ihrem Garten integrieren:

► Mauern und Treppen sollten möglichst aus unverputzten Natursteinen ohne eine Verfugung mit Mörtel bestehen (Seite 158). Die dabei entstehenden Steinritzen stellen nicht nur einen Lebensraum für Insekten oder Reptilien dar. Dort siedeln sich auch sehr standortspezifische Wildkräuter an. Ideal ist hierfür ein kleiner Haufen aus aufgeschichteten Steinen, wie auf dem Bild rechts.

► Ein Naturteich lockt neben vielen verschiedenen Insekten auch eine Fülle von Amphibien an. Verzichten Sie aber wenn möglich auf Fische, sie fressen die Larven von Insekten. Flache, großzügig angelegte Flachwasserzonen (Sumpfzonen) stellen nochmals einen eigenen Lebensraum dar.

Prachtvolle Kletterrose am Haus.

► Ein Haufen aus Reisig oder Altholz bietet Unterschlupf für viele Tiere und stellt auch ein Winterquartier für viele Warmblütler wie Igel und die harmlosen Haselmäuse dar. Solche Quartiere sollten während der kalten Jahreszeit nicht verändert werden.

► Mit Tränken und Vogelbecken werden neben Vögel auch Säugetiere angelockt. Achten Sie auf eine variable Wassertiefe von 5–15 cm. Nistkästen gibt es für die verschiedensten Vogelarten, sie werden auch gerne von Eichhörnchen und anderen Säugetieren »mißbraucht«.

► Müssen Bäume gefällt werden, so belassen Sie den Stamm bis in fünf Metern Höhe. Solch ein abgestorbener Baumstamm dient einer sehr weitgefächerten Tierwelt als Schutz- und Entwicklungsraum.

Platz für Kräuter und Kleintiere.

Die Bepflanzung

► Hecken- und Strauchpflanzungen werden vorwiegend aus heimischen Vogelschutzgehölzen (Seite 103), Naschobststräuchern (Seite 69) oder auch Koniferen gebildet. Mit letzteren können Sie aktiven Vogelschutz betreiben, bieten sie doch im Winter oft die einzige Rückzugsmöglichkeit für Vögel.

Pflanztipp
Gehölze

Pflanzen im Naturgarten

Gehen Sie bei der Neuanlage Ihres Naturgartens sparsam mit Pflanzungen um, und lassen Sie Brachflächen frei, in denen sich die Natur ausbreiten darf und ihr eigenes Erscheinungsbild entwickelt: Setzen Sie gezielt Wildstauden (Seite 74) und einjährige Pflanzen (Seite 89), die sich von selbst aussamen.

► In einem naturnahen Garten bekommen die Gehölze ausreichend Raum, um sich entfalten zu können. Beispielsweise können Obstbäume dem Garten eine Grundstruktur geben und Großsträucher wie etwa Haselnuss und Holunder bilden die dann weiteren optischen Schwerpunkte im Garten.

Platz für Eidechsen…

Sommerfrische: Eine Blumenwiese im lauen Sommerregen.

► Ein kleiner Bereich wird Brennnesseln, Pfefferminze oder anderen Arzneipflanzen überlassen. Je nach Bedarf kann dieser Bereich natürlich auch größer ausfallen.
► Rasen- und Wiesenstreifen wechseln einander ab.
► Robuste Wildstauden (Seite 74) und rasch wachsende einjährige Sommerblumen (Seite 89) bringen noch mehr Farbe und Formenvielfalt in den Garten. Naturnahe Gärten verzeihen kleine Experimente. Probieren Sie ruhig mal ungewöhnliche Farbkombinationen aus.

…Schmetterlinge, Falter…

Der Pflegeaufwand

Ein naturnaher Garten mit einer Größe von 300 m^2 erfordert einen durchschnittlichen wöchentlichen Pflegeaufwand von vier bis acht Stunden. Bei geschickter Anlage konzentrieren sich die notwendigen Arbeiten, die sehr gut von einem Gärtner ausgeführt werden können, auf den Herbst und das Frühjahr. Dieser relativ geringe Pflegeaufwand sorgt auch für Ruhe, d. h. Eidechsen, Schmetterlinge, Spinnen und Vögel fühlen sich hier besonders wohl.

…und Kunstwerke von Spinnen.

Garten mit mediterranem Ambiente

Klassiker im mediterranen Garten: Zitrus im Topf.

Bei einem mediterranen Garten werden große, einheitliche Flächen vermieden, stattdessen soll der Eindruck einer geordneten Natur mit vielen liebevollen Details entstehen. Die Gartenanlage wirkt ruhig, leicht und verspielt, und alle Elemente sind harmonisch miteinander verbunden. Da die mediterranen Gärten in Gebieten mit geringen Klimaschwankungen liegen, ist ihr Erscheinungsbild eher gleich bleibend, d. h., durch das milde mediterrane Klima sind die unterschiedlichen Jahreszeiten weniger stark ausgeprägt als bei uns. Die Blütezeiten der Pflanzen sind zwar viel länger als in Mitteleuropa, wirken dafür aber nicht so »plakativ«, und durch die milden Wintermonate sind die Veränderungen im Garten während dieser Jahreszeit weit weniger ausgeprägt als in den kälteren Klimazonen.

In der Vergangenheit wurden mediterrane Gärten streng formal angelegt, während ein mediterraner Garten in unseren Breiten heute meist frei gestaltet wird. Damit kein allzu kunterbuntes Durcheinander entsteht, können strukturierende Elemente wie Achsen, ein zentraler Mittelpunkt oder symmetrische Gruppierungen eingesetzt werden, während Säulen aus Scheinzypressen, Kugeln aus Eiben oder Buchs (Seite 72) und andere Nadelgehölze einen ruhigen Hintergrund schaffen.

► **Tipp:** Ein mediterraner Garten lässt sich auch in einem kleinen Garten verwirklichen, etwa mit einer Terrasse und einem kleinen Gartenanteil.

Mediterran gestalteter Innenhof mit Säulen und Palmen.

Typische Elemente

In einem mediterranen Garten bestehen die klassischen Pflasterbeläge von Terrassen und Sitzplätzen aus Terracotta. Auch Klinker in großen, quadratischen Formaten (Seite 129) und Natursteinbruchplatten wie Porphyr, helle Quarzite oder helle Sandsteine (Seite 128) eignen sich gut, da die hellen Farben das Grün der Pflanzen zum Leuchten bringen.

Typische Extras

► Bepflanzte Tröge und Kübel aus Ton (Seite 93), die geschickt als Raumteiler eingesetzt werden, sind das wichtigste Detail in einem mediterranen Garten. Mit Spalieren und Rankgerüsten (Seite 176) versehen, an denen sich Kletterpflanzen emporranken, bilden sie grün-bunte Wände, die den Garten geheimnisvoll verschlossen, aber dennoch luftig erscheinen lassen.
► Das Element Wasser in Form eines Zierbeckens, eventuell auch in Kombination mit einem Wasserspiel, begünstigt das Mikroklima im »heißen« Garten. Das ruhige Plätschern des Wasserspiels erinnert an die »Siesta« an einem heißen Sommertag (Seite 208), die in südlichen Ländern zur Tagesordnung gehört.
► Plastiken und Skulpturen können geschickt platziert als überraschender Blickfang im Garten auftauchen (Seite 185). Durch die Verlagerung eines Schwerpunktes an eine verborgene Stelle gewinnt auch ein kleiner Garten an Weite.

Weg aus alten Natursteinen.

Eingang mit Trögen und Kletterrose als mediterrane Elemente.

Die Bepflanzung

► Im klassischen mediterranen Garten werden die strengen Formen von Säulenzypressen, geschnittenen Eibenkugeln oder -kegeln (Seite 72) mit dem eher ungeordneten Erscheinungsbild von Stauden (Seite 74) und Kleingehölzen (Seite 61) kombiniert.
► Als Einfassungshecken (Seite 70) eignen sich Lavendel, Rosmarin (für geschützte Lagen) oder Fünffingerstrauch, die nicht in Form geschnitten werden, sondern sich frei entfalten dürfen.
► Die Beetflächen werden durch bepflanzte Tröge und Kübelpflanzen (Seite 93) ersetzt, in den Palmen, Lorbeer, Zitrusbäumchen und nicht winterharte, lang blühende Ziersträucher wachsen (sie benötigen dann allerdings einen hellen, frostfreien Platz zum Überwintern). Um die Sinnlichkeit des Gartens zu betonen, eignen sich für den mediterranen Garten außerdem »Pflanzen für die Sinne« (Seite 116).

Der Pflegeaufwand

Bei einem Garten von etwa 250 m^2 müssen Sie mit einem durchschnittlichen wöchentlichen Pflegeaufwand von etwa sechs bis acht Stunden rechnen. Dazu kommt im Herbst gegebenenfalls noch die Überwinterung von frostempfindlichen Kübelpflanzen.

Tonkrüge und Amphoren.

Garten für die Sinne

Ein Garten für die Sinne stellt keine eigenständige Gartenform dar, sondern kann mit jedem anderen Gartentyp kombiniert werden, am besten jedoch mit einem Bauerngarten, einem mediterranen Garten oder einem naturnahen Garten, in denen viele unterschiedliche Pflanzen wachsen. Wählen Sie dazu nur alle Pflanzen, Steine, Hölzer und die »Extras« so aus, daß sich an Ihnen die Natur mit allen Sinnen erfahren lässt und gruppieren Sie sie entlang von Wegen und Sitzplätzen. Noch mehr Spass an einem Sinngarten haben Sie, wenn Sie ihn mit verbundenen Augen erleben. Im Sinngarten spielt also die Erfahrbarkeit der Natur mit allen Sinnen, nicht nur mit den Augen, eine wichtige Rolle. Anregungen für die Auswahl von Pflanzen mit Duft- und Aromastoffen finden Sie auf Seite 116.

Stechpalme mit Früchten.

Holzskulptur lädt zum Betasten ein.

Asiatisches Flair lädt zum Meditieren ein.

Anregungen für den Tastsinn

Der Tastsinn der Hände erfreut sich an den Formen von Natursteinen (Seite 184) und Holz. Findlinge können kantig oder rund sein, die Oberfläche glatt oder bruchrau. Stücke von Baumstämmen, ob geschält oder mit Rinde, lassen die Formen von Holz entdecken. Die Nadeln Blaufichte oder Wacholder stechen charakteristisch beim Berühren. Handschmeichler oder andere Kunstwerke aus Stein und Holz können mit den Händen erfahren und gefühlt werden.

Während die Hände vor allem mit den Fingerspitzen tasten, spüren die Fusssohlen auf ihrer gesamten Fläche. Jeder Belag hinterlässt beim barfuss gehen seinen spezifischen Eindruck an den Sohlen. Für einen Sinnenspfad für die Füße wird ein Weg abwechselnd mit unterschiedlichen Belägen ausgestattet, damit verschiedene Tasterlebnisse beim Begehen entstehen: Kurzgeschorener Rasen, Rindenmulch, Sand, Kies und Steine in verschiedensten Größen, Natursteinplatten, Hölzer mit oder ohne Rinde und Stroh werden je in ca. 2 m Länge ausgebracht.

Der Vorgarten

Aufgrund des Baurechts, das bestimmte Grenzabstände zwischen den Gebäuden vorschreibt, gibt es in der Regel eine typische Flächenaufteilung zwischen Haus und Straße.

Blühender Vorgarten.

Je nachdem, ob Sie ein Reihenhaus, eine Doppelhaushälfte oder ein frei stehendes Haus haben, wird sich Ihr Vorgarten wahrscheinlich rechteckig in Hausbreite – eventuell noch der Garagenbreite – etwa 4 bis 6 m tief

Eingang mit Holzsteg.

erstrecken, wobei diese Fläche meist durch einen Weg vom Eingang zum Haus in zwei Hälften unterteilt wird. Bei der Gestaltung Ihres Vorgartens haben Sie die Wahl, ob Sie ihn als Ziergarten oder nutzungsorientiert anlegen möchten. Für Familien ist Letzteres in der Regel praktischer, denn hier lassen sich Fahrräder abstellen und reparieren, können Sie Nachbarn ungezwungen begegnen oder kleine Hausarbeiten machen.

DACHBEGRÜNUNG

Ein Dachgarten ist etwas anderes als die so genannte Dachbegrünung, bei der das gesamte Dach – meist ein Flachdach oder ein Dach mit geringer Neigung – mit einer Magerwiese begrünt wird. Wegen der notwendigen Abdichtung gegen Nässe sollte eine Dachbegrünung grundsätzlich nur von einer Fachfirma ausgeführt werden.

Zierender Vorgarten

Sie können sich – nach Pflegeaufwand – an diesen Typen orientieren:

► **Pflegeleicht** ist eine an asiatische Formen angelehnte, moderne Gestaltung mit großzügigen Pflaster- und Kiesflächen, Bodendecker- und Strauchpflanzungen (Seite 217).

► **Pflegeintensiver** sind dagegen Bauerngärten (Seite 213) und mediterrane Gärten (Seite 220) mit vielen blühenden Stauden, Kübelpflanzen und einjährigen Blumen.

Nutzungsorientierter Vorgarten

► Für Familien mit Kindern sind Bänke, ein versteckter Fahrradstellplatz, ausreichende Pflasterflächen

Schotterbeet mit großen Steinen.

und eine kleine Wasserstelle hilfreiche Extras, die Ihnen den Alltag angenehmer machen.

► Ein Vordach oder eine kleine, überdachte Pergola bieten gute Möglichkeiten, um den Vorgarten attraktiver zu gestalten. Bei sehr sonniger Lage kann zudem ein kleiner Baum im Vorgarten im Sommer Schatten spenden.

► Wenn Sie kleine Kinder haben, sind durch einen Zaun eingefasste kleine Rasenflächen oder ein Sandkasten sehr günstig (Seite 140), weil die Kinder dort auch ohne direkte Aufsicht allein oder mit den Nachbarskindern spielen können.

Brunnen als Zierelement.

Dachgarten und -terrasse

In unseren dicht bebauten Großstädten sind Dachgärten oder Dachterrassen oft die einzige Möglichkeit, ein eigenes Fleckchen Natur zu erleben, sodass es auch nicht verwundert, dass diese Möglichkeit zur Nutzung eines Dachs bei uns immer beliebter wird.
Ein häufiges Problem bei Dachgärten ist allerdings die unzureichende Abdichtung der darunter liegenden

Dachgarten mit Spalier.

Wohnungen. Vor der Anlage eines Dachgartens sollten Sie deshalb unbedingt einen Architekten hinzuziehen, der Ihnen Auskunft gibt über die mögliche Belastung des Dachs durch das zusätzliche Gewicht und der Ihnen sagt, welche Isolierung notwendig ist und wie Sie diese schonen können. Denn die Reparatur eines Wasserschadens und/oder eine nachträgliche Isolierung des Dachs sind immer mit hohen Kosten verbunden.

Den Boden gestalten

Ein Dachgarten besteht meist aus einer ungestalteten, großen Pflasterfläche, die häufig noch von einer massiven Mauer eingefasst ist. Eine erste Auflockerung dieses massiven Eindrucks kann eine schöne Holzterrasse bieten: Durch die warme, freundliche Ausstrahlung eines Holzdecks wird nicht nur der einförmige Anblick des Pflasters unterbrochen, sondern es bringt auch Bewegung und Struktur in die ebene Fläche, indem die Sitz- und Wegebereiche leicht erhöht angelegt werden.

Die Sitzplätze anordnen

Überlegen Sie bei Ihrer Planung, wo Sie Ihre Sitzplätze auf der Dachterrasse bzw. auf dem Dachgarten einrichten wollen. Sehr praktisch ist sicher ein Sitzplatz direkt am Eingang, allerdings wird der Dachgarten somit optisch geteilt und wirkt dadurch kleiner. Einen größeren Erlebnisraum bekommen Sie dagegen, wenn Sie Ihren Sitzplatz etwas weiter entfernt einrichten, wobei er je nach der beabsichtigten Nutzung auf der Ostseite (Sonne am Vormittag) oder der Westseite (Sonne am Nachmittag) liegen kann.

Die Raumteiler aufstellen

Als weiteres Gestaltungselement können Sie Spaliere, Sichtschutzelemente (Seite 176) oder andere Raumteiler wie Blumentröge platzieren, um die Fläche zu strukturieren. Dabei gilt, dass sich der Dachgarten

Sitzplatz auf Dachterrasse.

optisch wesentlich vergrößert, wenn er nicht auf den ersten Blick in seiner Gesamtheit erfasst werden kann. Wenn Sie dann noch Ihren Sitzplatz mit einer kleinen Pergola einrahmen (Seite 170), haben Sie gleichzeitig einen Wetter- und Sonnenschutz und eine schöne vertikale Unterbrechung der Fläche. Ein schön berankter Torbogen (Seite 171) kann ein weiterer Blickfang auf einem Dachgarten sein.

Für Windschutz sorgen

Ein Dachgarten ist vor allem hinsichtlich der Windverhältnisse ein Extremstandort, da bereits in 10 m Höhe wesentlich höhere Windgeschwindigkeiten herrschen als auf dem Boden.

► Achten Sie bei allen Baulichkeiten – vor allem bei überdachten Pergolen (Seite 172) – auf eine besonders stabile Bauweise, denn sonst genügt schon ein kleiner Sturm, um Ihren Dachgarten »abzuräumen«.

► Höhere Pflanzen in Trögen sollten außerdem mit Schnüren angebunden oder die Pflanzgefäße am Boden

››› Dachgarten mit Sitzgruppe und hoher Wandverkleidung.

Pflanzentöpfe auf der Dachterrasse lassen sich schnell umarrangieren.

befestigt werden, damit sie bei Wind nicht umkippen können.

► Wichtig ist auch, dass Sie in Abwesenheit keine leichten Gegenstände auf der Dachterrasse liegen lassen, die vom Wind erfasst und weggetragen werden können.

Kostenaufwand
Pflanzgefäße

Was kosten Pflanzgefäße?

- ► Terracotta-Topf (offenporig, ø 60 cm): 100,– bis 150,– DM
- ► Tontopf (glasiert, ø 60 cm): ca. 70,– DM
- ► Holzkübel (ø 60 cm): 70,– bis 100,– DM
- ► Kunststofftopf (Terracotta-Imitat, ø 60 cm): ca. 70,– DM
- ► Terracotta-Trog (100 x 40 x 40 cm): 200,– bis 250,– DM
- ► Kunststofftrog (Mörtelwanne, 100 x 40 x 40 cm): ca. 20,– DM
- ► Holztrog (imprägniertes Holz, 100 x 40 x 40 cm): 100,– bis 200,– DM.

Die Wände verkleiden

Sollte Ihr Dachgarten mit etwas Glück bereits über eine schöne Klinkermauer verfügen, brauchen Sie sie natürlich nur noch dezent zu bepflanzen. Die Regel sind jedoch eher hässliche Betonwände und -sockel, die sich aber mithilfe von Kletterpflanzen ganz gut kaschieren lassen. Solche mit Kletterpflanzen eingesponnenen Wände geben außerdem das Gefühl einer richtigen »Naturinsel«, bei der der Blick immer auf eine grüne Wand trifft. Als Rankhilfe für Kletterpflanzen eignen sich entweder Spaliere, die sich leicht an den Mauern befestigen lassen, oder – etwas unauffälliger – gespannte Drähte.

► **Tipp:** Statt mit Pflanzen können Sie unansehnliche Mauern natürlich auch mit Schilfrohrmatten, Bambuszäunen oder mit Flechtzaunelementen aus Holz (Seite 176) verkleiden.

Die Pflanztröge auswählen

Bei der Auswahl der Tröge für Ihren Dachgarten bzw. Ihre Terrasse können Sie zwischen verschiedenen Trog- und Kübelsystemen aus Holz, Kunststoff oder Ton wählen:

► **Tontröge** wirken zwar sehr dekorativ, sind jedoch sehr schwer, sodass die Obergrenze für einen solchen Trog bei etwa 100 x 40 x 40 cm liegt. Außerdem sollten Sie beim Einkauf auf garantierte Frostfestigkeit achten, damit Sie nach dem ersten Winter keine Überraschungen mit gesprungenen Töpfen erleben.

► **Kunststofftröge** sind dagegen leicht und praktisch, aber nicht unbedingt jedermanns Geschmack. Sie werden in vielen Größen angeboten und lassen sich relativ leicht transportieren.

► **Als Pflanztröge und -kübel** eignen sich auch Kunststoffgefäße für andere Zwecke, die Sie aber leicht zweckentfremden können, indem Sie einige Löcher in den Boden bohren, damit überschüssiges Wasser ablaufen kann, z. B. Mörtelwannen aus dem Baustoffhandel (100 x 40 x 40 cm). Für größere Sträucher und sogar Bäume können Sie Regenauffangfässer mit bis zu 1000 Litern Fassungsvermögen (ca. 50,– bis 100,– DM) aufstellen. Allerdings sollten Sie unbedingt die Statik des Dachs prüfen lassen, bevor Sie mehrere dieser Riesen einsetzen.

► Dekorativ sind auch **Holzsysteme**, die in verschiedenen Formen und Größen auch als Bausatz angeboten und erst vor Ort zusammengebaut werden, was ihren Transport erheblich vereinfacht.

Die Tröge

Damit die Pflanzen in den Pflanzgefäßen auf der Dachterrasse gut gedeihen und keine Mangelerscheinungen bekommen, sollten Sie einige Maßnahmen treffen:

► Achten Sie darauf, dass die Gefäße genügend Löcher für einen Wasserablauf besitzen. Falls nicht, bohren bzw. schneiden Sie selbst einige Löcher hinein, damit später keine Staunässe entsteht.

► Füllen Sie auf den Boden der Gefäße eine ungefähr 5 bis 10 cm starke Drainageschicht aus Blähton (ca. 80,– DM/50 l, Gartencenter, Baumarkt) oder Kies (2,– DM/50 l, Kiesgrube, Baustoffhandel) und decken Sie die Drainageschicht

Tipp Dachgarten

Pflanzen auf dem Dach

Pflanzen auf Dachgärten oder Dachterrassen sollten Sie grundsätzlich in Tröge pflanzen, da Beetanlagen die Isolierung des Dachs zu sehr angreifen. Stark wurzelnde Pflanzen wie Bäume, Sträucher und bestimmte Stauden sollten außerdem in Tröge ohne direkten Bodenkontakt gesetzt werden, damit sie sich nicht durch die Abzugslöcher hindurch in die Isolierung einwurzeln können.

dann mit einem Vlies (Baustoffhandel) gegen das Erdreich ab.

► Kleiden Sie die Seitenwände von Holztrögen möglichst mit Noppen- oder Bauschutzfolie aus, damit das Holz weniger stark durch die nasse Erde angegriffen wird und dadurch länger haltbar ist. Die Folie lässt sich am besten mithilfe eines Tackers befestigen.

► Verwenden Sie nur beste Pflanzerde für die Tröge. Belüften Sie die Erde zusätzlich, indem Sie der Erde etwa 5 bis 10 Prozent Holzhäcksel oder Reifekompost (am besten mit einer Siebung von 0/40 mm) untermischen.

Die Pflanzenauswahl

Ein Dach stellt als Extremstandort hohe Ansprüche an die Pflanzen: Der Wurzelraum in den Pflanztrögen ist beschränkt, der Wind trocknet die Pflanzen rasch aus und die Wasserversorgung ist meist unregelmäßig. Die folgende Auswahl nennt Ihnen eine Reihe von sehr robusten Gehölzen, die sich gut für eine Dachbegrünung eignen:

► **Sträucher:** Felsenbirne, Ölweide, Kornellkirsche, Liguster, Südbuche, Latsche, Cotoneasterarten, aufrecht wachsender Wacholder, Eibe in Arten, Feuerdorn, Spireen.

► **Bodendecker und Kleinsträucher für den Unterwuchs:** Fünffingerstrauch, Cotoneasterarten, Spindelstrauch, Ginster, Winterjasmin, kriechende Wacholderarten, Lavendel, Böschungsmyrte, Bodendeckerrosen, kleine Spireenarten.

Was kostet eine Dachterrasse?

Die Materialkosten für eine üppig ausgestattete Dachterrasse mit etwa 80 bis 100 m² Fläche belaufen sich auf etwa 5000,– DM für Holztröge, Substrate und Pflanzen. Legt ein Gärtner die Dachterrasse an, können – je nach Lage und Zugänglichkeit der Terrasse – zusätzliche Lohnkosten zwischen 2000,– und 5000,– DM entstehen, da erhebliche Mengen Gartenmaterial auf das Dach geschafft werden müssen.

► **Tipp:** Egal, ob Sie Ihren Dachgarten selbst anlegen oder ihn von einem Gärtner anlegen lassen – in jedem Fall lohnt sich der Einsatz eines Schrägaufzugs, wie ihn auch Dachdecker verwenden. Mit einem solchen Schrägaufzug lassen sich die Materialtransporte erheblich vereinfachen. Die Mietkosten für einen Schrägaufzug liegen bei ungefähr 250,– DM pro Tag.

Platz ist auf dem kleinsten Dach: eng bepflanzter Dachgarten.

Hofgestaltung

Innenhöfe sind – häufig in Verbindung mit einem großzügigen Einfahrtsbereich – vor allem in ländlichen Bereichen häufig anzutreffen, wohingegen Hinterhöfe zu größeren Mietshäusern vor allem in der Stadt zu finden sind.

In früheren Zeiten wurden Hinterhöfe zumeist als einförmige Asphalt- oder Pflasterfläche zur besseren wirtschaftlichen Nutzung angelegt. Heute geht es aber eher darum, Naturinseln vor dem Haus zu schaffen, sodass man diese Flächen im Zuge der »grünen Welle« nun nach und nach entsiegelt, d. h., wasserdichte Flächen wie Asphalt oder geschlossene Pflasterflächen werden durch wasserdurchlässige Beläge wie Rasenfugenpflaster oder Schotterrasen (Seite 131) ersetzt und anschließend bepflanzt.

► Vielerorts werden Maßnahmen zur Entsiegelung von Hinterhöfen von der Gemeinde oder der Stadt bis zu 50 Prozent bezuschusst, wobei der dafür zuständige Ansprechpartner die »Untere Naturschutzbehörde« ist. Allerdings sind mit einem solchen Zuschuss auch bestimmte Auflagen im Hinblick auf die Größe der entsiegelten Fläche und die Bepflanzung verbunden.

Diese stilvolle Innenhofgestaltung harmoniert mit der Architektur des Hauses.

Schattiger Innenhof mit Kies.

► Ein versiegelter Hof hat den Vorteil, dass sich dort sämtliches Oberflächenwasser schnell sammelt und abgeführt wird. Wenn man diese Fläche aufbricht, kann das Wasser am Haus versickern und in Kellerräume oder Fundamente eindringen. Ziehen Sie aus diesem Grund vor einer geplanten Entsiegelung in jedem Fall einen Fachmann aus einem Garten- und Landschaftsbau- oder Isolierbetrieb hinzu, da bei einer Entsiegelung der Hofoberfläche gegebenenfalls Kellerwände freigelegt und gegen Nässe von außen geschützt werden müssen.

Nutzungsorientierte Höfe verschönern

In einem von mehreren Familien genutzten Hof müssen meist Fahrradständer, Müllplatz, Wäscheleinen und Teppichstangen untergebracht werden. Dementsprechend nüchtern ist in der Regel dann auch der Wegeverlauf, denn niemand möchte gerne einen Parcours laufen, wenn er bei

ATRIUMGARTEN

Atriumgärten, die meist nur von einer Familie genutzt werden, sind von Mauern umschlossene Innenhöfe und können ganz nach persönlichem Geschmack modern oder im asiatischen oder mediterranen Stil gestaltet werden.

Regen den Müll ausleeren will. Struktur und Raumaufteilung eines nutzungsorientierten Innenhofs sind demnach stark vorgegeben, doch jeder Innenhof lässt sich zumindest etwas verschönern. Bei der Gestaltung des Innenhofs können Sie sich nach Belieben an den Elementen eines modernen, pflegeleichten Gartens (Seite 217) oder eines naturnah gestalteten Gartens (Seite 218) orientieren.

Typische Elemente

► Selbst ein unansehnlicher Innenhof bekommt sofort ein anderes, wesentlich freundlicheres Gesicht, wenn Sie ihn mit einer berankten Pergola (Seite 170) einfassen. Sichtschutzwände (Seite 176) und zudem eine Überdachung des Müllplatzes und der Fahrradständer sorgen außerdem für einen gewissen Komfort im Hof bei schlechtem Wetter.

► Die Wege- und Pflasterflächen sollten großzügig gestaltet werden, wobei möglichst die Hälfte aus Fugenpflaster, Schotterrasen oder aus einer wassergebundenen Wegedecke (Seite 132) bestehen sollte.

► Rasenflächen legen Sie am besten nur dann an, wenn Ihnen dafür mindestens 60 m² zur Verfügung stehen. Andernfalls können Sie als Rasenersatz auf Kiesflächen (Seite 217) oder Schotterrasen (Seite 131) bzw. Bodendecker- (Seite 70) oder Strauchpflanzungen (Seite 61) zurückgreifen.

► Wenn Sie alte Asphalt- oder Pflasterflächen aufbrechen, befindet sich darunter meist ein Unterbau aus Kies bzw. Schotter. Wollen Sie diese Flächen nicht neu versiegeln, können Sie den Unterbau als Schotterrasen oder wassergebundene Wegedecke anlegen:

► Für Schotterrasen wird pro m² etwa eine Schubkarre gute Gartenerde bis in 20 cm Tiefe eingemischt und darauf eine Schotterrasenmischung angesät.

► Für eine wassergebundene Wegedecke wird eine so genannte »Reparaturmischung« (aus dem Kieswerk) in feuchtem Zustand mit einer Rüttelplatte aufgebracht.

Gepflasterter Innenhof mit Brunnen.

Schattiger Innenhof mit stilvollem Ambiente.

Typische Extras

► Dekorative Elemente wie Wasserspiele, Zierbecken, Findlinge und Kunstwerke entfalten ihre Wirkung auch in einem nutzungsorientierten Innenhof.

► Eine stimmungsvolle Beleuchtung (Seite 186) sorgt für mehr Sicherheit und erlaubt eine Nutzungs des Hofes in warmen Sommernächten.

► Für einen angenehmen Aufenthalt im Hof, geselligen Treffen mit den Nachbarn bei lauen Sommerabenden sorgen ein Sitz- und Grillplatz (Seite 188). Falls Kinder im Hause sind, sollten Sie überlegen, den Hof mit Sandkasten (Seite 140) und Schaukel auszustatten.

Mit Blumentöpfen lässt sich ein Hinterhof flexibel gestalten.

Zierender Innenhof und Atriumgärten

Sehr kleine Höfe mit nur ungefähr 100–150 qm Fläche entstehen bei verschachtelter Bauweise, sowohl im Großstadtbereich als auch in Bungalow-Siedlungen. Sie sind meist allseitig von Mauern eingefaßt, seltener finden sich dort Mülltonnen und Fahrradständer. Sie können also entsprechend der Lage von Fenstern und Türen frei gestaltet werden und sind ein Eldorado für Gestalter, da man kaum auf etwaige Nachbarn Rücksicht nehmen muss. Trotzdem sollten Sie die folgenden Grundsätze beachten:

- ► Je kleiner der Hof, desto größer sollten die befestigten Flächen ausfallen. Zu kleine Aufenthaltsorte laden nicht zum Verweilen ein.
- ► Auch in größeren Höfen sollten die befestigten Flächen wenigstens 50% Anteil haben, damit der Hof in seiner Gesamtheit erfahren werden kann. Schaffen Sie einen zentralen Schwerpunkt aus einer großen Pflasterfläche, oder verbinden Sie mehrere kleinere mit schmalen Wegen miteinander.
- ► Je nach Flächenaufteilung bietet sich eine Gestaltung im formalen Stil an. Eine ruhige Ausstrahlung besitzen asiatische und mediterrane Gärten, lebhafter sind moderne und naturnahe Gestaltungen.

Handtuchgarten im Hinterhof.

Die Bepflanzung

Die Pflanzenauswahl eines Innenhofes wird vor allem von den Lichtverhältnissen bestimmt:

- ► In schattigen Innenhöfen ist es vorteilhaft, nur wenige und lichte Groß- bzw. Solitärsträucher zu setzen, damit nicht noch mehr Licht verloren geht.
- ► Mit schattenverträglichen Stauden, die am besten als Bodendecker gepflanzt werden, bringen Sie Farbe in den Hof. In naturnahen Anlagen darf ruhig auch etwas Wildwuchs entstehen.
- ► Bei der Anlage von Rasenflächen ist zu bedenken, dass sie sich an schattigen Plätzen sehr rasch in eine Moosfläche verwandeln.

Innenhof mit Feigenbaum.

- ► Sehr sonnige Lagen sollten Sie wiederum durch eine geschickte Bepflanzung mit Kleinbäumen (Seite 61) etwas beschatten, da die stauende Hitze sonst den darunter wachsenden Pflanzen – Kiesbeete, Schotterflächen mit Kräutern und blühende Kübelpflanzen – möglicherweise zu stark zusetzt. Auch Rasenflächen leiden schnell unter Trockenheit und entwickeln sich in der Folge in eine Art unansehnlichen Schotterrasen.

Reihenhausgarten

Da Reihenhäuser in der Regel nicht mehr als fünf bis acht Meter breit sind, entstehen hier meist lang gezogene Gärten mit nur etwa 60 m^2 Fläche und sehr kleinen Vorgärten. Die meisten Reihenhäuser sind außerdem auf Höhe der Terrassen mit Mauern oder auch Holztrennwänden als Blickschutz voneinander abgeschirmt, während der restliche Garten offen liegt.

► Wenn Sie einen pflegeleichten Garten mit einer großen, einheitlichen Rasenfläche haben möchten, dann lassen Sie diese am besten direkt bis zur Terrasse auslaufen,

Lauschige Gartenbank im Hof.

und flankieren Sie den Rasen mit einigen Solitärsträuchern (Seite 65) oder kleinen Beetflächen, damit er etwas interessanter wirkt.

► Harmonischer und großzügiger wirkt dagegen ein strukturierter Garten, bei dem nicht alle Sträucher an den Gartenrand gesetzt werden, die so die Enge noch mehr betonen.

► Günstig ist es, wenn Sie Ihren Garten im Verhältnis 2:1 aufteilen,

Spalierkonstruktion.

wobei es egal ist, ob der größere Teil hinten oder vorne liegt.

► Außerdem ist es bei kleinen Flächen leichter, sie formal anstatt frei zu gestalten. Wenn Sie die einzelnen Gartenteile außerdem in einem einheitlichen Stil gestalten, können Sie klare Räume schaffen.

► In Terrassennähe können Sie mit Pflanzen in Terracotta-Töpfen ein »heißes mediterranes Zimmer« schaffen (Seite 93), oder aber Sie verwenden ruhige, asiatische Elemente wie Kiesflächen und Findlinge (Seite 185), die einen kontemplativen Ausblick aus dem Wohnzimmer ermöglichen.

► Den hinteren Gartenteil können Sie als Nutz- oder Spielgarten anlegen. Auch wenn die Fläche für Ballspiele zu klein ist, können Sie aber trotzdem das Areal auf andere Art für Kinder interessant und spielgerecht gestalten (Seite 145).

► Je nach Gartenstil können Sie in einem der beiden Gartenteile oder auch vollständig auf Rasen verzichten und alternative Beläge wählen (Seite 120).

► Als Abgrenzung bietet sich hier eine dekorative niedrige Sitzmauer (Seite 157), Rosen- oder Staudenbeete (Seite 94), ein Torbogen (Seite 171) oder eine kleine Strauchpflanzung an.

Bepflanztes Spalier.

Typische Elemente

Bei einem kleinen Reihenhausgarten geht es vor allem um einen ansprechenden Sichtschutz. Allerdings sollten Sie gut überlegen, ob Sie sich wirklich vollkommen abschirmen wollen, denn dafür müssen Sie wahrscheinlich einen Raumverlust hinnehmen. Sie bekommen dann zwar einen geschützten Garten, aber

Schmaler Reihenhausgarten.

Eine Oase zum Wohlfühlen hat Platz im kleinsten Garten.

vielleicht auch ein Gefühl der Enge, sodass es sinnvoll sein kann, Sichtschutz nur an wirklich wichtigen Stellen zu platzieren.

► Geschnittene Formhecken (Seite 68) sind eine dichte Abschirmung und bedürfen keiner Genehmigung, solange sie sich an den Mindestpflanzabstand zu den Nachbarn (etwa 50 cm) und die maximal erlaubte Höhe von etwa zwei Metern halten. Sie benötigen jedoch wenigstens 120 cm Platz zum Wachsen, d. h., in kleineren Gärten bis 60 m^2 würde eine solche Hecke etwa 10 m^2 pro Seite beanspruchen und ist deshalb nicht zu empfehlen.

Berankter Sitzschutz.

► Frei wachsende Blütenhecken benötigen sogar bis zu 150 cm Platz pro Seite und sind nur in größeren Gärten sinnvoll. Günstiger sind aufrecht wachsende Blütensträucher (Seite 65), die nur an wenigen Stellen platziert werden, damit der Garten nicht überladen wirkt.

► Wenn Sie sich gut mit Ihren Nachbarn verstehen, können Sie auch eine versetzte Pflanzung auf beiden Seiten des Zauns absprechen. So sparen Sie beide die Hälfte an Sträuchern und Raum.

► Eine dichte Abgrenzung bieten weiterhin Schilfrohrmatten und Sichtschutzelemente aus Holz (Seite 176). Sprechen Sie sich aber unbedingt vorher mit den betroffenen Nachbarn ab.

► Ein lichter, aber trotzdem wirksamer Sichtschutz sind kleine Spalierobstbäume und hohe rasch wachsende einjährige Pflanzen wie Sonnenblume oder Hanf, die vor allem in naturnahen Gärten und Bauerngärten gut zur Geltung kommen und wie eine Hecke entlang des Zaunes aufgestellt werden.

► Sehr viel Raum bei gleichzeitig dichter Abgrenzung gewinnen Sie mit einem begrünten Zaun aus Holz oder Metall (Seite 179).

Formal gestalteter Reihenhausgarten

Bei einem formalen Reihenhausgarten stehen Ihnen einige Gestaltungsmöglichkeiten offen:

► Trennen Sie die Terrasse mit Blumenrabatten, Spalieren oder einem Mäuerchen optisch vom Garten ab.

► Günstig ist es, die Terrasse etwas höher zu legen – z. B. mit einem Holzdeck (Seite 129) –, um »von oben« in den Garten blicken können.

► Legen Sie einen breiten Weg an, der zu einem Platz im hinteren Teil

Frei gestalteter Reihenhausgarten.

Alternativen zu Formhecken

Wenn Sie Ihren Reihenhausgarten beidseitig durch Gehölze einrahmen wollen, muss dies nicht immer mit einer Formhecke geschehen:

► Sie können die Einrahmung einheitlich mit nur einer Blütenstrauchart gestalten. Eine solche Hecke ist dann zwar nicht so dicht wie eine Formhecke (Seite 179), schlägt aber hinsichtlich des Platzbedarfs jede gemischte Blütenhecke.

► Hoch wachsende Arten wie Flieder, Holunder, Haselnuss oder Felsenbirne können Sie oben zusammenbinden und so zu einem Laubengang machen, der gleichzeitig ein schützendes Dach bietet.

► Sie können auch einen Laubengang über etwa die halbe Gartenbreite ziehen. Wenn sie ihn nicht in die Mitte, sondern an den Rand platzieren, entsteht noch ein weiterer Gartenteil.

des Gartens führt. Dieser Weg kann später auch zu einem Laubengang ausgebaut werden.

► Die Pflanzstreifen links und rechts des Weges können Sie nach Belieben gestalten, wobei Sie sich an jedem der hier vorgestellten Gartentypen orientieren können. Sehr dekorativ sind z. B. Blumenbeete (Seite 74), eher schlicht wirken dagegen Bodendeckerpflanzungen und Kiesflächen (Seite 185).

► Der hintere Teil des Gartens kann einen zweiten Sitzplatz mit Laube und einen weiteren Schwerpunkt bekommen, z. B. ein Zierbecken (Seite 192), einen Grillplatz (Seite 188) oder nur einen Liegestuhl.

► Verstecken Sie den Sitzplatz durch einige Solitärsträucher oder ein Spalier, sodass er vom Haus aus nicht offen einsehbar ist.

► Bringen Sie einen Sichtschutz nur dort an, wo er auch tatsächlich gebraucht wird, damit der Garten genügend Ausblick und Weite behält. Und Ihre Nachbarn werden es Ihnen danken, wenn Sie die Schönheit Ihres Gartens auch anderen zur Verfügung stellen.

Frei gestalteter Reihenhausgarten

In frei gestalteten Reihenhausgärten zieht sich der Weg meist mäandernd durch den Garten und bestimmt dadurch die Gestaltung:

► Lassen Sie den Weg möglichst bald hinter einem Strauch oder einem hohen Beet verschwinden, um den Anschein von mehr Größe zu geben (Seite 47).

► Strukturieren Sie Ihren Garten durch weitere, vertikale Elemente wie Torbögen, aufrecht wachsende Gehölze und Spaliere (Seite 176).

► Nutzen Sie jeden kleinsten Höhenunterschied und befestigen Sie ihn als Stufe oder Hang. Pflanzen Sie oben am besten Stauden oder niedrige Gehölze, um das Gefälle zusätzlich zu betonen.

► Gestalten Sie die so entstehenden Teilflächen stilistisch möglichst einheitlich. In einem modernen Garten können sich auch ein Zierbecken, ein Beet und eine Kiesfläche abwechseln (Seite 217).

► Sie können auch eine Sitzgelegenheit in eine Nische des Weges stellen, aber sorgen Sie in diesem Fall für einen ausreichenden Sichtschutz, damit der Sitzplatz einladend wirkt (Seite 176).

Weg mit Rundpflasterung und gemütlicher Holzbank vor einer Klinkermauer.

Nützliche Adressen

Baumschulen
Auskünfte und Adressenlisten von Baumschulen in den einzelnen Bundesländern erhalten Sie hier:

Bund deutscher Baumschulen e. V. (BdB)
Bismarckstraße 49
25421 Pinneberg
Tel. 04101/2059-0
Fax: 04101/2059-31
e-mail: bdb-pinneberg@t-online.de
Internet: http://bdb.g-net.de

Rosenschulen
Informationen rund um das Thema Rosen und Adressen von Rosenschulen mit Versandservice erhalten Sie beim Verein Deutscher Rosenfreunde e. V., der auch Vorträge und Gartenreisen veranstaltet und eine Mitgliederzeitschrift (»Der Rosenbogen«) herausgibt:

Verein Deutscher Rosenfreunde e. V.
Waldseestraße 14
76530 Baden-Baden
Tel. 07221/31302
Fax: 07221/38337
e-mail: info@rosenfreunde.de

Staudengärtnereien
Auskünfte und Adressenlisten von Staudengärtnereien verschickt deren Bundesverband:

Bund deutscher Staudengärtner (BdS)
Gießener Straße 47
35305 Grünberg
Tel. 06401/910155
Fax: 06401/910191

Baumaterialien und Bodenbeläge
Adressen von regionalen Herstellern für Baumaterialen aus Holz, Metall, Naturstein und Beton finden Sie in Ihrem Branchenbuch.

Garten- und Landschaftsbaubetriebe
Adressen von regionalen Fachbetrieben entnehmen Sie bitte ebenfalls Ihrem regionalen Branchenbuch. Auskünfte hierzu erteilt auch gerne der Berufsverband der Landschaftsgärtner:

Bundesverband Garten-, Landschafts- und Sportplatzbau (BGL) e. V.
Alexander-v.-Humboldt-Straße 4
53604 Bad Honnef
Tel. 02224/77070
Fax: 02224/770777
Internet: http://www.galabau.de

Garten- und Landschaftsarchitektur
Auskünfte und Adressenlisten, nach Bundesländern geordnet, erhalten Sie beim Bundesverband der Landschaftsarchitekten. Informationen zu Garten- und Landschaftsarchitektur bekommen Sie auch bei der Gesellschaft für Gartenkunst:

Bund Deutscher Landschaftsarchitekten (BDLA)
Köpenicker Straße 48/49
10179 Berlin
Tel. 030/278715-0
Fax: 030/278715-55
e-mail: info@bdla.de

Deutsche Gesellschaft für Gartenkunst und Landschaftskultur e.V. (DGGL)
Wartburgstraße 42
10823 Berlin
Tel. 030/7881125
Fax:030/7874337

Naturschutz
Informationen zum Naturschutz im eigenen Garten sowie Adressen von örtlichen Gruppen und Veranstaltungen erhalten Sie über:

Bund Umwelt- und Naturschutz e.V. (BUND)
Bundesgeschäftsstelle
Im Rheingarten 7
53225 Bonn
Tel. 0228/40097-0
Fax: 0228/40097-40
e-mail: bund@bund.net
Internet: http://www.bund.net

Eine umfassende Broschürenreihe zu Themen rund um Garten und Naturschutz gibt es kostenlos bei:

Auswertungs- und Informationsdienst für Ernährung, Landwirtschaft und Forsten e. V. (AID)
Friedrich-Ebert-Straße 3
53177 Bonn
Tel. 0228/8499-0
Fax: 0228/8499-177
e-mail: aid@aid.de
Internet: http://www.aid.de

Pflanzenschutz
Biologische Bundesanstalt für Land- und Forstwirtschaft
Königin-Luise-Straße 19
14195 Berlin
Tel. 030/83041

Bodenuntersuchungen
Auskunft über örtliche Institute in Ihrer Nähe erhalten Sie bei:

Verband deutscher landwirtschaftlicher Untersuchungs- und Forschungsanstalten
Bismarckstraße 41a
64293 Darmstadt
Tel. 06151/26485

Hilfreiche Literatur

Austin, D.: Alte Rosen und Englische Rosen. DuMont Verlag, Köln.
Bärtels: Gartengehölze. Eugen Ulmer Verlag, Stuttgart.
Bauch-Troschke, Z.: Begrünte Wände, Lauben und Pergolen – Gestalten mit Kletterpflanzen und Spalierobst. Callwey Verlag, München.
Clark, R.: Gärten 1998/1999, der Reiseführer. Callwey Verlag, München.
Guinnes, B.: Der Familiengarten, Callwey Verlag, München.
Hansen, Stahl: Die Stauden und ihre Lebensbereiche. Eugen Ulmer Verlag, Stuttgart.
Hobhouse, P.: Farbe im Garten. Eugen Ulmer Verlag, Stuttgart.
Howcroft, H.: Bauen mit Holz im Garten. Callwey Verlag, München.
König, K.: Die 100 besten Tipps-Rosen. Ludwig Verlag, München
Howcroft, H.: Richtig Pflastern. Callwey Verlag, München.
Itoh, Teiji: Die Gärten Japans. DuMont Verlag, Köln.
Kieslinger, Hofmann: Feng Shui im Garten. Mosaik Verlag, München.
Kraus, H.-J.: Pflanzen für Balkon und Garten. Südwest Verlag, München.
Krausch, H. D.: Farbatlas Wasser- und Uferpflanzen. Eugen Ulmer Verlag, Stuttgart.
Kreuter, M. L.: Der Biogarten. BLV Verlag, München.
Kreuzer, J.: Kreuzer's Gartenpflanzen-Lexikon, Band 1–4. Bernhard Thalacker Verlag, Braunschweig.
Künast, Hartmann, Kraus: Gartenliebe – Erfolgreich Gärtnern leicht gemacht. Ludwig Verlag, München.
Pflugmann, M.: Die 100 besten Tipps – Gärtnern im Einklang mit dem Mond. Ludwig Verlag, München.
Reed, D.: Gartengestaltung mit Naturstein. Callwey Verlag, München.
Stein, S.: Bachläufe und Teiche selber bauen. Callwey Verlag, München.
Witt, R.: Wildpflanzen für jeden Garten. BLV Verlag, München.

Zeitschriften rund um den Garten

Flora. Gruner & Jahr, Hamburg.
Gartenmagazin. Zeitschrift der österreichischen Gartenbaugesellschaft, A-1010 Wien.
Gartenpraxis. Eugen Ulmer Verlag, Stuttgart.
Kraut & Rüben. BLV Verlagsgesellschaft, München.
Mein schöner Garten. Burda Verlag, Offenburg.
Schweizer Garten. Zeitschrift der deutsch-schweizerischen Gartenbauvereine, CH-3110 Münsingen.

Pflanzenkataloge

Sehr nützlich für die Pflanzenauswahl sind außerdem die Kataloge der Baum- und Rosenschulen. Besonders schön gestaltet sind die folgenden Kataloge:

Baumschule Bruns GmbH
Johann-Bruhns-Allee 1
26160 Bad Zwischenahn
Tel. 04403/6010
Fax: 04403/601135

Lorenz von Ehren
Maldfeldstraße 4
21077 Hamburg
Tel. 040/761080
Fax: 040/761080100

Wörlein Baumschulen
Baumschulweg 9
86911 Dießen/Ammersee
(auch CD-ROM: siehe unten)
http://www.info@woerlein.de

W. Kordes' Söhne
Rosenschule
Rosenstraße 54
25365 Klein Offenseth-Sparrieshoop
Tel: 04121/48700
Fax: 04121/48745

W. Schultheis
Rosenhof
Bad Nauheimer Straße 3–7
61231 Bad Nauheim-Steinfurth
Tel. 06032/81013

Strobel & Co.
Rosenschule
Wedeler Weg 62
25421 Pinneberg
Tel. 04101/20550
Fax: 04101/205520

Rosen Tantau
Tornescher Weg 13
25436 Uetersen
Tel. 04122/7084
Fax: 04122/7087

CD-ROMs

3-D-Designer Garten, TopwareCD-Service, Mannheim

Flower Power – Lexikon der Gartenblumen
Katharina Adams
Raunerstraße 10/Ried
86424 Dinkelscherben
Tel. 08236/90031

Die Baumscheibe – Lexikon der Baumschulgehölze, Wörlein Baumschulen, Dießen/Ammersee
http://www.info@woerlein.de

Pflanzenregister

Sachregister

Impressum

Der W. Ludwig Buchverlag ist ein Unternehmen der Econ Ullstein List Verlag GmbH & Co. KG München

2. Auflage 2001

Redaktion
Christine Pfützner
Projektleitung
Dr. Harald Kämmerer
Redaktionsleitung
Dr. Reinhard Pietsch
Bildredaktion
Doris Leuthold
Illustrationen
Marlene Gemke
Umschlag
Till Eiden
Titelbild
Picture Press
Satz/DTP
Maren Scherer, München
Produktion
Manfred Metzger (Leitung), Annette Aatz, Dr. Erika Weigele-Ismael
Druck und Bindung
Westermann Druck Zwickau

Gedruckt auf chlor- und säurearmem Papier

Printed in Germany

ISBN 3-7787-3866-6

Über die Autoren
Wilhelm Künast ist Diplomingenieur im Fach Gartenbau und leitet seit 15 Jahren einen eigenen Betrieb für Garten- und Landschaftsbau.
Brigitte Rost ist Diplomingenieurin im Fach Landespflege und gelernte Landschaftsgärtnerin.

Anmerkung der Redaktion
Diesem Buch liegt die im Juli 1996 in Wien beschlossene und seit 1.8.1998 verbindliche Neuregelung der deutschen Rechtschreibung zugrunde.

Hinweis
Das vorliegende Buch ist sorgfältig erarbeitet worden. Dennoch erfolgen alle Angaben ohne Gewähr. Weder Autoren noch Verlag können für eventuelle Schäden, die aus den im Buch gemachten Hinweisen resultieren, eine Haftung übernehmen.

Bildnachweis
Katharina Adams: 39 o. r., 43 o. M., 57 M. l. 63 M., 64, 71 (2), 76 u. l., 175 o. r.; **M. Arbesmeier:** 56 u. r., 60 u. l., 61 u. l., 63 u. M., 65 (2), 68 (3), 74 (4), 77 l., 78 M. l., 80 o. M., 82 (2), 88 u. r., 89 l. (2), 90 o. r., 91, 92, 94 (3), 96 (3), 97 (2), 98 u. r., 102, 117 u. r., 139 r. (2), 146 M. l., 147 o. (2), 149 o. M., 163 u. r., 219 u. (3), 222 o. (2); **Bavaria:** 29 (Otto), 136/137; **Thomas Drexel:** 221 o. r.; **Godehard Erichlandwehr (Gartenarchitektin Dorothea Haag):** 10; **Mein Schöner Garten:** 40 u. l., 54/55, 87 (Stork), 88 o. l. (Kögel), 160 (Jarosch), 176 (Jarosch), 184 o. r. (Kögel), u. l. (Sammer), 200 o. r. (Kögel), 223 M. l. (Kögel), 232 o. l., u. l. (Gross); **Marion Nickig:** 8/9, 12, 18 o. r. , 19 o. r., 30 u. l., o. r., 31 (2), 60 o. r., 106 u. l., 120, 132 o. r., u. M., 135 o. r., 139 u. l., 143 u. l., 145 u. l., 146 M., 147 u. l., 153 o. l., 174, 179 (2), 183 u. r. , 190/191, 192, 233; **Inge Ofenstein:** 21 u. r., 34, 35, 38 u.r., 48 u. l., 72 o., 133, 150/151, 158 u. l., 173 l., 182 u. l., 208 u. l., 222 u. l.; **Picture Press:** 17 (Rogers), 26/27 (Willig), 49 o. r. (Rogers), 72 u. (Rogers), 118/119 (Rogers), 140 (Muntenbruch), 167 (Graf Luckner), 168/169, 170, 221 u. l. (Graf Luckner), u. r. (Rogers), 229 u. l.; **Reinhard-Tierfoto:** Vor- und Nachsatz, 20 o. l., 21 o. l., 23, 24, 28, 37 r., 38 o. l., 42 o. l., 49 o. l., 58 u. r., 59 (3), 69 u. l., 79 u. r., 80 u. l., 84 o. l., 86 u. l., 89 o. r., 104 u. l., 116, 121, 122 o. r., 124, 126 o. r., 127, 128, 129, 131 u. l., 144 M. l., u. r., 145 o. r., 152, 158 o. r., 162, 166 u. r., 171, 178 o. r., 180 (2), 181, 182 r., 185 u. l., 187 o. r., u. l., 194 u. l., 195, 196 o. (2), 199 u. l., 202 o. r., 206 (2), 208 o. r., 209 l., 210/211, 213 (3), 214 u. r., 215 o. r., 216 o. M., r.; **Bildarchiv Sammer:** 109, 188/189 (4), 231 o. (2); **Norbert Schäfer:** 11 M. l., 138, 142 M. r., 143 M. l., u. r., 144 o. r., 146 u. r.; **Silvestris:** 2, 20 u. l., 32, 66; **Bildarchiv Stein:** 40 o. r., 41 u. l., 79 o. l., 193 u. r., 194 M., 196 l., 201 o. r., u. r., 203 o. r., 217 u. l., 231 M. l; **Bildarchiv Strauß:** Umschlagrückseite, 6, 11 u. r. (GPL), 15, 16, 19 u. l., 25, 30 o. M., 37 l., 39 u. r., 41 o. r., 42 u. r., 44, 47 (2), 49 u. r., 56 o., 57 u. r., 60 M. r., 61 o. r., 63 o. r., 69 u. r., 73, 75 o., 78 u. M., 80 o. r., 84 o. r., u. r., 85, 86 o. r., 90 u. l., 93, 95, 98 o. l., 100/101, 103 (2), 104 u. r., 105 (2), 106 o. r., 107 (2), 112, 113 (2), 115, 117 o. (2), 122 u. l., 123, 125, 126 o. M., u. r., 130 (3), 131 o. r., u. M. 132 o. l., o. M., 135 o. M., 141 (2), 143 o. r., 148, 149 u. r., 153 u. r., 154 o.l., 155 u. l., 157, 163 o. l., 164, 165, 166 o. l., u. M., 172 (2), 173 o. r., 175 u. (2), 177, 178 u. l., 183 M. l., o. r., 185 o. r., 186 (2), 193 M. l., 198, 199 o. r., 200 u. (2), 201 M. l., 202 u. l., 203 u. r., 207, 208 u. r., 209 u. r., 212, 214 o. l., u. l., 215 u. l., 216 o. l., u. l., 217 o. r., 218 (3), 219 o. r., 220 o. r., 220 u. l. (GPL), 223 o. r., u. (2), 224 (2), 225, 226, 227, 228 (2), 229 o. r. (GPL), 230 (3), 231 u. r., 232 u. r. ; **Max-Felix Wetterwald:** 18 u. l., 20 u. r., 33, 43 o. r., 48 u. r., 58 o. l., 70, 75 u., 76 o. r., 77 o. r., 78 u. r., 83, 142 u. l., 154 u. r., 155 o. r., 161, 187 o. l.; **Wildlife:** 7 (O. Diez)